浙江省哲学社会科学领军人才培育专项课题(23QNYC15ZD)

长江经济带城市群绿色转型引领高质量发展研究：
新发展理论·新发展行为·新发展绩效

翁异静　著

ZHEJIANG UNIVERSITY PRESS
浙江大学出版社
·杭州·

图书在版编目(CIP)数据

长江经济带城市群绿色转型引领高质量发展研究：
新发展理论·新发展行为·新发展绩效 / 翁异静著. --
杭州：浙江大学出版社，2023.6
ISBN 978-7-308-23845-8

Ⅰ.①长… Ⅱ.①翁… Ⅲ.①长江经济带－城市群－
绿色经济－经济发展－研究 Ⅳ.①F299.275

中国国家版本馆 CIP 数据核字(2023)第 095173 号

**长江经济带城市群绿色转型引领高质量发展研究：
新发展理论·新发展行为·新发展绩效**
翁异静 著

责任编辑	傅百荣	
责任校对	梁 兵	
封面设计	周 灵	
出版发行	浙江大学出版社	
	（杭州市天目山路 148 号 邮政编码 310007）	
	（网址：http://www.zjupress.com）	
排 版	杭州隆盛图文制作有限公司	
印 刷	广东虎彩云印刷有限公司绍兴分公司	
开 本	710mm×1000mm 1/16	
印 张	16	
字 数	291 千	
版 印 次	2023 年 6 月第 1 版 2023 年 6 月第 1 次印刷	
书 号	ISBN 978-7-308-23845-8	
定 价	68.00 元	

作者简介

翁异静,女,中共党员,浙江科技学院副教授,硕士生导师,主要从事区域与生态经济、经济社会统计、政府管理等研究。2020年入选浙江省首批"浙江省高校领军人才培养计划"青年优秀人才。主持浙江省哲学社科规划重大课题、教育部人文社科规划项目、教育部人文社科青年项目、浙江省自然科学基金、浙江省软科学等项目、浙江省哲学社科规划项目等省部级项目7项、厅局级项目1项,参与国家自然科学基金3项、省部级项目2项、横向课题1项。出版学术专著2部,发表论文30余篇,其中以第一作者在《应用生态学报》《环境科学学报》《经济与管理研究》《软科学》《资源科学》等一级期刊、CSSCI期刊、北大核心期刊等重要学术期刊上发表论文20余篇。获浙江省教育科学研究优秀成果三等奖一项(主持)。一项执笔成果获省长和副省长批示。

前　言

我国经济已由高速增长阶段转向高质量发展阶段。发达国家经验表明,生态优先绿色发展就是经济高质量的显著标志。推动长江经济带发展是党中央作出的重大决策,是关系国家发展全局的重大战略,关乎中华民族伟大复兴中国梦的实现。近几十年来,长江经济带凭借优越的区位条件、优异的资源禀赋,在大规模高速度的开发模式下,积累了雄厚的经济基础,在我国经济社会发展中的重要战略地位更加凸显,但以"大开发"为特征的粗放发展造成了巨大的生态环境破坏,导致长江经济带资源环境约束日益趋紧,复合性、累积性的资源环境生态问题日益突出。习近平总书记高度重视长江经济带发展问题,为长江经济带的未来发展布局谋划。自 2016 年以来,习近平总书记站在中华民族永续发展的全局高度,主持召开三次推动长江经济带发展座谈会,亲自谋划、部署和推动长江经济带发展,鲜明提出并反复强调长江经济带"生态优先、绿色发展"的战略定位,为长江经济带绿色高质量发展指明了方向。

本书作者在习近平生态文明思想(新发展理论)指导下,深入学习领会习近平总书记关于推进长江经济带发展的重要讲话精神,围绕使长江经济带成为我国生态优先绿色发展主战场、畅通国内国际双循环主动脉、引领经济高质量发展主力军等重大内容,聚焦研究长江经济带"区域生态优先绿色转型"和"区域协调高质量发展"两大核心议题。而"绿色转型"(新发展行为)是"高质量发展"(新发展绩效)的工具和途径,"高质量发展"是"绿色转型"的导向和结果。因此,本书首先聚焦绿色转型这一新发展行为,以城市绿色转型能力为切入点,以长江经济带 7 个城市群包含的 110 个城市为研究对象,运用城市经济学、新经济地理学、环境经济学、系统科学等理论,从政府、企业、产业、居民等推动转型的主体维度出发,运用相关性判别法及 DEMATEL-ISM-MICMAC 模型对碳中和目标下城市绿色转型要素进行系统重建，并在此基础上构建城市绿色转型能力评价指标体系，运用优劣解距离法、序排列多边形法、加权求和法、向量和法等多种评价方法及障碍度模型对长江经济带城市绿色转型能力进行综合测量，并对能力短板进行识别，运用区域不平衡指数、动态变动指数及探索性空间分析等方法揭示其空间变动及集聚变化状况，并进一步运用三阶段 DEA 模型测度长江经济带各城市的绿色转型效率。据此深入研究了长江经济带城市及城市群绿色转型的要素结构、能力测评、短板识别及效率测度。然后，聚焦高质量发展这一新发展绩效，从区域发展战略影响角度出发，以"创新、协调、绿色、开发、共享"新发展理念为依据，运用区域经济学、产业经济学、制度经济学、新经济地理学等理论，构建经济高质量发展评价指标体系，对长江经济带经济高质量发展差异现状进行描述；然后运用结构方程模型对长江经济带的上、中、下游地区的经济高质量发展机理差异进行研究，基于 PSM-DID 和三重差分法探讨了区域战略因素对长江经济带的影响效应并对其影响效应的差异性进行了检验。在此基础上，进一步研究了长江经济带发展战略对长江经济带的上、中、下游地区的经济高质量发展影响的异质性作用机制。最后，对推动长江经济带绿色高质量发展提出了对策建议。

本书沿着新发展理论→新发展行为→新发展绩效这一逻辑，在习近平生态文明思想这一新发展理论指导下，深入学习领会习近平总书记关于推进长江经济带发展的重要讲话精神，对长江经济带城市（群）绿色转型这一新发展行为及高质量发展这一新发展绩效进行深入研究。

近年来，笔者同科研团队成员一直致力于绿色转型及高质量发展研究，成功申报并完成了多项省部级等课题，公开在一级期刊、CSSCI 期刊等发表高水平学术论文多篇。本书是浙江省哲学社会科学领军人才培育专项课题（23QNYC15ZD）的成果。值此专著出版之际，感谢浙江省哲学社会科学工作办公室的大力支持，感谢浙江大学出版社责任编辑的辛苦付出，感谢我的研究生周祥祥、卓莹莹在研究中的积极参与。在此予以衷心致谢！

翁异静

于杭州小和山

2022 年 11 月 26 日

目　录

第一篇　绿色转型引领高质量发展的背景、内容和理论基础

第二篇　新发展理论：习近平生态文明思想及习近平总书记关于长江经济带建设的重要论述

第三篇 新发展行为：长江经济带城市绿色转型的要素结构、能力短板、障碍要素及影响效率

第四篇 新发展绩效:长江经济带高质量发展区域差异性的 现状探索、作用机理及发展战略影响

第五篇　长江经济带绿色高质量发展的研究结论与建议

第一篇
绿色转型引领高质量发展的背景、内容和理论基础

第一章　绪　论

第一节　问题提出及研究意义

一、问题提出

（1）高质量发展是新时代发展的鲜明主题

自改革开放以来，我国经济一直保持高速增长，2019 年我国人均 GDP 已经达到 1.03 万美元，首次突破 1 万美元，然而经济高速增长的同时也带来了发展的质量问题，比如资源过度消耗、环境急剧恶化、贫富差异过大、经济发展方式亟待转变等。2017 年，党的十九大会议指出我国经济已进入高质量发展阶段，中国经济发展进入了质量优先的新时代，高质量发展成为中国当前重要战略机遇时期的新主题。2019 年底新冠疫情的暴发使得世界经济受到严重冲击且增长乏力，全球治理矛盾更加突出（Ciotti，2020）。面对国际国内复杂形势，中国坚定地确立了"以国内大循环为主体、国内国际双循环相互促进"（简称"双循环"）的新发展战略，经济增长动力结构也必将从外贸投资主导向内需消费主导转变。但中国作为一个国土辽阔、人口众多、市场空间巨大的发展中国家，各区域不平衡不充分的发展问题不容忽视。进入 21 世纪以来，国家实施统筹发展的区域政策，区域进入协调发展阶段，尤其是"十四五"以后，坚持实施区域协调发展战略并以多项区域重大战略为引领。优化国土空间开发保护新格局扩大内需，推动区域间协调互补发展，缩小区域经济差距，有利于双循环新发展格局的构建和国家高质量发展。

（2）城市绿色转型是生态文明建设的必然选择

生态文明建设是关系人民福祉、关乎民族未来的大计，是实现中华民族伟大复兴中国梦的重要内容。党和政府历来高度重视生态文明建设，不断对生态制度进行构建和完善。2002年，党的十六大首次将改善生态环境、促进人与自然和谐发展作为建设小康社会的四大目标之一。要化解人与自然、人与人、人与社会的矛盾，必须发挥先进文化的凝聚、润滑、整合作用。2005年，时任浙江省委书记习近平同志在浙江安吉余村调研时首次提出"绿水青山就是金山银山"的理念。具有里程碑意义的党的十八大把生态文明建设作为统筹推进"五位一体"总体布局和协调推进"四个全面"战略布局的重要内容，形成了习近平生态文明思想。党的十九大报告明确将污染防治列为决胜全面建成小康社会三大攻坚战之一，要求着力解决突出环境问题，推进绿色发展。党的十九届五中全会坚持贯彻新发展理念，把"促进经济社会发展全面绿色转型"作为"十四五"规划和2035年中长期目标制定落实中生态文明建设议题领域的重大决策部署之一。党的十八大以来，加强生态环境保护的政策措施密集实施，推进生态文明建设，加快绿色发展进程已成为高质量发展的基本导向，这在促使城市转变发展模式的同时，也为其绿色转型提供了众多政策机遇。进入新时代以来，经济结构转型和社会主要矛盾均发生了变化，绿色转型成为基于中华民族永续发展战略高度作出的重大部署，而城市作为"先行者"，在生态文明建设进程中扮演着举足轻重的作用，应更加积极地探索城市绿色转型路径。

（3）城市绿色转型是高质量发展的客观诉求

随着城市化与工业化的快速推进，我国的经济增长取得重大成就，但依赖资源禀赋的"三高"粗放型发展方式也导致资源稀缺、生态体系破坏、自然承载能力减弱等生态环境问题接踵而来。当前，中国经济正处于由高速向高质量发展转变的重要阶段，集约、高效、绿色的发展道路是新常态下经济发展的必由之路，而以绿色转型突破经济总量增长瓶颈是实现经济高质量发展的关键环节。经济基础决定了城市转型的发展方向，发展创新型经济，加快现代化产业体系建设步伐，推动城镇化、工业化、绿色化、信息化协同发展是当前城市转型的重要方向。正是由于中国经济的高速发展，才为城市不断吸收优质资源，从而向价值链高端转型提供了有力支撑。未来城市的绿色转型发展也绝不能仅侧重于经济总量的增长，而应更加重视城市发展的质量。"十三五"期间，我国以打赢打好污染防治攻坚战为主线，环境污染治理取得显著成效，但"生态环保任重道远"的现实依旧严峻，生态环境的压力依然处于高位，结构性污染等问题还很突出。从国际比较看，2016年的《亚太城市绿色发展报告》得出，中国城市（包括港台地区）绿色发展指数得分高于亚太城市总体平均分的城市有 9 个,美国则有 18 个,说明中国城市绿色发展水平与美国城市相比,仍然存在差距;与美国的波士华城市群、太平洋沿岸城市群等城市群相比,中国京津冀、长三角、珠三角城市群的绿色发展水平仍然落后较多,城市绿色发展仍然没有体现"集群化",城市群内部城市绿色发展水平也不均衡(赵峥,2016)。从国内比较看,2019 年的《中国城市绿色竞争力指数报告》得出,我国城市绿色发展空间差异明显,存在"洼地"现象。一方面,中部地区城市绿色竞争力相对东部地区和西部地区较为薄弱,东部地区城市绿色竞争力优势明显;另一方面,我国城市群绿色竞争力水平不但存在显著差异,甚至不排除有些区域之间的差距会不断扩大,呈现出明显的"俱乐部收敛"特征(关成华、韩晶,2019)。由此可见,中国城市绿色转型发展已成为我国高质量发展的必然选择和内在需求,而城市群——经济发展的重要引擎及城市化的主要空间载体,其在推动城市绿色发展的作用更加不容忽视,城市绿色竞争力的提升更需要借助于城市群的力量,相互促进,互为补充。

(4)城市绿色转型是碳中和目标实现的重要保障

习近平主席代表中国政府在第七十五届联合国大会一般性辩论上郑重宣布,中国力争在 2030 年前达到二氧化碳峰值、争取 2060 年前实现碳中和。碳中和目标的提出体现了中国作为最大碳排放国应对气候问题的大国担当以及对绿色转型的战略自信(张永生等,2021)。碳中和目标的实现是解决资源环境约束突出问题、完成经济社会全面绿色转型的关键环节。碳中和并不代表绝对的零排放,而是指净零排放,即通过节能减排和技术创新等手段,使得排放到大气中的二氧化碳和从大气中移除的二氧化碳相互平衡。"双碳"目标的提出给中国经济社会的产业结构带来了重大调整,给技术创新和投资提供了重大机遇,并伴随着配套的制度变革和创新,及生活与生产方式、发展理念与方式的系统性变革。若把碳中和目标及绿色转型决策转变为问题来分析,就需要将其落实到一个特定的"地理区域"(周冯琦、尚勇敏,2022),而城市是推动低碳经济转型和经济社会高质量发展的重要空间和行动单元,也是能源消费和碳排放的主要来源(庄贵阳、魏鸣昕,2021)。在推进碳中和目标实现的过程中,城市占据重要战略地位,推动其绿色转型,既是应对全球气候变化问题的积极回应,也是转换发展方式、寻求经济增长模式的内在需要。

在此背景下,如何全面推进城市绿色高质量发展是当前中国社会各界所面临的重大课题。

而作为中国新一轮改革开放转型的先行区,长江经济带各城市积极探索,根据自身特点和优势找到了代表性的各具特色的转型突破口,如南京大力推动战略性新兴产业、杭州引领新兴"互联网＋"发展潮流、张家界建设旅游城市、铜仁积极争取国家智慧城市试点等。但长江经济带仍面临着水生态环境恶化趋势严重、产业结构重化工化、协同发展机制不健全、沿江港口岸线开发无序、法律法规制度体系不完善、绿色政绩考评体系乏力等难题（吴传清、黄磊,2017）。长江经济带绿色发展指数也表明,上游成渝城市群、中游城市群、下游长三角城市群的绿色发展区域内部差异相对较大（王振等,2021）。2020 年 11 月 14 日,习近平总书记主持召开全面推动长江经济带发展座谈会并发表重要讲话,他强调长江经济带生态环境整治要扎实推进,经济社会发展全面绿色转型要有力推动,实现了在发展中保护、在保护中发展。但长江大保护和绿色发展尚未实现由量变到质变的飞跃,还存在一些问题和不足,仍需坚定不移推动长江经济带走生态优先、绿色发展的路子[①]。

综上所述,中国城市绿色转型任重而道远,城市绿色转型是高质量发展的工具和途径,而高质量发展是城市绿色转型的目标和结果。因此,开展长江经济带城市绿色高质量发展研究显得必要而紧迫。比较国外,纵观古今,政府力量一直是实施"绿色新政"的第一推动力,但当城市绿色高质量发展上升到国家战略高度,反映国家意志,成为政府行为时,加之市场化手段和措施存在诸多"失灵"现象,必须由政府整合并协同各方面力量,才能更加有力推进（张宁,2020）。由此表明,城市绿色高质量发展需要各主体共同推进、协同发力,通过提升政府、企业、居民等主体的推动能力,来提升城市绿色转型整体能力是一条重要途径。那么由此延伸出一个现实问题:如何更加有力推进城市绿色转型来促进城市高质量发展? 尤其当长江经济带各城市及城市群的发展阶段、特点优势、转型目标等不同时,各城市及城市群绿色转型现状怎样? 转型能力短板及其提升方向在哪? 虽然,各城市都在持续推进绿色转型,且城市绿色转型这一行为最终对城市高质量发展提升这一目标将起到不可否认的作用,但由于各城市及城市群内存在经济发展不均衡、区域发展不平衡等问题,城市绿色转型对高质量发展提升的效果是不一样的。那么由此又延伸出另一个现实问题:长江经济带各地区高质量发展的现状如何? 不同地区高质量发展的机理存在何种差异? 此外,从区域发展政策角度来看,至 2014 年长江经济带发展战略规划正式实施以来,长江经济带发展战略对不同地区的高质量发展是否真的具有影响? 若有,这种影响对不同地区的作用机理又有何差异?

---

① 国家发展和改革委员会.推动长江经济带发展领导小组办公室召开第 5 次全体会议[EB/OL].(2020-12-18)[2023-16-13]. http://www.ndrc.gov.cn/fzggw/uld/hzc/lddt/202012/t20201218-1254961.html.

二、研究意义

绿色高质量发展已经成为我国发展的主旋律,长江经济带作为区域发展体系的重点建设地区,研究其绿色高质量发展差异性具有重要的理论意义和现实意义。

(1)理论意义

第一,提出了城市绿色高质量发展研究的新思路、新逻辑。本书沿着新发展理论→新发展行为→新发展绩效这一逻辑,在习近平生态文明思想这一新发展理论指导下,深入学习领会习近平总书记关于推进长江经济带发展的重要讲话精神,对长江经济带城市(群)绿色转型这一新发展行为及高质量发展这一新发展绩效进行深入研究,研究思路清晰。

第二,构建了城市绿色转型能力构成及测评的理论分析框架。本书从城市全面绿色转型是一项复杂系统工程角度出发,认为城市绿色转型这一行为的推进需要政府部门、相关企业、主要产业、城市居民等主体的共同参与,涉及经济、社会、资源、环境等多个领域,从而决定了城市绿色转型研究的复杂性。本书首先从转型主体角度构建指标体系,阐述城市绿色转型的影响要素层次结构,然后对城市绿色转型能力的科学测评、能力短板识别及障碍因子诊断进行系统性研究,构建了碳中和目标下城市群绿色转型能力研究的理论分析框架,理论上是一个全新的研究思路,丰富了城市绿色转型的理论"抓手",实践上也是一个有价值的工作。

第三,丰富了区域发展战略相关研究的理论成果。本书基于区域发展政策视角,从对一定区域内经济、社会发展有关全局性、长远性、关键性的问题所作的筹划和决策——区域发展战略影响角度出发,通过对长江经济带上、中、下游地区高质量发展机理进行探索,分析长江经济带发展战略对其不同地区的高质量发展影响及存在的差异性影响效应。不仅补充完善了高质量发展的相关理论研究,同时进一步丰富和发展了区域发展战略理论,具有一定的理论意义。

(2)现实意义

第一,为长江经济带建设"生态文明先行示范带"提供理论依据。通过对长江经济带城市绿色转型能力的综合测算、组别比较,得出长江经济带3个国家级主要城市群和4个辅助性城市群之间、首位(中心)城市和其他城市之间绿色转型能力的差异和短板,为国家及长江经济带各省市政府对城市(群)设定绿色发展目标提供辅助。

第二，为我国其他城市（群）的绿色高质量发展相关政策的制定提供可以参考的实践经验。通过研究长江经济带 7 大城市群、110 个城市绿色转型能力的差异、短板以及长江经济带上、中、下游的高质量发展机理差异及区域战略影响效应，提出提升长江经济带绿色高质发展的政策建议，不仅对缩小区域差异，推动长江经济带区域协调发展具有重要现实意义，且为今后我国其他城市（群）的宏观布局和绿色高质量发展相关政策的制定提供可以参照的实践经验。

第三，对我国树立负责任的国际大国形象具有积极意义。以"城市为依托"，以"城市群"为对象的绿色转型研究符合我国当前大力推进新型城镇化建设以及"一带一路"倡议的宗旨，是我国"绿色事业"领域中未完待续的重大命题，同时也对树立负责任大国的国际形象具有积极意义。

第二节　研究思路及主要内容

一、研究思路

本书沿着新发展理论（习近平生态文明思想）→新发展行为（城市绿色转型）→新发展绩效（高质量发展）这一逻辑思路展开。

本书在习近平生态文明思想指导下，深入学习领会习近平总书记关于推进长江经济带发展的重要讲话精神，围绕使长江经济带成为我国生态优先绿色发展主战场、畅通国内国际双循环主动脉、引领经济高质量发展主力军等重大内容，聚焦研究长江经济带"区域生态优先绿色转型"和"区域协调高质量发展"两大核心议题。而"绿色转型"是"高质量发展"的工具和途径，"高质量发展"是"绿色转型"的导向和结果。因此，本书首先聚焦绿色转型这一新发展行为，以城市绿色转型能力为切入点，以长江经济带 7 个城市群包含的 110 个城市为研究对象，运用城市经济学、新经济地理学、环境经济学、系统科学等理论，从政府、企业、产业、居民等推动转型的主体维度出发，运用相关性判别法及 DEMATEL-ISM-MICMAC 模型对碳中和目标下城市绿色转型要素进行系统重建，并在此基础上构建城市绿色转型能力评价指标体系。运用多种评价方法及障碍度模型对长江经济带城市绿色转型能力进行综合测量，对能力短板进行识别，运用区域不平衡指数、动态变动指数及探索性空间分析等方法揭示其空间变动及集聚变化状况,并进一步运用三阶段 DEA 模型测度长江经济带各城市的绿色转型效率。据此深入研究了长江经济带城市及城市群绿色转型的要素结构、能力测评、短板识别及效率测度。然后,聚焦高质量发展这一新发展绩效,从区域发展战略影响角度出发,以"创新、协调、绿色、开放、共享"新发展理念为依据,运用区域经济学、产业经济学、制度经济学、新经济地理学等理论,构建经济高质量发展评价指标体系,对长江经济带经济高质量发展差异现状进行描述;运用结构方程模型对长江经济带上、中、下游地区的经济高质量发展机理差异进行研究,基于 PSM-DID 和三重差分法探讨了区域战略因素对长江经济带的影响效应,并对其影响效应的差异性进行了检验。最后,提出了推动长江经济带绿色高质量发展的对策建议。

二、主要内容

全书共分为五大篇,包含 12 个章。

第一篇:研究背景、内容和理论基础。该篇包含第一章和第二章共 2 章。第一章,介绍了本书研究问题的提出和研究意义,为本书的选题提供依据。然后阐述了研究的具体思路,以及全书研究的主要内容和采用的方法,据此提出本书存在的创新之处。第二章,对"城市转型"以及"高质量发展"的相关国内外研究进行评述,并介绍了全文研究基于的相关基础理论,如可持续发展理论、系统科学理论、城市经济学、新经济地理学、环境经济学等。

第二篇:新发展理论。习近平生态文明思想及习近平总书记长江经济带建设的重要论述。该篇包含第三章和第四章共 2 章。第三章,介绍了习近平生态文明思想的主要内容。第四章,介绍了长江经济带的概念、地位和发展战略规划,分析了习近平总书记关于长江经济带绿色高质量发展的意义和目标,以及习近平推动长江经济带发展的重庆、武汉、南京座谈会讲话。

第三篇:新发展行为。长江经济带城市(群)绿色转型的要素结构、能力短板、障碍要素及影响效率。该篇包含第五章、第六章、第七章和第八章共 4 章。第五章,从转型主体视角搭建碳中和目标下城市绿色转型影响要素体系,运用相关性判别法识别出 17 个关键要素,然后运用 DEMATEL-ISM 方法分析关键要素间的作用关系及层级关系,并采用 MICMAC 方法分析要素间的驱动—依赖关系,最终得到 4 层 3 阶的多级递阶结构模型,对城市绿色转型的关键要素进行了层次系统重建。第六章,基于第五章城市绿色转型要素的系统重建,从转型主体视角出发,构建了包含 17 个关键要素、48 个测量指标的城市绿色转型能力评价体系，以长江经济带 7 个城市群包含的 110 个地级市为依托，运用优劣解距离法（TOPSIS 模型）、序排列多边形法、向量和法及加权求和法等四种综合评价方法对 2010—2020 年长江经济带 110 个城市的绿色转型能力进行测度，并分析不同方法的时效性。然后，从城市及城市群层面对长江经济带绿色转型能力的时空特征进行实证分析。最后，采用障碍度模型，对长江经济带城市（群）绿色转型能力的短板进行识别，通过测算关键要素层障碍度均值，对长江经济带城市绿色转型能力的障碍要素进行诊断。第七章，通过测算区域不平衡指数、动态变动指数，对长江经济带城市（群）绿色转型能力的空间均衡性和空间动态性进行分析，采用探索性空间分析，利用全局莫兰指数和 LISA 聚集图，对长江经济带城市（群）绿色转型能力的空间自相关性进行分析。第八章，选取城市绿色转型的投入、产出指标，并将外部环境因素考虑其中，构建长江经济带城市绿色转型效率测度模型，将传统 DEA 效率模型和 SFA 随机前沿模型相结合，对长江经济带城市绿色发展效率进行实证测度。

第四篇：新发展绩效。长江经济带高质量发展区域差异性的现状探索、作用机理及发展战略影响。该篇包含第九章、第十章和第十一章共 3 章。第九章，首先介绍了习近平提出的"创新、协调、绿色、开放、共享"五大新发展理念，据此构建经济高质量发展评价指标体系，对长江经济带的经济高质量发展差异现状进行探索性分析。第十章，基于驱动力—压力—状态—影响—响应（DPSIR）模型，建立经济高质量发展系统作用机理分析框架和概念模型，运用结构方程模型对长江经济带上、中、下游三大区域经济高质量发展路径和关键因素进行比较分析。第十一章，在区域发展战略对经济高质量发展影响的理论分析基础上，采用 PSM-DID 模型，构建区域发展战略对经济高质量发展影响模型，采用倾向得分匹配（PSM）方法，对长江经济带发展战略对经济高质量发展影响效应进行实证检验。在核匹配的基础上，采用三重差分模型，进一步深入研究长江经济带发展战略对经济高质量发展的差异性影响。最后，通过构建双向固定效应模型，对长江经济带发展战略的作用机制进行分样本识别。

第五篇：长江经济带绿色高质量发展的研究结论与建议。该篇包含第十二章共 1 章。第十二章，对长江经济带绿色高质量发展的相关结论进行总结，并提出提升长江经济带绿色高质量发展的政策建议。最后指出对本书不足之处对未来研究方向进行展望。

第三节　研究方法及技术路线

一、研究方法

（1）文献分析法

在城市绿色转型的国内外研究进展、理论基础、相关概念的界定以及碳中和目标下城市绿色转型的要素识别等内容中，均采用了文献分析法。以碳中和、绿色转型、绿色发展、政府转型、企业绿色转型等关键词为主题，对公开发表的学术论文、硕博学位论文及报刊等网络资料进行搜集整理，进而为厘清城市绿色转型的关系脉络，明晰碳中和目标下城市绿色转型的概念内涵，提出并构建碳中和目标下城市绿色转型分析框架及影响要素系统提供了理论基础。

（2）DEMATEL-ISM-MACMIC 模型

该方法主要用于碳中和目标下城市绿色转型的要素解构与系统重建部分。在梳理总结城市绿色转型能力相关研究的基础上，依据专家咨询意见及相关性判别法识别出关键影响要素，之后借助 DEMATEL-ISM-MACMIC 模型分析关键影响要素间的作用关系及层次结构。其中，DEMATEL 主要用于探索系统内部各个要素间的因果关系，并对其重要程度进行排序；ISM 方法用于研究各个要素间的层级关系，从而构建出相应的多级递阶结构模型；MACMIC 方法则通过对各要素的驱动力和依赖性进行分类来研究要素间相互关系的扩散性，以便理解要素在系统中的实质作用。

（3）综合评价方法

依据所构建的碳中和目标下城市绿色转型能力评价指标体系，利用熵值法计算各指标权重，基于优劣解距离法、加权求和法、序排列多边形法、向量和法等综合评价方法测算长江经济带3主4辅城市群及其110个城市绿色转型的单项及综合能力，对测度结果进行相关性分析以论证研究的有效性，并进一步对城市群的绿色转型能力短板及障碍要素进行多组别比较。

（4）空间自相关分析方法

利用莫兰指数和 LISA 聚集图分别测度城市群绿色转型能力的空间依赖性和空间异质性。其中，莫兰指数用于检验全局空间自相关，能反映长江经济带3主4辅城市群内地区与周边地区的空间关联情况及分布模式；利用 LISA 聚集图具体探测城市群绿色转型能力变化的热点区域与冷点区域。

（5）数据包络方法

数据包络方法是效率评价分析的常用方法，可对具有相同投入—产出结构的多个决策单元进行优劣对比。其优点主要为完全依靠原始数据，无需对不同单位的指标进行标准化处理，也不需要进行指标赋权。依据数据包络方法，选取可量化的投入产出指标构建城市绿色转型效率测度模型，对长江经济带 110 个城市的绿色转型效率进行分析。

（6）驱动力—压力—状态—影响—响应 DPSIR 模型

DPSIR（Driver-Pressure-State-Impact-Response，DPSIR）模型是一种研究社会生态系统的模型，后被拓展到可持续发展问题的研究，其对系统的研究从驱动力、压力、状态、影响和响应五个维度展开，不同维度之间相互影响与作用，能够探究系统内部各因素发展的相关联系，从而揭示其发展机制。基于 DPSIR 模型建立分析框架，依据其内涵探索经济高质量发展系统的作用机理。

（7）结构方程模型

结构方程模型是用于分析潜在变量间的因果关系和相关关系的统计方法，是一种验证性方法，可以同时处理多个因变量，探究各潜变量间的路径关系。在 DPSIR 分析框架构建的基础上，进一步建立概念模型，运用结构方程模型研究经济高质量发展系统内在的作用路径和关键因素。

（8）倾向得分匹配双重差分法和三重差分法

双重差分法被广泛应用于政策效果评估，其主要优点是计量模型简单易用，以及回归估计方法成熟。三重差分法是在双重差分法基础上的一种变形，它增加了一组新的差异来源，可用于异质性的分析。而倾向得分匹配则消除了双重差分法和三重差分法运用中的选择性偏误问题。在区域战略对长江经济带高质量发展的差异性影响探讨中，运用双重差分法研究区域发展战略对长江经济带高质量发展的影响效应，并在进一步研究中运用三重差分法对区域战略的差异性影响进行讨论。

二、技术路线

见图 1-1。

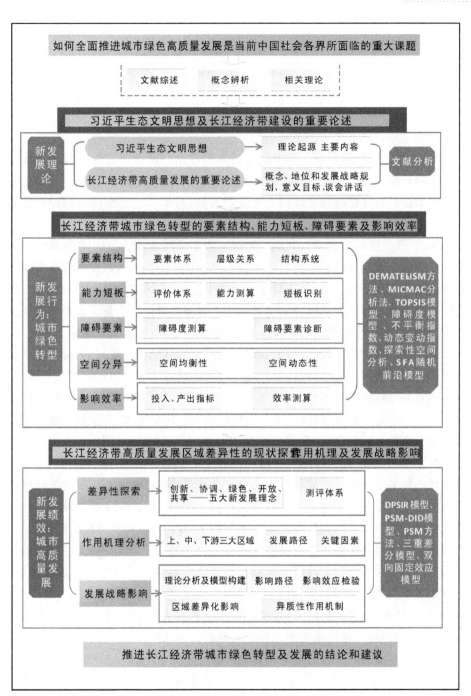

图 1-1 技术路线图

第四节　创新之处

创新之处有以下几点。

第一，研究思路的创新。本书沿着新发展理论→新发展行为→新发展绩效这一逻辑思路，在习近平生态文明思想这一新发展理论指导下，深入学习领会习近平关于推进长江经济带发展的重要讲话精神，对长江经济带城市（群）绿色转型这一新发展行为及高质量发展这一新发展绩效进行深入研究。

第二，研究主题的创新。我国区域进入协调发展阶段后，缩小各区域间发展差异是国家高质量发展的重要目标。长江经济带作为我国区域发展极其重要的组成部分，同时作为我国绿色高质量发展的主力军，其区域内存在的绿色高质量发展差异问题不容忽视。但目前学者对长江经济带绿色高质量发展差异并未进行深入研究，特别是对于造成这种差异的战略政策影响因素认识不足。

第三，研究内容的创新。目前在绿色高质量发展的相关研究中，现有学者虽然对产业绿色转型、企业绿色转型及政府在绿色转型中的作用进行了独立研究，但基于对城市转型的全面性、复杂性思考，从推动城市转型的主体出发，将"政府—产业—企业—居民"等统一在一个框架下，从"转型能力"角度进行研究的成果极少。本项目提出基于"政府—产业—企业—居民"四元主体，系统构建城市绿色转型能力构成及测评体系，并以长江经济带城市群为例进行实证研究，对于城市绿色转型的研究具有前瞻性和系统性的指导，对于如何协调推进长江经济带全面绿色转型提供了一个全新的研究思路。另外，对于高质量发展机理和战略政策因素影响效应的探讨也不多。本书基于 DPSIR 模型构建分析框架，运用结构方程模型对长江经济带高质量发展差异性机理进行研究，并运用双重差分法和三重差分法探究国家战略政策对长江经济带高质量发展差异性影响效应，丰富了现有高质量发展研究，研究结果具有一定的参考价值。

第四，研究方法的综合性。将多种研究方法综合运用于绿色高质量发展研究中，在要素解构与系统重建部分将相关判别法与系统工程理论方法相结合，在城市绿色转型能力的评价与空间差异分析部分将综合评价方法与地理学空间分析技术相结合，在城市绿色转型的效率测度部分运用数据包络分析方法时考虑了外部环境因素对城市绿色转型的影响，在研究长江经济带高质量发展差异性机理部分将 DPSIR 因果模型与结构方程模型进行结合，在研究战略政策因素对长江经济带高质量发展的差异性影响方面结合三种倾向得分匹配方法,运用双重差分和三重差分法进行差异性研究。在绿色高质量发展研究的全过程中,将统计学方法与系统工程学、地理信息学及社会学的研究方法相结合,形成了绿色高质量发展研究的多元量化测度工具。

第二章　文献综述与理论基础

第一节　国内外文献综述

一、城市转型的概念及"绿色"实践模式

城市转型主要表现为转型在城市学研究领域上的相关应用。然而,当问及何为城市转型时,却无法给出统一答案。Stark 和 Bruszt(1998)将城市转型与大规模的制度变迁过程相关联,认为城市转型指的就是经济体制的模式转变。朱铁臻(2006)认为城市转型通过多元化的经济结构模式调整,以找到新的经济增长方式。魏后凯(2011)认为城市转型的主导在于产业转型。李程骅(2013)认为资源的配置优化、政府的规制引导、群众的认同参与行为是城市转型的重要表现,经济发展方式转变、城市功能和城市竞争力提升则是更进一步的转型过程。丛晓男和刘治彦(2014)认为经济转型是城市转型必不可少的核心属性,但其组成属性还应包含社会、文化、空间和生态转型。

从上述文献可看出,有关城市转型论述的出现大多伴随着经济体制转变的研究,但与城市自身也在不断发展变化一样,对于城市转型的概念研究也不仅仅停留在经济层面,有关城市发展的重大方向变化、方式转变均属于城市转型的研究范畴,城市转型的概念研究也慢慢呈现出多层次、多维度、多领域的特征。

对城市转型的认识过程随着城市自身的发展不断向前发展,针对城市转型的"绿色"实践模式,学者们主要对生态型、低碳型、循环型、智慧型等城市转型模式展开具体分析。

(1)生态型城市——与自然的平衡重建

生态型城市倡导通过调整城市与自然间的关系,从而重建其平衡状态。

Register 是较早对生态城市研究作出贡献的学者,其思想理念始终围绕着"紧凑—就近居住—多样性"这一主线。此外,一些学者对特定城市也提出了类似的指导主线,并通过构建指标评价体系进行实证分析。如马世骏等(1984)提出的"社会—经济—自然复合生态系统"的指导性原则。秦东钦(2011)应用生态足迹理论阐述了如何构建招远市生态城市建设中的可持续发展模式。Cortinovis 等(2019)揭示了城市规划政策和规划编制对城市生态系统服务供给产生的影响。徐丽婷等(2019)利用熵值-TOPSIS 模型对长三角城市群的生态化水平的变化及差异进行分析。李胭胭(2021)运用 K-均值聚类、区位熵和熵值法等方法对京津冀生态城镇化水平进行了系统分析和评价。通过不断探索实践,学者们为此以寻求生态与城市和谐共生的最佳模式。

(2)低碳型城市——以"三低"为建设目标

低碳型城市以"低能耗、低污染、低排放"为建设目标,其发展主要依托于低碳经济,实现社会、文化、技术等多方面的共赢,主要涉及低碳生产与低碳消费两个领域(Li Y,2013)。联合国气候大会制定的"巴厘岛路线图"及日本提出的"低碳社会",均对全球迈向低碳经济发挥了积极的促进作用。随着低碳经济及低碳城市概念的发展,学者重点探索低碳城市建设的实践研究。Gehrsitz(2017)借助双重差分法,分析了德国低碳区政策实施对于空气质量与婴儿死亡率的影响。周枕戈等(2018)以城市低碳发展质量为测量维度,对低碳城市建设评价的内涵进行解析,构建了低碳城市建设评价指标体系设计的技术路径。Crawford(2018)从社会治理、技术支持与政策整合三个方面进行了低碳城市建设的整体路径规划,绘制了低碳城市建设的规划蓝图。张丽君等(2019)通过构建动力学分析模型,对中国城市的低碳发展水平及空间格局进行了全面评价。徐佳等(2020)、佘硕等(2020)研究发现低碳城市试点政策可以在一定程度上引发企业层面的绿色技术创新。赵平平(2021)利用熵权法构建了低碳城市建设水平评价指标体系。胡鸿涛(2022)采用渐进双重差分方法发现低碳城市试点政策显著地促进了能源生产率的提高。

(3)循环型城市——社会资源循环发展的产物

城市化的推进加快了大量废弃物的产生,且循环利用率较低,使得循环城市的建设任务刻不容缓,而循环城市的建设要以"减量化、再利用、再循环"为指导准则,以循环经济为基础(韩庆利、王军,2006)。循环经济侧重于整个社会的物质循环,追求资源循环利用效率最大化,从而缓解能源短缺的压力,实现经济目标与资源节约、环境保护的同步发展(陆学、陈兴鹏,2014)。循环城市是通过循环发展的过程而产生的,循环发展改变了城市的供给制度,使居民的循环实践得以发展,具体表现为循环食品系统和建筑、水和养分循环利用、空间的适应性再利用和弹出活动、污染场地的生物修复和整个城市蓝绿基础设施的整合。李智超(2021)提出了循环性城市建设的基本内容与重点任务。范逢春(2021)提出了新时代建设循环型城市对城市治理提出的新要求。

(4)智慧型城市——依托"互联网+"的职能变革

智慧城市的创建想法随着"智慧地球"理念的提出应运而生。智慧城市设计理念的落地归功于信息通信技术与大数据社会的飞速发展。虽然智慧城市的提出及当前的实践模式包含许多商业元素,但Cohen(2014)指出智慧城市应有更深层次的定义,即"利用信息与通信技术智能有效地使用资源,降低成本,节约能源,改善服务与生活质量,并减少环境足迹"。严波(2017)利用系统动力学构建了智慧城市评价体系。滕媛媛(2017)研究了各影响因素在智慧型城市发展中的作用效力。Silva(2018)认为智慧城市应利用智能技术使城市的关键基础设施建设和服务更为智能、互通和高效,通过使用信息技术来提高城市效率为市民提供更高效的服务。此外,学者对智慧城市的建设实践以及智慧城市建设作用也进行了研究探讨。周小敏等(2020)认为智慧城市建设能够成为经济增长的新动能,有效提升了城市质量增长,且对产业结构升级(王敏等,2020)和城市科技创新能力(张节、李千惠,2020)的提升有正向的影响。

二、城市绿色转型发展的成效测评

(1)绿色转型发展指数研究

国内外一些机构组织和学术团队通过构建多维综合指标体系发布了一系列和绿色转型及发展相关的指数(见表2-1)。

表2-1　国内外机构组织和学术团队发布的相关指数统计表

机构组织或学术团队	指数类型	发布渠道
耶鲁大学环境法律与政策中心等	环境可持续指数 环境绩效指数	达沃斯世界经济论坛
中国科学院可持续发展研究所	中国资源环境综合绩效指数 中国可持续发展能力指数	中国可持续发展报告(2007—2020)
新西兰经济发展部	新西兰能源发展指数	新西兰能源发展指数报告
中国人民大学气候变化与低碳经济研究所	中国低碳竞争力指数	中国低碳经济年度发展报告(2011,2012,2014,2015)

续表

机构组织或学术团队	指数类型	发布渠道
澳大利亚环境协会	G20 国家低碳竞争力指数	全球环境行动
中国人民大学生态金融研究中心	中国绿色城市指数 TOP50	《环球》杂志
长三角与长江经济带研究中心的王振团队	科技创新驱动力指数 区域产业转型升级指数 绿色发展指数	长三角地区经济发展报告(2018—2019) 长江经济带发展报告(2018—2019)
北京师范大学李晓西、关成华团队	中国绿色发展指数 中国城市绿色竞争力指数 亚太城市绿色发展指数	中国绿色发展指数报告(2020) 中国城市绿色竞争力指数报告(2020) 亚太城市绿色发展报告(2016)
华东师范大学孙伟平、曾刚团队	绿色智慧城市指数 中国生态城市健康指数	中国绿色智慧城市发展报告(2018) 中国生态城市建设发展报告(2019)
南昌大学刘耀彬团队、江西绿色发展指数课题组	城市包容性发展指数 城市绿色化发展指数 城市高质量发展指数	长江经济带大数据平台 江西绿色发展指数绿皮书(2019)

(2)绿色转型发展内涵研究

对生态文明建设、绿色经济、可持续发展等绿色转型及发展相关内涵展开具体评价。如何天祥等(2011)从城市生态文明状态、压力、整治及支撑四个方面构建系统的评价指标体系,并运用熵值法进行评价。陈诗一(2012)运用基于方向性距离函数的 SBM-DDF-AAM 低碳经济分析理论机制,构建了低碳转型进程的动态评估指数。胡鞍钢等(2014)提出了绿色发展的"三圈模型",该框架囊括经济、社会、自然系统三大系统的共生性形成了绿色增长、绿色财富和绿色福利的耦合关系。佟贺丰等(2015)基于系统动力学模型的情景分析方法,选择农业、森林、绿色建筑、可再生能源、核能、城市生活垃圾等 6 个行业从绿色经济的角度进行界定和模拟。Satbyul 等(2014)使用经合组织框架选择了一套 12 项指标,具体评估了包括韩国在内的 30 个国家的绿色增长战略状况并进行了跨国比较,为衡量绿色增长战略的总体效果提供了一种新的工具。Ehresman Timothy G.(2015)从环境正义的角度对原先模糊的绿色经济概念进行了整合。Sueyoshi(2017)基于 DEA 方法对生态技术创新可能产生的损害赔偿问题开展环境评价研究。熊曦等(2019)从绿色生态、绿色生活、绿色生产三个层面构建长江中游城市群绿色化发展水平的测度指标体系,并运用熵值法对其空间差异展开了实证分析。D'Amato等(2019)运用 123 家土地利用集约型行业公司报告数据,以循环经济(CE)、绿色经济(GE)和生物经济(BE)来衡量土地利用集约型行业的公司可持续发展转型水平。Shah等(2020)将改进的生态效率方法与数据包络分析相结合，探讨2000—2015年生态工业发展(EID)的15年推动下韩国蔚山大都市的可持续发展转型。Calzada-InfateL等(2020)从投入产出角度探究经济社会可持续发展能力，并测算了创新水平对绿色发展的影响。胡子明和李俊莉(2020)研究使用均方差测权法对城区绿色转型发展状况进行评价。余倩倩(2020)通过构建面板数据模型研究产业绿色转型升级水平的影响因素，并建立空间杜宾模型具体分析了工业绿色全要素生产率的空间溢出效应。高翠娟和孙明明(2022)利用文献综述法，从内涵、评价和对策三个角度分析了资源型城市绿色转型的研究现状，指出了目前研究需要改善的不足之处和未来研究的方向。张旭(2022)利用Degum基尼系数测算我国绿色发展区域差异，并建立面板Tobit模型探究影响绿色发展及区域差异的潜在原因。

（3）绿色转型发展效率研究

从生态效率、工业转型效率、绿色发展效率及绿色经济增长效率等多个视角对绿色转型发展效率开展测评。如黄建欢等(2014)利用SBM模型来测度面板数据的生态效率。杨志江和文超祥(2017)运用SBM-DEA模型测算了中国1999—2012年的省际绿色发展效率，并对其演变特征、区域差异进行了考察和收敛性检验。刘阳和秦曼(2019)以京津冀城市群、山东半岛城市群、长三角城市群以及珠三角城市群为研究对象，基于2006—2015年的相关数据，采用三阶段DEA方法，综合测度四大沿海城市群绿色效率的时空特征。周亮等(2019)引入面板Tobit模型进行探究，得出经济发展水平、产业结构和对外开放水平对绿色发展效率有显著促进作用，而降水条件、植被覆盖率等一些自然因素对绿色发展效率影响不显著。刘杨等(2019)基于非期望产出的DEA-SBM模型，从时间维度和空间维度分析了我国城市群绿色发展效率2011—2015年的变化情况。Kofi(2019)采用基于产出距离函数的参数化随机前沿方法测度了1990—2014年71个国家的能源效率。Omrani等(2019)基于综合数据包络分析(DEA)以及合作博弈法，对伊朗20个省的交通运输部门的能源效率进行测度与排名。陈斌和李拓(2020)基于我国2003—2017年省级面板数据测算财政分权水平和财政分权效率，结合两阶段关联网络DEA测算绿色创新效率、绿色技术研发效率、绿色技术成果转化效率。Song等(2020)利用面板数据分别利用基于非期望产出的超效率SBM模型和熵值法，计算生态效率水平和环境调节综合指标。Trinks等(2020)运用2009—2017年1572家公司的国际样本，测度这些公司的碳效率与资源效率。Xing等(2021)考察了1995—2014年金砖国家和未来11

个经济体的金融发展情况,运用 DEA 方法用于估算金砖国家和 11 个经济体的能源效率。王冠等(2021)利用固定效应模型探究绿色发展效率的因素,发现产业结构的优化可以提高资源利用效率,促进绿色发展,而城镇化水平的提高,则有可能因人口、企业的集聚而产生"大城市病"从而不利于绿色发展水平的提高。Conghu 等(2021)通过数据驱动的方法来评估和优化工业生产系统的生态效率。夏春芳(2022)运用数据包络分析法,构建非期望产出的 DEA 模型,测算区域绿色经济发展效率,且运用空间面板 Tobit 模型对影响区域绿色经济发展效率的因素进行了实证分析。

(4)城市绿色转型成效测评的主要研究方法

有关城市绿色转型成效测评的主要方法仍以定量方法和定性方法为主。从时间上看,早期主要对绿色转型发展的内涵解读、实践机制的定性研究居多,而随着研究内容丰富,定量方法开始被广泛地应用于城市绿色转型发展的研究中。从表 2-2 可以看到,定量方法包括 SBM 模型、DEA 模型、TOPSIS 模型、合作博弈等,主要用于城市绿色转型发展的水平测度、效率评价、影响因素分析等相关研究。另外,还有学者倾向于将定性研究与定量研究相结合展开城市绿色转型发展的研究,从而得到更为有效的结论。现有城市绿色转型成效测评问题的研究思路可分为以下三个步骤:首先,选择倾向的理论基础与切入视角;其次,基于相关理论的分析形成一个层次多、范围广的指标体系;再次,利用指数法或构建回归模型并进行相应测度。这表明城市绿色转型成效测评已形成了较为成熟的研究框架,对相关研究的深入具有重要的参考意义。

表 2-2　城市绿色转型成效测评的主要研究方法

功能	方法	要点	参考文献
评价研究	DEA 模型 模糊建模 TOPSIS 模型	1. 运用不同方法测度绿色转型发展水平 2. 对转型发展水平进行评价,从而提出相应的建议	Sueyoshi Bilgaev 等 Godlewska 等
效率测度	超效率 SBM 模型、Malmquist 指数 SBM-DEA 模型 DEA、合作博弈法	1. 从不同层面测度绿色效率,对绿色政策的实施效果进行评价 2. 对效率测度结果进行排名与比较	罗宣 等 Omrani 等
影响因素	广义空间 Tobit 模型 线性规划 固定效应模型、 SYS-GMM 模型	1. 基于发展水平与效率测度的对比,筛选出城市绿色转型发展的核心影响因素 2. 通过回归分析探究显著性指标	张华 等 杨键军 等 谭卫华,舒银燕

文献评述：(1)研究内容上，主要集中在城市绿色发展的相关研究，对城市绿色转型的研究较少，只有大连理工大学的武春友教授团队在城市绿色转型方面做了一些研究。国务院发展研究中心李佐军认为，绿色转型发展其实是"绿色＋转型＋发展"(李佐军，2012)。从辩证思维考虑，发展与转型是一个问题的两面，在发展中转型，在转型中发展，提及"发展"离不开谈到"转型"，研究"转型"也是建立在"发展"基础之上。由此受到启发，本项目认为，绿色发展与绿色转型虽然相辅相成，但也有一定的区别。绿色转型是绿色发展的内容和方式，绿色发展是绿色转型的目标和前提，以"绿色"为主题，以"发展"为目标，通过在经济、社会、环境、政治等领域的转型，提升各领域的绿色竞争力，从而实现绿色发展。绿色转型与绿色发展是一个量变到质变的飞跃过程，实现绿色发展需要长期的、全面的绿色转型的积累，所以，研究绿色转型更有价值。(2)研究方法上，城市绿色转型测度方法较为单一。由于研究区域与研究条件不同，学者们在城市绿色转型的测度与评价方法上各有侧重，利用单一评价方法较多，并未考虑评价方法的有效性，且主要以传统的计量回归分析为主，缺乏对影响要素的系统性和层次性研究，而系统工程方法能够探索复杂系统内部各要素的关联程度，明确各要素在体系中的逻辑结构及地位。(3)城市绿色转型评价指标体系尚未形成标准。由于学者们研究视角及侧重点的不同，从而使得城市绿色转型评价指标体系的构建也难以形成统一标准。他们的多从经济、社会、资源等维度入手，但城市绿色转型是多层次、多视角的综合转型，是一项复杂的系统工程，需要依靠政府、企业与城市居民等主体的共同发力，因此，有必要从转型主体视角出发进行研究。

三、典型区域绿色转型及发展研究

专门对绿色转型开展的被动转型的资源型城市、东部地区中心城市及单一城市的产业转型发展进行研究。

对资源型转型城市的研究。资源型城市占我国城市总数的40％，在我国经济从高速度增长转向高质量发展阶段，研究如何提高资源型城市转型质量，对实现高质量发展具有重要的理论意义和现实意义。如孙毅和景普秋(2012)认为资源型区域宜选择绿色转型模式，通过产业绿色转型和经济发展方式绿色转变，步入资源型区域可持续发展轨道。这是介于传统的"黑色"发展模式与理想的"绿色"发展模式之间的"寻优"模式。Silvio Viglia 等(2018)使用能效会计(EMA)和累积能源需求(CED)方法来开发和验证以资源为主的城市环境可持续性指标，并以案例研究为基础，研究了意大利5个不同规模的城市系统。Sylvia 等

(2017)从宏观角度回顾了中国资源型城市目前的规划政策和实践,并分析了政府如何应对资源型城市面临的紧迫经济问题。李虹和邹庆(2018)认为资源型城市产业的高质量发展是经济高质量发展的重要支撑,产业转型是城市转型的关键。叶雪洁等(2018)从经济地理学的角度提出资源型城市在产业转型过程中,应更多地从经济地理学本质特性出发,依托资源、延伸资源、不唯资源、超越资源,实现产业多元化发展。曾贤刚和段存儒(2018)采用熵值模型,通过建立包含经济转型、社会转型和环境转型的城市绿色转型绩效评价指标体系,对16个煤炭资源枯竭型城市进行了研究。丁兆罡等(2019)采用离差最大化法,通过构建"绿色驱动力、绿色生产力、绿色生命力"三位一体,对中国能源之都的安徽省淮南市的城市绿色转型效果进行研究。王多多(2019)采用OLS模型和SEM模型发现土地集约利用效率在全域空间范围内对城镇化绿色转型效率产生了影响,并且通过GWR模型得出土地集约利用效率对城镇化绿色转型效率的影响存在空间差异。车磊(2019)以DPSIR模型为基础,架构了中国资源型城市绿色转型发展评价指标体系,用于综合测度资源型城市的绿色转型发展水平,划分绿色转型发展阶段,再使用核密度估计、探索性数据分析、空间变差函数等方法分析中国资源型城市绿色转型发展的时空格局。孙晓华等(2020)构建了资源型城市转型升级的能源节约、附加值提升和环境友好三维空间,从方向向量内生化、引入相对距离和外生权重三个方面对方向距离函数加以改进,提出资源型城市转型升级压力的测算方法,讨论了经济可持续发展的方向选择问题,进而以2008—2016年中国283个城市(包括115个资源型城市和168个非资源型城市)为样本进行了实证检验。Liu等(2020)创建了全面反映资源型城市转型与协调的评价体系,并利用熵权法和模糊隶属度函数计算了山西省10个资源型城市的转型度(TD)、协调度(CD)和转型可持续性系数(TSC)。

对东部地区中心城市的研究。如姚德文和张晖明(2008)认为上海产业结构优化升级可以通过政府对资本市场的发育解决企业和产业之间的资源配置,从而带动上海产业转型。Tomlinson(1999)提出了一种特殊方法来解释约翰内斯堡中心城市的衰落,然后探讨其当前的转型和未来的潜力。Olazabal和Pascual(2016)提出了一种模糊认知映射方法,以开发合理的政策方案来支持巴斯克地区毕尔巴鄂市的城市能源系统脱碳。Jukić等(2018)将萨格勒布的两个地区作为研究城市转型潜力的合适模型,建议根据基本和附加标准对中心城市地区进行规划和重新设计。Wu和Wang(2019)构建了制造业转型和环境计量评价体系,运用因子分析和聚类分析相结合的方法,结合客观加权的熵权法,研究了杭州等东部沿海城市在制造业转型升级中的测度与差异。Turok等(2019)使用弹性框架进行研究，认为中心城市是经济和社会进步相对开放的孵化器，同时也是利益冲突的聚集地。Liu 等（2020）借鉴"压力—状态—响应"模型，构建了低碳城市指标体系，并对北京、天津、上海、重庆进行低碳发展水平评价。Sorin 和 Ioan（2020）采用参与和民族志观察、GIS 分析、历史资源调查和统计资料研究等多种研究方法，考察了位于东欧的欧洲文化之都蒂米什瓦拉的城市转型和文化演变。He 等（2020）使用空间杜宾模型，分析了中国大规模城市转型过程对东部沿海地区电器行业生产率溢出的影响。

对单一城市的产业转型研究。如 Hall（2004）研究了美国纽约、英国伦敦、日本东京这些城市的发展，发现这些中心城市的生产模式从工业化向信息化转变，由制造业城市转型为服务业城市。Landry（2008）针对中心城市面临的挑战提出要进行产业结构升级并在管理方式上进行转变，并充分利用居民、企业和政府的创造力。Cappelen 等（2013）认为挪威 20 世纪 60 年代开采石油和天然气的同时，通过技术创新和人力资本积累大力发展非资源型的关联产业。Nykamp（2016）探讨挪威建筑业朝着可持续性发展的工业变革，并增加了有关传统的低技术领域向可持续性转型和转型途径的争论。Ge 等（2018）构建了一种基于经验的、多层的、空间明晰的基于主体的模型，探讨了阿伯丁市及周边地区从石油经济向绿色增长转型的可持续途径。Sjøtun（2020）借鉴挪威西南部海洋产业绿色化的研究，采用包含实践理论的社会领域方法论，对该产业关键行动者的实践进行细化，认为工程技术人员的实践队伍具有多规模性和复杂性。惠利和陈锐钒等（2020）从新结构经济学的视角出发，系统梳理德国鲁尔区在不同发展阶段的产业结构和战略选择，提出资源型城市高质量发展是场持久战，促使人力资本和物质资本向非资源型产业流动是提升转型质量的关键；根据地区禀赋发展具备潜在比较优势的产业，解决制约产业发展的软硬基础设施瓶颈，是打破对资源型产业的路径依赖，实现资源型城市高质量发展的根本路径。Pichler 等（2021）基于奥地利汽车（供应商）行业的定性案例研究，对欧盟产业政策的主要特征进行了实证分析，批判性地讨论了其在汽车领域转型的潜力。Kitheka 等（2021）在转折点和轨迹的背景下，通过对关键信息提供者的一对一访谈，考察了充满环境悖论的城市查塔努加从依赖重工业向环境清洁产业和蓬勃发展的服务业的转变。

文献评述：目前研究对象上，第一，资源型城市等被动转型研究对象较多，而主动转型城市研究较少；第二，东部地区发达城市研究较多，而中、西部不发达城市研究较少，并且缺乏东、中、西的比较研究；第三，从区域的、城市群的尺度研究较少。这些特定地区的绿色转型本身就带有一定的试点性质，并不全面覆盖，其探索出的成果往往具有"异质性"(李志青,2020),因此对于指导城市的普遍转型表现仍较为乏力。另外,由于中国各城市及城市群的发展阶段、功能定位、特点优势等有所不同,使得不同城市及城市群的转型出发点、转型目的及转型突破口等也有所不同,这些共同导致不同城市及城市群在转型过程中的路径和提升方式都有一定差异,因此需要通过多组别的比较,研究内在的一些差异性。本项目把覆盖11个省市,横跨东中西三大板块,具有一定区位优势的长江经济带作为研究对象,并且对长江经济带110个城市3个较为成熟的国家级城市群(长江三角洲、长江中游、成渝)及4个辅助的区域性城市群(三峡、黔中、滇中和川滇黔)进行多组别比较,对加强一般意义上的城市绿色转型研究具有一定的参考价值。

四、城市绿色转型的主体识别与提升路径

(1)城市绿色转型的主体识别

绿色转型不同于传统的一般转型,仅侧重于经济转型并不符合可持续发展观的指导理念,绿色转型应是包含经济、社会、生态、资源等多方面转变的系统工程(张旭、庞顺新,2019)。决策者、监管者、执行者、参与者是城市绿色转型成功的重要推动主体,因而其转型过程及提升路径需要政府、产业、企业及居民等多层面主体共同推动。Olazabal 和 Pascual(2015)阐述了认知维度在城市可持续性转型政策实践中的重要性,并提出在信息交换、沟通与决策过程中,将有远见者和实用主义者和决策者联系在一起,对于实现有效的转型过程至关重要。Sorman 等(2020)不同于专家利益相关者的广泛参与,提出了一个范围界定的研究过程,与学者、非政府组织、管理者、能源供应商和私营部门接触,以指导西班牙低碳能源转型的未来。

首先,政府是城市经济增长方式转变的主导力量,对绿色转型起着引导作用,对政策执行效果负有绿色监管责任。Bagheri 等(2019)提出了一种新颖的多标准决策分析模型,从而可将出台的各种政策对社会经济和环境的影响进行量化。Nurse 和 North(2020)从监管者的角度出发,探索为城市低碳经济发展提供信息的理论依据,指出了那些更深入参与新兴低碳政策领域的人与那些仍然致力于维持现有增长模式的人之间的冲突。环境规制作为实现环境效益的重要手段,是政府实行绿色监管作用最常用也是最有效的工具。"创新补偿说"与"遵循成本"是环境规制实施效果的两种主要观点,"创新补偿说"理论认为加大环境规制力度能够弥补其所需的治污成本,推动企业技术革新,进而促进绿色转型进程。如宋典等(2020)认为,在技术引进、模仿创新路径下,环境规制对工业绿色

转型的影响表现为先扬后抑，而在自主创新路径下的影响则相反。然而，"遵循成本"理论则认为环境规制将环境的负外部性成本内化，会对企业生产效率和绿色转型产生负面影响。如朱东波（2020）从行业污染异质性视角认为投资型、费用型等环境规制均表现出抑制工业结构转型特征。Musgrave（1959）指出财政支出效率反映了政府经济活动的政策导向，会对一国经济发展产生深远的影响，地方政府作为市场经济活动的重要参与者，其公共财政支出效率，将直接或间接影响区域制造业绿色转型升级的进程。公共财政支出在城市产业绿色转型中扮演着重要角色，适宜的财政政策是引导产业绿色转型升级的必要手段。李小奕（2021）利用系统 GMM 方法，实证检验了地方财政支出效率对制造业绿色转型升级的影响，从科技创新能力和环境规制视角考察地方财政支出效率对制造业绿色转型升级的作用机制，发现地方财政支出效率能显著促进制造业绿色转型升级，且具有明显的区域、规模和地方官员晋升方式的异质性特征；地方财政支出效率可以通过增强科技创新能力有效带动制造业绿色转型升级，但环境规制的中介效应不显著。林毅夫（2012）倡导的比较优势理论和贾根良倡导的技术追赶理论均认为，区域产业转型升级在很大程度上依赖地区科技创新能力的提升，科技创新能力在产业转型升级中具有决定性作用。对于政府在制造业转型升级中的推动作用，已有研究肯定政府财政支出政策对于区域科技创新能力提升的影响，发现财政补助对区域创新能力存在积极的溢出效应，并且 Croix（2009）基于内生增长的理论分析框架，同样肯定政府财政支出政策对于区域创新能力提升的正面效应。

其次，产业作为城市转型的核心推力，是城市绿色转型的重要战略，其主导型产业的定位与安排是实现城市绿色转型的关键环节。如李烨等（2016）认为产业基础、产业规模、技术创新等均是影响资源型产业绿色转型升级效果的主要因素。张娟（2017）也强调资源型城市应建立多元化产业体系，推动其特色行业与现代服务业的有效衔接和深度融合。仇方道等（2020）则强调城市创新能力与工业协同发展对城市转型发展的推动力。李志强（2018）通过详细阐释地方生态产业转型的现状、问题和逻辑，从清洁生产、低碳排放和循环经济等维度解读了产业转型的具体机制，强调了经济优势、政策倾斜和人文生态等维度对于产业转型的影响。关伟和刘璐（2013）立足于产业视角，建立了产业视角下的城市绿色转型绩效评价体系，并对鞍山市绿色转型绩效进行了分析。国外学者主要关注能源产业的转型问题，Håvard（2015）讨论了城市低碳能源转型在何处受到控制的问题，认为城市治理不只是城市治理，而是机构、网络和社会技术安排的复杂集合。Markard 和 Rosenbloom（2020）围绕气候政策的政治冲突反映了在能源转型的方向和步伐上的更大冲突，认为政策不应过分依赖单一工具，而应包括既促进低碳创新又促进碳密集产业、技术和实践下降的多种措施。此外，绿色产业发展亦需要评价体系对正在转型的产业进行评价，评价体系能够为产业政策的实施或转型方向的调整提供理论基础。朱斌和胡志强等(2014)利用基于熵值法改进的灰局势决策综合评价模型，从绿色效益、绿色利用、绿色制造、绿色控制、绿色管理五个方面构建绿色产业发展的系统评价体系。连晓宇(2016)利用 R 型聚类和变异系数筛选的方法，得到保留了较大信息量、剔除了冗余信息后的区域中心城市绿色转型简化指标体系。王一婷(2019)通过定性与定量相结合方式，引入 DPSIR 模型，构建了资源型城市绿色转型评价指标体系。

再次，企业是城市绿色转型的中坚力量以及政府政策的践行者，企业的转型发展不仅关乎自身的存亡，也关系着整个城市的转型效益和质量。刘学敏和张生玲(2015)强调企业绿色转型的目标模式是在调节好企业与自然、社会关系的基础上，实现地球和人的"双健康"。Affolderbach 和 Krueger(2017)认为绿色企业家是变革的推动者，可以挑战主流并寻求引发社会环境、社会和道德转型，因此其力求围绕绿色企业家精神和环境正义这一思想展开话题，以此作为工具进行潜在的更广泛的系统变革。Eric(2018)提出了一个代表典型特征的投资宏观经济互动模型，在该模型中，公司和投资者的行为将更深、更系统的变化推迟到转型后期。Hötte(2020)认为技术变革的路径依赖是绿色技术扩散缓慢的一种解释，企业获得的资本因技术类型而异，并积累了有效利用资本所需的特定类型的技术知识。任相伟和孙丽文(2020)认为宏观环境、中观产业、微观企业层面多因素的共同作用，驱使企业进行战略变革和创新优化转型，从而对企业财务、环境、发展绩效产生积极影响。解学梅和韩宇航(2022)提出了一种基于注意力基础观的元理论框架，深度剖析了制造业企业绿色转型演化的内在形成机制，发现企业绿色转型不同阶段的主导逻辑、资源编排方式和绿色创新行为特征存在显著差异。杨岚和周亚虹(2022)发现随着环境规制强度的增加，企业生产率相比增加之前得到显著提升，同时，企业技术升级主要依赖政府补贴的增加。于法稳和林珊(2022)从理论上阐释了企业绿色转型发展中理念创新、环境规制、资源利用、环境影响及技术创新等问题，并提出了推动企业绿色转型发展的路径：明确理念目标，坚定企业绿色转型发展的方向；升级产业结构，确保企业绿色转型发展的质量；优化能源结构，提高企业绿色转型发展的效率；创新绿色技术，提升企业绿色转型发展的能力；完善体制机制，保障企业绿色转型发展的可持续。

最后，社会群众是城市绿色转型的基础力量，其既是城市转型的服务对象也是服务主人，而在传统城市化过程中大多忽视了其利益和贡献。对于社会群众而言,践行绿色生活方式、倡导绿色消费是城市全面绿色转型的重要引擎。沈晓悦等(2014)认为随着居民消费水平迅速增加,消费模式逐渐由"生存消费"向"发展和享受消费"转变,消费的绿色转型将驱使生产行为的绿色转型,并最终完成经济的绿色发展。Horsbøl(2018)认为在许多政府和市政部门向绿色转型的尝试中,公民的参与发挥了重要作用,这反映出从公共传播的赤字模式向公民参与的野心转变。夏丹(2019)构建了企业、消费者和政府的演化博弈模型,提出当消费者对绿色产品充分信任时,即使微小的绿色消费态度转变也有可能作出相应的消费行为,从而使得企业进行绿色制造的概率也就越高。王宇等(2020)认为在生产和消费领域都存在巨大的绿色转型空间,尤其是在消费领域,中国社会公众生活和消费方面的绿色化迫在眉睫。Terzi(2020)回顾了来自行为和环境经济学、认知科学、(社会)心理学、卫生政策和市场营销的文献,以凝聚关于如何使绿色转型更有效地获得公众参与交流的关键见解。宁杨(2022)认为绿色发展对我国居民消费规模扩大在短期内会产生不利影响,抑制居民消费规模的扩大,但对我国居民消费升级却具有显著的正向赋能作用,并且绿色发展对我国居民消费的影响效应存在显著的区域差异性。具体来说,绿色发展对高收入地区居民消费规模扩大和消费升级都具有正向赋能作用,而对低收入地区居民消费规模扩大在短期内仍然会产生不利影响,但对消费升级依然具有显著的正向赋能作用。张志勇(2018)在借鉴国外低碳消费发展经验基础上,基于对我国低碳消费发展现状和存在问题的分析,提出了我国绿色低碳发展的可行性举措和建议。湛泳和汪莹(2018)客观分析了我国绿色消费对绿色发展的重要作用及意义,该研究认为,绿色消费是增强消费对我国经济发展基础性作用的重要手段,是推进我国高质量发展、国内国际双循环协同发展的新发展格局战略的必然选择,并从政府、企业和消费者三方协调发力视角提出了推动我国绿色消费发展的政策建议。李岩等(2020)认为绿色发展是我国整个经济系统发展模式转换的重要手段,其内容涵盖绿色生产、绿色消费、绿色流通等各环节,政府需要打通绿色生产、绿色消费和绿色流通各个环节,实现生产方式的转变,让生产者和消费者真正能够实现环境治理和生态保护带来的正向溢出效应,实现生产消费行为协同发展的长效机制。付伟等(2020)以绿色消费内涵、特征为基础,分析了我国绿色发展和绿色消费现状,提出了如何解决绿色消费发展面临的主要问题,以及实现绿色消费发展的路径机制。陈奕奕(2021)利用 2018 年我国家庭追踪调查数据,分析了家庭环境敏感度对家庭绿色消费的影响。该研究认为,居民环境敏感度的提升能够有效扩大家庭绿色消费总量和绿色消费相关服务支出,但居民环境敏感度对不同类型家庭绿色消费发展的影响存在明显差异,相对而言,高收入家庭、低年龄家庭和城镇家庭对绿色消费的正向效应更为明显,最后指出,推动我国绿色发展和经济可持续发展,需要加强生态信息建设和培育家庭绿色发展理念。郑婧伶和徐炳全(2020)研究指出,绿色发展是在经济可持续发展的基础上更加重视资源节约型和环境友好型的一种发展模式,是将生态文明和经济社会发展相融合的可持续发展方式,提出了中国的绿色消费路径,推进了我国绿色消费发展,培植了居民绿色发展理念。

根据文献整理与分析发现,城市绿色转型要求政府不能仅单一实现经济管理方面的职能转型,而应契合资源能源、生态保护、社会民生的多维价值要求,注重城市治理理念和方式的转变;对产业而言,城市转型以绿色、环保、生态的主导型产业选择为发展重点,以提高产品科技含量和生态效益为重要任务;对企业而言,加大绿色低碳经济的创新发展、实现绿色低碳创新为其在城市绿色转型过程中的重要方略和基本要求;对社会群众而言,群众的智慧和力量能够促进城市绿色转型的技术提升、人才输送和信息供给,从而为政府、企业发展提供坚实的社会支持力量。

(2)城市绿色转型的方式途径

城市绿色转型发展方式途径,即探索"怎样推进城市绿色转型",不仅是对城市绿色转型价值内涵的深化,同时,也是实现城市绿色转型的理论"抓手"。

强调体制完善、机制建立、环境税收政策、环境规则等政府角色作用发挥及其制度环境变化可以促进绿色转型及发展。如 Edward(2011)认为可持续发展的挑战是克服各种市场、政策和体制失灵。Olazabal 和 Pascual(2016)认为地方机构和社会行动的结合可能最有利于刺激毕尔巴鄂城市能源系统的有效和可持续的转型。Yuming 等(2013)认为节能减排环境政策对能源效率改善的效果并未呈现理论预期的显著促进效应。Lorek 和 Spangenberg(2014)提出了通过改变社会的制度环境,包括正式的、非正式的以及机制和方向来消减能源消耗规模,最终实现绿色发展。卢洪友(2015)从理论上揭示了环境税政策影响环境质量和经济增长的内在机理。毕茜和于连超(2016)认为环境税的出台具有积极的意义,但是环境税的相关法律制定需要注意因企业制宜,考虑企业承担能力的同时兼顾效率和公平,并且说明了环境税出台的必要性。范庆泉和周县华等(2016)认为若不征收环境税,能源过度消耗将不能得到有效抑制,环境污染会产生较高的生产效率损失与社会福利损失,而严格环境税政策对于经济增长依赖能源的行为则存在"矫枉过正",进而出现消费过度的问题,由于投资不足迅速造成产出增长乏力,并使得鞍点路径上社会福利长期处于较低水平,而渐进递增的动态环境税政策通过对能源过度使用的纠正,不但能促进经济增长与降低污染

水平的双重红利，而且可以实现整条鞍点路径上福利最大化的目标。吕薇（2016）提出推进绿色发展重在完善体制和机制，包括严格监管与有效激励相结合的长效机制、建立全寿命周期的资源利用效率和环境影响效果评价机制、完善环境保护责权利机制、强化依法保护和治理机制、完善环保工作协调机制、建立健全绿色金融体系和机制。于连超等（2019）立足于宏观财税政策与微观企业行为互动的视角，以合法性理论和交易成本理论为基础，基于 2008—2016 年中国沪深 A 股工业上市公司的经验证据，考察了环境税对企业绿色转型的影响及其机制。Feng 和 Chen（2020）认为环境规制和绿色创新是实现产业增长绿色转型的两个主要支点。针对环境规制的政策效果，学术界存在两种主流观点。"遵循成本说"理论发现环境规制将环境的负外部性成本由企业内化，加重了企业负担，挤占了创新资源，对企业生产效率和竞争力产生负面影响（Ramanathan，2010）。然而，"创新补偿说"理论坚持加强环境规制力度，可以弥补其带来的治污成本，倒逼企业进行技术革新，提高生产效率，进而降低了生产成本（Lee，2011）。但有其他观点表明，政府环境规制存在门槛效应，只有达到特定的时间和力度，才能对经济增长、技术进步和节能降耗产生促进作用（张成等，2011；陈超凡，2016）。Bosch 和 Schmidt（2019）认为需要采取政治行动。有学者基于省际面板检验了环境规制对污染减排的显著促进作用（李永友，2008）。集中社会力量应对生态挑战且应根据各自具体的国家政治和经济背景来判断国家措施的有用性。Acemoglu 等（2012）从理论上证明了环境规制能够引导创新资源流向清洁部门。黄清煌和高明（2016）从环境规制工具对节能减排效率影响这一基本问题出发，发现不同环境规制工具之间节能减排的效果存在差异，命令控制型环境规制在第一阶段发挥主要作用，而在第二阶段却成为阻碍节能减排效率提升的因素；市场激励型和公众参与型环境规制并未在第一阶段表现出促进节能减排效率的效果，但其作用在第二阶段开始呈现，并成为这一阶段节能减排效率改善的关键因素。郭进（2019）发现与环境行政处罚和颁布地方性法规相比，收缴排污费比增加环境保护财政支出更加有效，这说明依靠环境规制推动绿色技术创新的关键在于规制工具的选择，财、税、费等市场调控类环境规制工具更适合我国国情，并且能倒逼企业提高研发强度，进而推动绿色技术创新，而严厉的行政处罚甚至会阻碍绿色技术创新，且不管规制强度如何，地方性法规对绿色技术创新并无显著影响。高萍和王小红（2018）认为政府应该增加对技术创新效率低的区域的节能环保支出，加强对技术创新效率一般的区域的环境规制，从而有效促进工业企业的绿色创新。Zhai（2020）认为政府行为对制造业的绿色转型绩效产生显著的积极影响；环境监管通过影响制造企业的融资能力、技术创新和政府行为来影响绿色转型。

强调碳排放权交易、财政、金融、期货等市场经济手段和经济政策工具对绿色转型及发展的作用。关于碳排放权交易对绿色转型的影响,黄志平(2018)认为碳排放权交易对碳减排具有显著且持续的推动作用,这一结论满足平行趋势检验,具有稳健性。李治国和王杰(2021)通过对碳交易试点地区的研究,发现碳交易试点政策在有效抑制试点地区碳排放的基础上,通过政策溢出效应也能有助于抑制邻近地区的碳排放,同时碳交易政策减排效应发挥存在较长的周期性,长期内其减排作用逐渐显著,且直接减排作用要远强于间接减排作用,长期来看,技术进步将成为碳交易政策潜在减排效应有效发挥的关键所在。Mathews J A(2014)认为能源期货与可再生能源及清洁技术一样清洁,没有碳排放,可能对减缓气候变化有贡献,未来可再生能源安全生产承诺是一个富有成效的期货研究领域。黄建欢等(2014)分析了金融发展影响区域绿色发展的资本支持、资源配置、企业监督以及绿色金融等四个效应机理。Dulal(2015)研究了财政工具对亚洲绿色经济的作用,认为与其他地区相比亚洲有最高的政策创新率,可以帮助其过渡到绿色经济,然而广泛采用和扩散绿色财政工具还是有实质性实施障碍的。Soundarrajan等(2016)研究了绿色金融在印度可持续绿色经济增长中的实现,认为绿色金融连接着金融业、环境改善和经济增长,是低碳绿色增长的核心。Kemec等(2019)以土耳其伊斯帕塔市为例进行研究,指出住房生产对金融市场的重要性,同时加速了城市改造的实践。谭卫华等(2020)研究新金融发展对城市工业绿色转型的影响后,提出新金融发展的提升有助于提高金融市场化水平,作用于城市创新能力进而促进工业绿色发展。韩科振(2020)研究发现绿色金融发展对我国绿色技术创新效率提升具有显著促进作用;绿色证券、绿色信贷、绿色保险和碳金融都有助于提高我国绿色技术创新效率;我国绿色技术创新效率的空间溢出效应显著,本地的绿色技术创新效率受其他地区绿色金融发展水平的影响。杨志安和杨枫(2022)发现创新战略的实施能显著促进制造业企业绿色转型,但在财政分权程度越高的地区中创新战略对制造业企业绿色转型的促进作用显著削弱;金融资源错配对制造业企业绿色转型具有显著抑制作用,且在财政分权程度较高的地区中金融资源错配对制造业企业绿色转型的抑制作用更为显著;金融资源错配显著削弱创新战略对制造业企业绿色转型的促进作用,且这种削弱作用在财政分权程度较高的地区中更为显著。袁华锡等(2019)综合采用空间面板杜宾模型与面板门槛模型实证考察金融集聚对绿色发展效率的空间溢出效应及其衰减边界,得出金融集聚对绿色发展效率的促进作用却是一个"先减后增"的过程。王馨和王营(2021)发现相对于非绿色信贷限制行业,绿色信贷限制行业的绿色创新表现更加活跃，但绿色创新质量提升不明显，但是随着地区环境执法力度和知识产权保护力度的加强，绿色信贷政策增进绿色创新的作用增强。李小奕（2021）认为财政支出效率可以通过增强科技创新能力有效带动制造业绿色转型升级。陈国进和丁赛杰等（2021）研究发现央行担保品类绿色金融政策通过降低绿色债券的信用利差为绿色企业提供融资激励，同时通过提高棕色债券的信用利差给棕色企业的绿色转型带来倒逼促进作用，且这一影响在绿色金融改革创新试验区内作用更为显著，但随时间推移逐渐弱化，同时央行担保品类绿色金融政策通过融资途径能够显著提升棕色企业的绿色创新，倒逼棕色企业绿色转型。王营和冯佳浩（2022）发现绿色债券能够显著提升发行主体的绿色创新水平，主要体现在绿色发明专利和绿色实用新型专利两个方面，且发行绿色债券对二者的促进作用均具有动态持续性，且绿色债券促进企业绿色创新效应不受企业产权性质和固有技术水平的影响，但是相比于重污染行业企业，非重污染行业企业利用绿色债券提升绿色创新水平的效率更高，其促进作用源于资源效应和监督效应。文书洋和张琳等（2021）研究发现绿色金融的成本分摊与风险分担功能使其具有独特的长期增长效应，是经济发展必然选择，认为绿色金融政策与绿色财政政策的协调配合是实现高质量发展的有效手段。

强调绿色技术创新、数字化、人力资本、空间转变、能源配置、节能减排、雾霾治理、环境创新等对绿色转型及发展的作用。Hart（2010）提出绿色技术创新可以分为环境保护、绿色产品和可持续发展三个层次，环境保护意为废气排放和废物产生的最小化，绿色产品意为产品生命周期的绿色成本最小化，可持续发展意为企业发展带来的环境负担最小化，每个层次表明了绿色技术创新的不同程度。Herrmann 和 Kare（2012）基于技术突破和时间跨度的角度，将绿色技术创新划分为绿色意识、绿色采用、绿色转型和绿色革新四个不同的程度。Jouveta 和 Perthuisb（2013）认为绿色增长的生产和消费方式转变取决于效率提高、能源转型等领域取得进展，这就需要绿色技术的创新发展。Wong 等（2012）基于中国制造企业的实证研究认为，绿色过程创新会促进绿色绩效，降低废物和污染，过程创新会促进经济绩效，但是绿色产品创新会负向影响绿色绩效和经济绩效；而基于中国电子制造企业的数据，Wong（2013）认为绿色产品创新和绿色过程创新对企业绩效有正向影响。李怡娜和叶飞（2013）认为绿色创新会显著减少废物和污染，而对经济的直接促进作用不显著。Samad 和 Manzoor（2015）认为绿色专利是最终强化绿色增长的重要决定因素。王兵和刘光天（2015）研究资源环境约束下节能减排对中国绿色全要素生产率的影响效应与机制，得出节能减排能实现环境和中国绿色经济的双赢。谢雄标等（2015）阐述了数字化对企业绿色发展的作用机制,即通过智能化使工艺流程优化而使生产过程绿色化、资源配置高效化进而产生资源节约。何小钢(2015)揭示了企业绿色技术创新有利于提高全要素生产率水平,是经济增长的动力源泉,可以降低生产成本,同时减少对环境的污染。Shao 等(2016),孙才志等(2018)的研究表明,技术进步的劳动偏向、资本偏向均能够推动本地绿色经济增长,而资本偏向还可带动邻近地区绿色经济增长。宋维佳和杜泓钰(2018)认为应遵循"十三五"期间"绿色""开放"的发展理念,整合协调资源、环境和经济发展,促进我国绿色技术创新,各省份不仅要合理增加自主研发资金投入,更要均衡考虑对外直接投资数量,才能更快促进我国技术创新的绿色转型。Artmann 等(2019)等则探讨了空间转变给绿色城市带来的影响,指出发展紧凑型城市能够抵御城市的无序蔓延,但也要考虑"紧凑"引发的不良影响。Tong 等(2020)认为将投资结构转向人力资本可以加快绿色转型,提高劳动力的弹性并促进人类福利的提高。Han 等(2020)从区域能源配置不当的角度构建阈值模型,认为可再生能源与工业绿色转型之间由于区域能源配置不当而存在双重阈值效应。邓慧慧和杨露鑫(2019)基于 2006—2016 年 30个省份 PM2.5 浓度数据,采用工具变量法回归和广义空间三阶段回归模型得出雾霾治理能够显著推动当地工业绿色转型。Xie(2018)提出环境创新是推动经济绿色转型的根本动力,而传统创新阻碍了绿色转型的进程,环境创新能够同时实现清洁生产和提高生产率,并最终促进经济向清洁高端领域的转型。杨浩昌、李廉水等(2020)基于静态效率和动态生产率的双重视角,从理论和实证两个层面分析了高技术产业集聚对绿色技术创新绩效的影响及其内在机理,发现高技术产业集聚对绿色技术创新绩效具有显著的促进作用,且绿色技术进步是高技术产业集聚促进绿色技术创新绩效提升的主要驱动力,高技术产业聚集会通过推进绿色技术创新和提高绿色生产效率,产生技术溢出效应和规模经济效应,进而实现绿色技术创新绩效提升。赵娜(2021)通过构建空间误差模型考察绿色信贷对地区绿色技术创新的影响及其作用机理,研究发现我国各地区的绿色专利总量逐渐呈现出显著的正向空间相关性,且绿色信贷显著促进了地区绿色技术创新水平的提升,绿色信贷对绿色发明专利存在显著的促进作用,但对绿色实用新型专利存在的促进作用不显著。邵帅、范美婷等(2022)发现以绿色技术创新能力和能源效率表征的绿色技术进步表现出"技术红利"效应,促进了本地和空间关联地区碳排放绩效的改善,但其间接效应的稳健性较弱。宋德勇、朱文博等(2022)研究发现重污染行业企业的数字化能够通过提升企业的信息共享水平和知识整合能力从而促进企业绿色技术创新,对于环保投资水平更高以及所在地区环境规制力度更强的企业,数字化产生的绿色创新激励效应更大。

文献评述：(1)现有研究主要从政府、企业和产业三个方面来阐述城市绿色转型的方式及途径。那么，当绿色生活、绿色消费成为我国实现绿色发展重要引擎的时代，作为最大受益者，同时也是监督者和实践者的"居民"该如何发挥作用？(2)现有对产业、企业及政府在绿色转型中的作用的研究基本是独立的，且对政府的作为尤为强调，虽然政府力量是实施"绿色新政"的第一推动力，但绿色转型已上升到国家战略高度，反映国家意志，成为政府行为，加之市场化手段和措施存在诸多"失灵"现象，因此必须由政府整合并协同各方面力量，才能有力推动绿色转型（张宁，2020）。即城市绿色转型是一个"多元合作"过程，需要全员参与、共同努力、协同发力、行程合力，因此，有必要将"政府—产业—企业—居民"统一在一个框架下进行研究。

五、城市经济高质量发展内涵、评价及影响因素

(1)城市经济高质量发展内涵

党的十九大以来，我国步入高质量发展的新时代，经济发展质量受到越来越多学者的重视。在经济高质量发展提出前，学术界普遍采用经济增长质量来讨论经济增长"质"的问题（Lopez，2000；Barro，2002；钞小静等，2009）。自2017年提出以来，以现有研究为基础，大量学者从不同角度对其内涵进行阐述，但是目前并没有形成一个统一的定论。

在政治经济学领域，认为经济高质量发展一方面是解决生产力内部要素矛盾以发展生产力，另一方面是通过深化改革调整生产关系以适应生产力的发展，是生产力发展与生产关系变革的统一（丘艳娟，2020；周文，2019）。在社会学领域，Mlachila(2017)指出发展中国家经济增长质量指数不仅包括增长的内在性质还考虑了增长的社会层面；宋国恺（2018）研究发现经济高质量是人的全面发展、社会结构升级以及社会基础包括就业、教育、收入分配、社会流动机制等方面的强化。从宏观、中观及微观视角来看，是体现在宏观经济、产业、企业三个层面，是充分、均衡的发展，是包含发展方式、发展结果和民生共享等多个维度的增长和提升。宏观角度来看，经济高质量意味着供给与需求的平衡；中观角度来看，经济高质量意味着产业结构的合理性和层次性以及区域发展的高质量；微观角度来看，经济高质量意味着产品和服务质量的提升，人民的获得感和幸福感得到提高（袁晓玲，2019；孙祁祥，2020；赵剑波，2019）。从"五大新发展理念"视角来看，认为经济高质量发展是创新成为第一动力、协调成为内生特点、绿色成为普遍形态、开放成为必由之路、共享成为根本目的的发展（杨伟民，2018）。同时

由于新时代五大新发展理念的广泛内涵,这个视角也成为较多数学者对经济高质量发展研究的基础。

(2)城市经济高质量发展评价

进入质量优先的新发展时代,对经济高质量发展水平的评价是一个极其重要的问题,构建高质量发展指标体系并定量测度区域经济高质量发展水平,对于推动地区高质量发展具有重要意义。国外学者较早地关注经济增长质量,Solow(1956)和 Jorgensen(1967)用全要素生产率及劳动生产率等测度经济增长质量,此后,国内部分研究者也开始用单一指标对经济高质量发展水平进行测度。陈诗一等(2018)用劳动生产率表征经济高质量,研究雾霾污染对经济增长的影响;刘思明等(2019)用全要素生产率度量经济高质量水平。考虑到经济高质量发展也要兼顾生态效益,于是有学者用绿色全要素生产率来度量经济高质量发展(吴传清,2019;汪宗顺,2019)。

但经济高质量发展内涵是极其丰富的,随着研究的进一步深入,多数学者认为应该构建指标体系对经济高质量发展水平进行测度。魏敏等(2018)从动力机制、经济结构、开放稳定、生态环境和人民生活五个方面来构建适用于新常态的经济增长质量评价指标体系;马茹等(2019)在剖析经济高质量发展内涵的基础上,从高质量供给、高质量需求、发展效率、经济运行和对外开放五大方面选取28 个指标构建指标体系,评价中国 30 个省份经济高质量发展水平;张军扩等(2019)在遵从可行性和简洁性原则下,从高效、公平和可持续三个方面构建了国家层面的高质量发展指标体系;李金昌和史龙梅(2019)从"人民美好生活需要"和"不平衡不充分发展"这个社会主要矛盾的两个方面着手,构建了由经济活力、创新效率、绿色发展、人民生活、社会和谐 5 个部分共 27 项指标构成的高质量发展评价指标体系,该指标体系紧扣高质量发展的内涵和新时代社会主要矛盾的变化,指标数量不多但覆盖新发展理念的各个方面,且指标不重复,数据也易获得。袁晓玲等(2020)认为城市是一个复杂的巨型系统,将城市看作一个将输入转化输出的生产函数,生产函数的产出效率就是城市高质量发展的程度。张江洋等(2020)基于政治晋升锦标赛理论,通过重构城市投入产出指标体系反映了城市发展特色和高质量发展要求。赵涛等(2020)认为虽然全要素生产率等效率指标一定程度能够反映质量,但受限于测算波动性和维度单一性,将其作为高质量发展的唯一依据显然已不能满足现实需要。任保显(2020)基于生产、分配、流通和消费四个环节及其外部性,构建包括 4 个一级指标、28 个二级指标的高质量发展评价体系,指出我国经济高质量发展水平还有较大提升空间,省域经济的质量水平与规模水平差异明显;张侠等(2020)、师博等(2019)及王伟等(2020)从新发展理念角度出发，构建经济高质量发展评价指标体系，认为目前我国经济高质量发展水平随着时间不断提高，但仍存在地区间发展不平衡不充分问题；陈梦根等（2020）从综合经济效益、创新发展、协调发展、绿色发展、开放发展、共享发展六个维度选取 57 项指标，构建了新发展理念下的经济发展水平评价体系，利用改进的 TOPSIS 模型对我国的经济高质量发展状况进行了综合评价，并进行了地区比较分析，研究发现我国的经济发展水平在不断提高，但仍然存在不稳定、不充分、不协调、不平衡的问题，其中中西部省份经济增速较快，东部地区的经济增速减缓并进入提升经济质量的阶段，而中西部地区的发展略显滞后，可知我国经济发展的空间差异仍然较大，相同省份不同维度的发展程度是不同的；魏敏和李书昊（2018）构建了涵盖经济结构优化、创新驱动发展、资源配置高效、市场机制完善、经济增长稳定、区域协调共享、产品服务优质、基础设施完善、生态文明建设和经济成果惠民 10 个方面的经济高质量发展水平测度体系，并利用熵权 TOPSIS 法进行实证测度，发现综合水平总体呈现"东高、中平、西低"的分布格局，并依照经济高质量发展综合水平高低，将 30 个省份划分为明星型、平庸型和落后型三种类型；吴志军等（2020）从综合质效、创新、协调、绿色、开放、共享 6 个维度共 33 个细分指标构建指标体系，采用熵权法和系统聚类等方法研究发现，我国由于各个地区发展不平衡，发展水平差异较大，经济高质量总体上呈现出"东强西弱"和"南强北弱"的空间特征；段秀芳和沈敬轩（2021）构建了大湾区城市高质量发展评价指标体系，运用熵权 TOPSIS 法和非期望产出的 SBM-DEA 法对各市发展水平和效率进行综合评价，研究发现对外贸易类指标、创新发展类指标对粤港澳大湾区城市高质量发展的影响程度最大，并且随着时间的推移，粤港澳大湾区城市间发展水平差距扩大、愈不均衡，同时粤港澳大湾区城市效率整体水平较高，但是各城市产出效率整体未达到最优状态，值得一提的是，大湾区城市群经济发展水平还未形成明显的集聚效应，城市之间未形成明显的空间依赖性，城市效率表现出不均衡的空间结构，尤其在大湾区的东西两岸存在空间溢出；王元亮（2021）从经济发展、科技创新、生态可持续和社会民生维度构建东中西部城市群高质量发展评价指标体系，综合运用 AHP-熵权法和TOPSIS 法对长三角、中原、关中三大城市群进行实证分析，研究结果表明我国城市群高质量发展水平稳步提高，呈现由西向东的梯度上升态势，三大城市群之间高质量发展水平差异较大，高质量发展水平越高的城市群结构特征越显著，三大城市群子指数与高质量发展指数大体一致，但也具有一定的不均衡性，城市群内部核心城市与周边城市形成较为明显的发展落差。

(3)经济高质量发展的影响因素

相较于经济高质量发展内涵和水平测度,研究经济高质量发展的影响因素对于促进经济高质量水平的提高有着更为重要的价值,部分学者从多个视角对经济高质量发展的影响因素进行探索。一些学者考察影响经济增长的传统因素对经济高质量发展的影响,认为科技创新是新时代引领经济高质量发展的核心驱动力(孙艺璇等,2021),金融集聚、产业结构、城市化水平、人力资本及基础设施建设对经济高质量有正向促进作用(张昌兵等,2021;Julia,2005;江三良等,2021;张宝友等,2021)。李光龙等(2019)进一步研究认为科技创新与财政支出的交互项对经济高质量发展有显著促进作用;汪宗顺等(2019)证实,金融规模对经济高质量发展的贡献度要高于产业结构。

一些学者则从更丰富的角度研究经济高质量发展的影响因素。任保平和文丰安(2018)认为衡量高质量发展的标准包含经济发展的有效性、协调性、创新性、持续性、分享性等方面。彭定赟和朱孟庭(2020)采用主成分分析方法对影响中国经济高质量发展的因素进行了优先序分析,研究发现影响中国经济高质量发展因素的优先序依次为民生共享、经济优化、绿色生态、创新驱动、经济协调,但这些因素的权重相差不大。葛和平等(2021)指出数字经济对经济高质量的促进作用越发显著;范立东等(2021)和贺大兴等(2020)则从微观企业视角研究发现,优秀的企业家精神以及良好的营商环境正在不断提升经济发展质量;徐铭等(2021)研究发现,数字普惠金融显著促进经济高质量发展;胡雪萍和许佩(2020)认为外商直接投资(FDI)是中国经济增长的重要推动因素之一,其质量特征对经济高质量发展有着举足轻重的作用,其中盈利能力强的 FDI 能为中国经济发展带来不可或缺的资本要素进而促进经济高质量发展,管理能力强的 FDI 具有完善健全的管理体系,能合理有效地分配资源,推进经济高质量发展,FDI 的技术溢出效应有助于国内企业以承担最小成本和风险的方式来提升自身技术水平,推动创新型经济发展,FDI 出口能力并未显著影响经济高质量发展;景维民等(2019)基于不同受教育水平的人力资本变化构建了教育人力资本结构,同时,基于新发展理念,利用主成分分析法核算了经济高质量发展指数,探究教育人力资本结构对经济高质量发展的影响,研究发现,人力资本结构高级化有利于实现地区经济高质量发展,尤其以东部地区更加显著,并且教育人力资本结构对经济高质量发展的分指标,创新、协调、绿色、开放具有显著的正向效应;张治栋等(2019)则通过研究指出,依托于提高全要素生产率推动经济高质量发展的同时,政府针对性的干预能更好地推动经济高质量发展。但是关于区域战略政策因素对经济高质量发展的影响研究尚不多见。我国经济发展已经进入新时代,探索驱动经济高质量发展具有新时代特征的影响因素更具有现实意义。更值得注意的是，在我国新时代实施区域协调发展战略背景下，区域战略对于经济高质量发展而言，缩小区域间发展差异本身就是国家经济高质量发展的体现，故区域战略实施是影响经济高质量发展不可忽略的重要因素；李志洋和朱启荣（2022）分析了全国，东、中、西部以及各省份经济高质量发展水平的时空变化特征，并实证分析影响我国经济高质量发展的因素，发现技术进步、人力资本、金融发展水平、环境规制、财政支持政策、开放程度对我国经济高质量发展具有积极影响，但加强环境规制不利于中西部地区的经济高质量发展，从地区情况看，不同区域经济高质量发展水平存在差异，呈现"东高西低，南高北低"和"由沿海至内陆递减"的空间分布特征，从整体情况看，中国经济高质量发展水平呈现显著的上升趋势。

六、城市经济高质量非均衡发展

自经济高质量发展概念提出以来，学术界的相关研究已经有了一定基础，但是实现全国经济高质量发展，需要对当前我国各区域经济高质量发展现状有一个较全面的认识。我国地域辽阔，由于地理位置和历史发展状况等因素，区域经济非均衡发展现象一直存在。研究经济高质量发展的地区差异及演变规律，才能找准短板，精准发力，从而真正实现中国经济的高质量发展。

（1）经济高质量发展差异

众多学者对我国经济高质量发展差异的研究主要从差异发展现状和差异来源两方面展开。

在差异发展现状方面，孙培蕾和郭泽华（2021）发现我国经济高质量发展水平整体稳定上升，但存在结构失衡问题；张乃丽和李宗显（2021）研究指出，我国经济高质量发展呈现"东部高，东北和中部居中，西部低"的空间梯度分布格局，地区差距明显，但是随时间推移在不断缩小；程晶晶和夏永祥（2021）以新发展理念为指导，构建了涵盖"创新、协调、绿色、开放、共享"的经济高质量发展评价指标体系，通过进一步研究发现，我国经济高质量发展水平呈现出逐年上升的趋势，"协调"和"绿色"是相对薄弱环节，区域间经济高质量发展水平差距明显，并且呈现扩大趋势，经济发达地区的高质量发展水平总体较高，而经济欠发达地区的高质量发展水平较低。肖德和于凡（2021）基于我国八大城市群视角，指出中国八个城市群间经济高质量发展存在区域间非均衡、阶梯状分布特征；并基本上均形成了以经济高质量发展水平较高的大城市或特大城市为核心的城市群经济发展"核心—边缘"空间格局；且城市群内差异水平各不相同。方若楠等（2021）

通过测度中国八大综合经济区高质量发展水平,发现八大综合经济区高质量发展存在地区非均衡性特征,落后地区对领先地区存在一定程度的"追赶效应";且各区域内部差距水平参差不齐,呈现出差异化演进趋势。

在差异来源方面,唐娟等(2020)指出中国整体经济效率值不高,具有较大的提升空间,东、中、西部的差距较大,主要原因是各地区发展不平衡。潘桔等(2020)的研究指出我国各省份经济高质量发展总体差异主要来源于区域内;东部地区高质量发展水平高,中部地区增速最快,西北和东北地区处于中等水平,存在极化现象,西南地区发展水平较低,且东部、中部和西北地区各省份差异在缩小,西南和东北地区差异在变大。马茹等(2019)对比分析了中国区域经济高质量发展总体态势及其在高质量供给、高质量需求、发展效率、经济运行和对外开放五大分维度表现,研究发现中国经济高质量发展大致呈现东部、中部和东北部、西部依次递减的区域非均衡态势;北京和上海组成高质量发展的"第一梯队",从供给、需求、效率、运行和开放五大方面全方位推进地区高质量发展;东部沿海发达地区和中西部大省构成"第二梯队",五大分指数跻身全国前列;绝大多数中部、东北部省份组成"第三梯队",在一些分指数存在明显短板;广大西部省份组成"第四梯队",五大分指数位于全国中部或中部靠后位置。唐晓彬等(2020)利用 VHSD-EM 模型对中国经济高质量发展展开时空测度与驱动因素分析,研究发现时间维度下,全国半数以上省份的经济高质量发展水平呈波动上升,东、中部地区的经济高质量发展呈周期性特征,西部地区则呈缓慢爬坡态势且改善最为明显,而空间维度下,省域间经济高质量发展呈现一定的空间集聚性,并且空间差异呈缩小态势,并且在所考察的六个维度中,对外开放水平、协调发展水平和创新驱动水平对省域差异的贡献率在下降,而经济稳定发展、生态环境水平和社会发展水平的贡献率在扩大,科技要素、劳动力要素以及财政支出水平在很大程度上影响了省域经济高质量发展的差异化。陈晓雪等(2019)的研究发现,创新是影响高质量发展的重要因素,也是形成区域差异的主要因素。任阳军等(2021)指出高端生产性服务业集聚促进东部地区经济高质量发展,低端生产性服务业专业化集聚促进中西部地区经济高质量发展,且生产性服务业集聚对经济高质量发展的空间溢出效应存在明显的层级异质性和区域异质性。贺健和张红梅(2020)通过研究数字普惠金融对经济高质量发展影响时发现,数字普惠金融对我国经济高质量发展有着正向促进作用,并在不同地区有着不同的促进效果,因而一定程度上导致经济高质量发展差异。董宁和胡伟(2021)指出消费和产业升级的联动发展促进了东部地区的经济发展质量,但是并未对中西部产生积极作用。李富有和沙春枝(2020)等发现中国东、中部区域民间金融促进经

济高质量发展的效应存在，而西部民间金融促进经济高质量发展的效应不存在。

（2）长江经济带经济高质量发展

长江经济带作为我国经济高质量发展的主力军，其区域内经济高质量发展差异问题得到学术界的广泛关注。汪侠（2020）基于长江经济带 108 个城市的面板数据，研究了长江经济带上、中、下游的经济高质量发展差异，认为上、中、下游地区的经济质量随着时间推移呈现阶段性波动特征，下游地区经济质量均值最高，上游次之，中游最低。杨仁发和杨超（2019）指出总体上长江经济带高质量发展水平处于上升的趋势，整体高质量发展水平下游城市远高于中上游城市，特大城市远高于大城市和中小城市，此外大多数城市的经济规模和其高质量发展水平不匹配；长江经济带高质量、中高质量城市主要分布于长三角地区、中低质量城市集聚于长江中游地区，低质量城市集中于长江上游，在空间上呈现明显的圈层扩散分布格局，且存在显著的空间正相关。余奕杉等（2020）研究发现生产性服务业集聚的影响效应在长江经济带三大城市群之间存在差异，长三角城市群生产性服务业的专业化和多样化集聚不仅能促进本地经济高质量发展，还有利于城市群内邻近城市经济的高质量发展；而长江中游城市群生产性服务业的集聚促进本地经济高质量发展，但专业化集聚的间接效应不显著，多样化集聚的间接效应为负；成渝城市群生产性服务业集聚的本地效应为正，专业化集聚的间接效应为正，但多样化集聚的间接效应尚不明显。吴新中和邓明亮（2018）研究发现长江经济带工业绿色全要素生产率整体呈上升趋势，技术创新改进和技术规模效率是工业绿色发展的重要驱动力；长江经济带沿线城市工业绿色全要素生产率呈现明显的空间异质性和空间溢出效应，但随着空间距离增加，空间溢出效应逐步减弱。黄庆华等（2020）以长江经济带 107 个地级市数据为样本，采用面板模型考察产业集聚对长江经济带经济高质量发展的影响，发现产业集聚在促进经济增长的同时也兼顾了环境保护，促进了长江经济带沿线地区经济发展质量的提升，而沿线地区也通过产业集聚能够有效发挥经济"外部性"，并通过"竞争激励效应"促进沿线地区增强创新能力，提高经济发展质量，进一步研究发现，在长江上游地区，产业集聚能够发挥双重作用，既能促进技术进步，又能促进技术效率提升。吴传清等（2017）发现长江经济带技术创新效率呈上升趋势，但仍有部分省市创新资源配置不合理，上下游地区技术创新效率较高而中游地区较低，且企业自主创新、政府有效干预、产业高端化和社会充分投入等因素是促进技术创新效率提升的主要力量。周清香和何爱平（2021）指出环境规制在成渝城市群地区与长江三角洲城市群对高质量发展具有显著正向促进效应，但其并未对长江中游城市群的高质量发展发挥助推作用。

七、城市经济高质量非均衡发展的战略政策效果评价

进入区域协调发展阶段后,中央制定一系列的区域发展战略,旨在通过具体战略政策的倾斜,促进并协调各区域发展,使地区差距及收入差距逐步收窄。(付晓东等,2019)。科学合理的战略政策能够实现资源配置,实现生产激励,提高产业生产积极性,从而为实现经济高质量发展保驾护航(张景波,2019)。

国外文献首先关注的是区域战略政策与经济增长之间的关系。新古典经济学主流观点认为实现经济发展主要是对实物资本的投资(Solow,1956)。随着新古典经济学研究的深入,发现在基础设施、教育和培训及促进创新和工业活动方面加大投资,理论上就足以产生更大的经济增长,从而促进地区经济增长及提高落后地区经济发展水平(Romer,1986;Lucas,1988)。但其从根本上忽视了制度对区域发展模式的影响,市场失灵和公共资源的外部性使人们意识到政府宏观政策的重要性,战略制度开始被经济学家们认为是与传统经济增长要素禀赋同等重要的影响因素(Rodrik,2004)。但战略制度对经济增长的影响效果存在争议。Kim等(2002)研究发现,韩国西海岸的区域发展政策可以带来GDP的大幅增长和地区收入差距的缩小。Campo等(2008)指出欧洲区域政策对于欧盟各区域的经济社会发展既存在积极影响又存在消极影响。进一步研究战略制度在经济发展中的作用,Rodríguez-Pose(2013)发现战略制度积极作用的发挥依赖于很多客观因素和条件。Cotella(2020)研究指出意大利根据国家内部南北差异较大的特点,制定以地区特征为基础的区域发展政策,尽管政策效果表明其存在缺陷但仍对区域发展产生了重要影响。

国内战略政策的相关研究主要集中在战略效果评价方面,从经济增长、能源环境和社会发展等各角度展开战略实施成效评估。在经济增长方面,对于区域发展战略的影响效应大体形成两种观点。第一,区域发展战略显著地促进了地区经济发展。刘生龙等(2009)和夏飞等(2014)通过前期对西部大开发战略的研究认为,西部大开发战略促进了西部地区经济增长并有效地缓解了"资源诅咒"现象;胡浩然(2020)指出通过"中部崛起"和"东北振兴"等战略举措将更加有利于促进内陆地区的经济发展,在微观层面体现为促进企业全要素生产率的提高。第二,区域发展战略存在政策陷阱,长期来看会阻碍经济增长。贾彦宁(2018)研究发现东北振兴战略短期内促进了经济发展,但长期来看不但没有促进东北经济的发展,反而陷入了政策陷阱,认为资本、劳动、技术仍然是推动经济增长的重要要素。在能源环境方面,邓健和王新宇(2015)指出东北振兴相对于西部大开

发有效地提高了东北地区的能源效率。在社会发展方面，王郁和赵一航（2020）发现京津冀协同发展政策的实施对公共服务供给效率提升的整体效果尚不明显，对于非区域中心城市和非中部核心功能城市的公共服务供给效率提升作用显著，但是对于区域中心城市和中部核心功能城市并未起到改善作用。而在研究方法上，多采用双重差分法进行效果评估，不仅可以得出区域发展战略影响的净效应，还可以避免内生性问题（金晶等，2021）。随着长江经济带在我国区域发展格局中重要地位的凸显，学者们的研究视角开始转向长江经济带发展战略。李标等（2021）研究发现长江经济带发展战略存在显著的污染减排效应；陈磊等（2021）指出长江经济带发展战略促进了区域产业集聚，而且在东、中、西部均具有异质性；黄文和张羽瑶（2019）研究发现区域一体化战略实施以来，长江经济带区域内的城市经济高质量发展水平得到显著提高，但在长江经济带的上、中、下游区域存在较显著的地区差异。

文献评述：（1）目前国内学术界对于经济高质量发展的内涵并没有达成共识，评价指标体系的构建需要进一步完善。（2）现有对经济高质量发展的研究理论研究很丰富，但很少涉及机理分析，尤其是针对目前经济高质量发展差异普遍存在的现象，对于差异性机理分析的实证研究甚少。（3）对于经济高质量发展的影响因素探讨方面，在坚持实施区域协调发展背景下，现有文献忽略了区域战略政策因素对于经济高质量发展的影响及其影响效应的差异化。

第二节　基础理论

一、可持续发展理论

可持续发展理论（Sustainable Development Theory）是指既满足当代人的需要，又不对后代人满足其需要的能力构成危害的发展，以公平性、持续性、共同性为三大基本原则，其最终目的是达到共同、协调、公平、高效、多维的发展。可持续发展涉及经济、生态和社会三方面的可持续协调统一，要求人类在发展中讲究经济效率、关注生态和谐和追求社会公平，最终达到人的全面发展。这表明，可持续发展虽然缘起于环境保护问题，但作为指导人类走向21世纪的发展理论，其已超越了单纯的环境保护。牛文元（2012）认为可持续发展理论将环境问题与发展问题有机地结合起来，已成为有关社会经济发展的全面性战略。可持续发展鼓励经济增长而不是以环境保护为名取消经济增长,因为经济发展是国家实力和社会财富的基础。但可持续发展不仅重视经济增长的数量,更追求经济发展的质量。可持续发展要求改变传统的以"高投入、高消耗、高污染"为特征的生产模式和消费模式,实施清洁生产和文明消费,以提高经济活动中的效益、节约资源和减少废物。从某种角度上,可以说集约型的经济增长方式就是可持续发展在经济方面的体现。唐自勤(2017)指出可持续发展要求经济建设和社会发展要与自然承载能力相协调。发展的同时必须保护和改善地球生态环境,保证以可持续的方式使用自然资源和环境成本,使人类的发展控制在地球承载能力之内。因此,可持续发展强调了发展是有限制的,没有限制就没有发展的持续。生态可持续发展同样强调环境保护,但不同于以往将环境保护与社会发展对立的做法,可持续发展要求通过转变发展模式,从人类发展的源头、从根本上解决环境问题。在社会可持续发展方面:可持续发展强调社会公平是环境保护得以实现的机制和目标。可持续发展指出世界各国的发展阶段可以不同,发展的具体目标也各不相同,但发展的本质应包括改善人类生活质量,提高人类健康水平,创造一个保障人们平等、自由、教育、人权和免受暴力的社会环境。这就是说,在人类可持续发展系统中,生态可持续是基础,经济可持续是条件,社会可持续才是目的。下一世纪人类应该共同追求的是以人为本位的自然—经济—社会复合系统的持续、稳定、健康发展。

从发展历程看,可持续发展理论将发展与环境之间的关系进行重新阐释、叙述和描绘,指出二者之间的理想模式应是相互协调共进的,从而达成趋向永续发展的愿景。可持续发展面向世界性的生态危机,主张人类必须在发展观和发展战略上进行一次革命性的、彻底性的变革,以使不断加剧的生态环境问题得到有效解决。可持续发展自1980年被首次提出以来,经过40年的发展,已经成为一个被广泛运用的概念,是"可持续增长""绿色发展"等概念的聚合。可持续发展理论在联合国的全球环境治理倡导下和世界各国环境保护实践中不断被改进和完善,为全球绿色治理、绿色变革提供了参考,并推动了生态现代化理论、环境公民理论、绿色国家理论等一系列相关理论的兴起与发展。这一基本理论的主要思想包括:人类处于可持续发展问题的中心地位;环境问题与发展问题两者不可分割,环境保护要置于发展进程之中;丁任重(2005)研究发现国际社会的良好合作是可持续发展的重要基础等。随着社会发展,时代进步,可持续发展理论的内容也会不断得以丰富。可持续发展理论是人类社会发展的产物,源于人们对全球化背景下不断积累的生态环境等基本问题的现实认知,特别是对人类未来的前瞻,将对人类利益的关注视野从眼前扩展到未来,从当代扩展到后代。它体现着我们对自身进步与自然环境关系的反思，是我们对自身以前走过的发展道路的怀疑和抛弃，反映了我们对未来发展道路和发展目标的思索与重构。

理论启示：绿色转型基于可持续发展理论演化而来，其内容包含可持续发展，目标也与可持续发展相一致（王培然，2020）。城市绿色转型的目的是实现阶段性的绿色发展，其最终目的也是城市建设的可持续发展，但其主要从经济、社会、生态等方面进行传统发展模式的变革，且要求人们主动去把握适应自然及合理开发利用生态资源。城市绿色转型作为发展的重要手段，旨在为生态环境回归正常水平提供助力，同时还能不断地推动城市经济与社会向前发展，强调"绿色"则在于突显当前严峻的生态环境问题。由此看来，基于绿色发展及可持续发展进行城市绿色转型的理论与实践探讨，更有助于清晰、准确理解其内涵、方式、要求及目的。

二、系统科学理论

系统科学理论首先从系统科学到地球系统科学。系统普遍存在于自然界和人类社会，系统科学是研究系统内部运行过程及系统间复杂作用关系的一门学科。贺恒信等（1993）研究发现系统科学理论首先从系统科学到地球系统科学。狭义的系统科学一般是指贝塔朗菲著作《一般系统论：基础、发展和应用》中所提出的将数学系统论、系统技术、系统哲学三个方面归纳而成的学科体系；而更广义的系统科学则包括系统论、信息论、控制论、耗散结构论、协同学、突变论等一大批学科，是20世纪中叶以来发展最快的一门综合性科学，并已在各行各业得到广泛应用。此后，研究者们又提出了地球系统科学，把地球看成一个统一系统，探索大气、海洋、冰、固体地球以及生物系统等各部分以及不同时间尺度的过程之间的相互作用。在该学科体系内，研究者认为地球已进入了人类新纪元，面临温室效应、物种灭绝、淡水资源短缺等全球环境问题，必须把地球作为一个由相互作用着的各组元或子系统组成的统一系统，才能回答人类所面临的一系列紧迫环境问题。我国学者也开展了相关研究，提出了地球系统科学与可持续发展战略科学基础，形成了地球系统科学与地球信息科学等理论技术体系。其次，从地球系统科学到流域系统科学。在地球系统科学的基础上，研究者提出了未来地球计划和数字地球。2012年，国际科学联盟发起了未来地球研究计划，整合了世界气候研究计划、国际地圈生物圈计划、国际生物多样性计划和国际全球环境变化人文因素计划，开展自然科学和社会科学的联合研究。郭华东等（2014）认为数字地球是一个开放的复杂的巨系统，其核心思想是用数字化手段最大限度地利用信息资源,将区域可持续发展问题与全球变化、资源环境问题和全球经济一体化紧密联系起来。近期,我国著名学者程国栋院士提出了流域科学的概念,将流域视为地球系统的缩微。高吉喜(2018)提出了区域生态学的概念,以流域、风域、资源域为研究对象,基于结构完整性、过程连续性、功能匹配性等新理念,系统构建了区域生态学的研究方法体系。流域系统既具有陆地表层系统的复杂性,同时又与外界保持着物质、能量和信息交换。流域系统治理是一项复杂的系统工程,需以系统论思想方法为统领,把流域内的河流系统、生态环境系统、社会经济系统作为一个有机的复合系统,统筹考虑。

理论启示:作为增强城市安全防线的可行手段之一,绿色转型应从系统观角度出发进行全面考虑,在转型之初需厘清城市内部各系统间的影响逻辑关系;在转型时需快速应对城市可能产生的各种状况;在转型后则需及时巩固城市各个系统维度的协调发展成果,进而实现城市的阶段性绿色发展。系统科学理论基于综合管理视角,其基本思想为最优化手段,通过调节复杂系统的结构关系,以达到获得最大综合效益的目的。城市绿色转型可视为一个复杂系统(张晨,2010),其功能包括层次性、相关性和整体性,整个系统由政府、企业、产业及城市居民推动等主体参与,由经济、社会、环境、资源等子系统构成。其中,层次性主要是指从结构上看,可将城市绿色转型系统分为多个不同层次的子系统,子系统又由多个下级子系统组成,各个层级有机结合构成复杂系统;其相关性是指系统各个层次内部及各个层次间存在着各种相互作用、相互影响的有机联系;其整体性则是指尽管系统层次结构复杂,但各个层次各种有机联系构成统一整体,从而使整个系统功能大于各层次功能作用。基于此,研究城市绿色转型系统要充分考虑其层次构成及各个层级之间的关系,了解系统特点和基本规律,从系统协调角度分析系统内的反馈机制,从而组织和优化资源的合理配置。

三、城市经济学

"十四五"规划纲要草案中,"城市"一词共出现 98 次,成为一个高频热点词汇。20 世纪以来,特别是第二次世界大战后,世界各国大量农村人口转入城市,城市规模迅速扩大,城市经济结构也发生了重大变化。这些变化带来了城市的一系列社会经济问题,一些经济学家、社会学家为了探索产生这些问题的根源,寻求解决的方法,开始把城市作为一个整体进行系统地分析研究,于是产生了城市经济学。城市经济学作为经济学与地理学的新兴交叉学科,主要研究城市形成、城市空间结构和城市社会结构问题。董昕和杨开忠(2021)指出城市经济学的核心理论基础发源于 Alonso 提出的标准区位模型,该模型把区位与地租理论结合在一起,通过一个高度简化的"单中心"框架,系统研究了城市内部土地价值与土地利用的关系,可以得到有关竞租函数、土地消费量和人口密度等符合现实观察的结论。从城市经济学的定义和本质出发,其理论基础主要是城市内部以及跨城市间的区位选择问题。城市经济学的研究主题非常广泛,包括人口与经济活动(在城市内部和城际之间)的空间分析、住房经济与政策、地方公共财政问题、城市劳动力市场、城市交通问题、基础(公共)教育、城市社会问题如贫困、犯罪、种族歧视、社区衰退等在内的一系列问题都是城市经济学讨论的核心议题。城市经济学以城市的产生、成长,最后达到城乡融合的整个历史过程及其规律,以及体现在城市内外经济活动中的各种生产关系为研究对象。

城市经济学是为城市经济和城市管理服务的一门应用学科。城市经济学的研究是为了把握城市系统经济运行、经济关系及其规律,并以此来指导城市经济和城市管理的实践。研究城市发展规律,是通过对城市化基本规律的揭示,探寻城市发展的一般条件、动力及过程,这对于制定城市发展战略是有意义的;赵红军等(2007)指出研究城市经济结构,是通过对城市三次产业结构、产业技术结构和组织结构以及空间结构的分析,以期对城市经济结构进行不断地调整和优化,这对于确定城市的发展方向、规模以及城市功能的定位是有意义的;研究城市经济环境,是通过对城市人居环境、人文环境和生态环境全面、系统的阐述,提高人们对人与自然、经济与自然协调发展的认识,这对于城市规划和建设以及城市走可持续的发展道路是有意义的;研究城市经济效益,是通过对城市经济整体效益、城市土地效益、城市规模效益或定量或定性的分析,来探索提高城市经济效益的途径和方法,这对于提高城市的综合效益是有意义的;研究城市经济区域,是通过对城市经济区域形成与发展的剖析,寻求城市与区域共同发展的机制,这对于区域经济的发展和建设是有意义的;研究城市经济管理,旨在探索城市政府管理和社会管理的职能、方法、途径,这对于提高城市的水平和效率是有意义的;研究城市文化,旨在通过对城市文化与城市经济、城市管理之间关系的梳理,实施有效的城市文化发展战略,这对于提高城市的竞争力是有意义的(马洪福,2018)。

城市经济学是空间经济学。传统经济学以劳动时间作为衡量价值量的唯一尺度,将劳动价值论作为构建传统经济理论大厦的基石,认为只有劳动时间的节约才是经济的节约,而经济平衡只是价值量和实物量的平衡,从这个意义上说传统经济学是时间经济学。但是,在经济的发展过程中起作用的不仅仅是时间因素,空间因素的位置、运动和存在方式同样影响着经济的发展,价值的创造既离不开劳动时间的延续,也离不开劳动空间的联系;经济的节约归根到底不仅在于劳动时间的节约,也在于劳动空间的节约和组合的优化;李天健和侯景新(2015)指出经济运行中的价值平衡和实物平衡,如果不与"空间平衡"相结合也是难以实现的。因此,在价值的形成过程中,起作用的不仅是劳动时间,还有空间结构。城市经济学的产生适时弥补了传统经济学对空间因素的忽视,并关注空间要素在城市经济中的重要作用,在空间范围内对城市进行综合研究,以实现经济要素在空间的合理布局。因此,城市经济学是空间经济学。城市经济学格外重视对经济要素之间的相邻效益、布局效益、网络效益和城市区域的聚集效益的研究,而这些城市空间结构效益具有比部门经济效益更深远、更广泛的意义,对空间结构的研究是城市经济学在发展一般经济学过程中所作出的重大贡献。

四、新经济地理学

新经济地理学的出现对经济学来说是把空间概念引入经济系统;对地理学来说则是把微观经济机制引入地理分析中(Donald R.,2019)。与以往理论相比,新经济地理学有其创新之处:第一,新经济地理学以规模经济、报酬递增、不完全竞争为假设条件来研究区域经济问题,比新古典经济学更接近于现实。新经济地理学将空间因素和厂商层次的报酬递增纳入一般均衡的框架,应用 D-S 模型,并与冰山成本相结合,解决了经济学长期以来厂商层次报酬递增与竞争性一般均衡不兼容的问题。第二,新经济地理学模型将比较优势、外部性等问题内生化。新经济地理学通过将比较优势内生化来深化背景上的认识问题,为没有先天差异的区域之间发展差异寻求解释。在新经济地理学中,外部经济现在是被推导出来的,而不是被假设的,因而作为经济变化更基本的参数,外部经济可以被视为以一种可以预测的方式变化。第三,尽管新经济地理学的某些模型过于抽象,但这些模型的建立毕竟相对于传统的区位科学模型有了很大进步和改观。新经济地理学包含非均衡力的经济学,其核心模型是非线性模型,因而它给出了许多富有特色的理论观点,揭示了经济活动空间模型的复杂性,而且,克鲁格曼通过对有些不确定性的复杂理论进行较深入的研究后,建立了多中心城市空间自组织模型,这些都使得新经济地理学的模型更有现实意义。

新经济地理学所研究的主要内容大体可以分为两个方面:经济活动的空间集聚和区域增长集聚的动力。

首先是经济活动的空间集聚。新经济地理学以收益递增作为理论基础,并通过区位聚集中"路径依赖"现象,来研究经济活动的空间集聚(何雄浪,2021)。

收益递增、完全竞争和比较优势是传统经济学中三个基本的假设条件，最早运用报酬递增来解释地理上的集聚的也并不是克鲁格曼，从某种程度上说，可以将新经济地理学看作是经济学中对收益递增兴趣复兴的一部分。在空间集聚的过程中，不同的学者强调收益递增的不同形式，新经济地理学中的收益递增是指经济上相互联系的产业或经济活动，并在空间上的相互接近性而带来的成本的节约，或者是产业规模扩大而带来的无形资产的规模经济等。克鲁格曼在他的著作中较为系统地阐述了收益递增思想，并试图在报酬递增基础上建立一种新经济区位理论。在他看来，收益递增本质上是一个区域和地方现象。空间聚集是收益递增的外在表现形式，是各种产业和经济活动在空间集中后所产生的经济效应以及吸引经济活动向一定区域靠近的向心力。

除了用来解释产业活动的集聚或扩散以外，作为新经济地理学的基础，报酬递增模型还被用来解释城市增长动力机制。绝大部分新经济地理学的研究都集中于产业活动的区域分布，讨论为何特定产业在某些区位集中，尤其是在城市中，克鲁格曼在解释城市中人、财、物的聚集时指出：人们向城市集中是由于这里较高的工资和多样化的商品，而工厂在城市集中是因为这里能够为他们的产品提供更大的市场。新经济地理学者认为，空间聚集是导致城市形成和不断扩大以及区域发展的基本因素（成肖，2018）。在收益递增规律及相应的集聚或扩散模型的影响下，新经济地理学将区域和城市的发展定性为"路径依赖"和"历史事件"（丁嘉铖，2021）。与新古典的经济均衡模型相反，克鲁格曼利用历史方法，强调影响集聚的力量的持续和积累。也就是说，存在向"路径依赖"和"历史事件"发展的趋势。总之，在新经济地理学中，区域的优势被认为是由一些小的事件所导致的自身的加强。

其次是区域增长集聚的动力。新经济地理学的第二个主要研究内容是区域的长期增长与空间集聚的关系。标准的新古典主义增长模型假定资本和劳动是收益递减的，依据这个框架对集聚（特别是国家之间）的产生进行预测，一个相对贫穷、资本储备较低的国家将有更高的资本边际生产率和资本利润率。新古典增长模型的预言结果是，较贫穷的国家增长较快，最终能赶上较富裕国家。而根据巴罗和沙拉马丁（Sala-I-Martin，1995）的研究显示，区域收敛率在整个美国、欧盟、加拿大、日本、中国以及澳大利亚范围内是十分相似的，但是，区域收敛速度却相当缓慢，每年大约 1.2%，这要比简单的新古典模型缓慢得多。区域收敛率较慢的事实以及对新古典长期增长模型有效性的怀疑，引出了与收益递增的模型之间的联系。按照新经济地理学，资本外部性的相对规模（市场作用的范围）、劳动力的可移动性和交通成本将决定经济活动和财富在空间配置上的区域整合程度。一方面,当资本外部性及劳动力的迁移通过区域整合增加时,新经济地理学模型将预言更大规模的空间集聚,富裕中心和较差的边缘区之间的差距将加大,经验结果也似乎支持这个预测;另一方面,如果区域之间仍然存在着不可流动性(由于语言和文化等方面的障碍),那么中心地区的劳动力和由于拥挤而带来的成本就会增加,并有利于经济活动的扩散和区域集聚的减弱。

五、环境经济学

自然就是经济所在,保护环境才有经济发展的可能。2021 年 4 月 22 日,国家主席习近平在"领导人气候峰会"上说,保护生态环境就是保护生产力,改善生态环境就是发展生产力,这是朴素的真理。新时代下中国始终坚持人与自然和谐共生的发展理念,正在切实地践行环境与经济并重的发展之路。围绕自然环境与经济之间各种问题的探讨由来已久,回顾人类发展之路,得益于科学技术的创新,社会经济发展迅猛,同时各种环境问题也屡见不鲜。我国环境经济学科发展相对落后,研究深度不够,这并不符合我国整体的发展要求(张世秋,2018)。国外现有的研究成果,主要研究进展分为以下几个方面:一是国外环境经济学研究内容及研究维度界定;二是环境经济与可持续发展;三是环境经济政策的研究;四是环境经济学的研究范式。

环境经济学是环境科学和经济学之间交叉的边缘学科,研究的是关于地球、空气和水污染的问题,经济与环境是不可分离的,环境经济学研究如何充分利用经济杠杆来解决对环境污染问题,使环境的价值体现得更为具体,将环境的价值纳入生产和生活的成本中去,从而阻断了无偿使用和污染环境的通路,经济杠杆是目前解决环境问题最主要和最有效的手段(于珊,2021)。主要研究内容有经济学与环境、环境问题的成因与对策研究、对环境的经济控制、自然资源与环境经济学。并研究监管和控制私营部门的污染激励措施。从关于人类福利的视角分析了当代环境问题,主要评估了当代环境问题的严重性并分析其产生的原因,论述了解决或缓解环境问题的经济措施。1978 年在"全国经济科学发展规划会议"上通过了《环境经济学和环境保护技术经济八年发展规划》,该规划的出台标志着我国环境经济学研究的开始。1980 年,中国环境管理、经济与法学学会的成立,推动了环境经济学的研究。

第三节　相关概念界定

一、城市与城市群

城市作为非农人口与非农产业的聚集地，是近现代以来的基本发展形态。城市的交通、住房、通信、教育等功能的出现均是经济社会发展所逐步积累的结果。马尔桑·莱兹尼茨基等（2019）认为城市作为某一生态区域的主体，其主要包含的社会文化环境部分会随着人类活动而不断发生变化。庞顺新（2019）认为资源型城市依赖于资源型产业，开采和加工该地区自然资源为其城市属性。陈晓雪和冯健（2020）认为市域指按照行政管理设置的市所管辖的全部区域，为城市的行政地域概念，具有明确的空间范式。张梦等（2016）认为绿色城市是兼具繁荣的绿色经济和绿色的人居环境两大特征的城市发展形态和模式。杜海龙等（2020）认为绿色生态城区与绿色生态城市概念类似，指在空间分布、基础设施、建筑、产业结构等方面，符合生态、绿色等要求进行规划、运作的城市功能。李迅等（2018）认为，绿色城市是在城市这个载体上实现经济建设、政治建设、文化建设、社会建设、生态文明建设"五位一体"的发展方式，推进人与自然、社会、经济和谐共存的可持续发展模式，实现"生产空间集约高效、生活空间宜居适度、生态空间山清水秀"的发展范式。

城市群是城市化发展的"高级"形式。方创琳（2014）认为中国的城市群是伴随国家新型工业化和新型城镇化发展到较高阶段的必然产物。在我国对城市群定义的广泛讨论中，引用较多的是姚世谋等（2015）的定义：城市群是指在特定地理区域内具有特定数量的不同性质、类型和规模的城市，依托一定的生态环境条件，以一两个特大城市或大城市为区域经济的核心，借助于综合交通网络的可达性，在城市个体之间产生和发展内部关系，并共同形成一个相对完整的城市"集合"。肖金成等（2015）在姚世谋的定义上进行拓展，认为城市群除依托自然环境外，还需依托一定的交通条件，使得城市间的内在联系不断加强，从而共同组成一个相对完整的"城市集合体"。李海超和王美东（2019）认为城市群作为区域发展中枢，主导着其空间布局和战略地位，其发展质量和运行效率会对区域经济命脉和发展质量产生重大影响。方创琳（2021）认为中国城市群和都市圈建设在构建新发展格局中发挥着非常重要的战略作用，城市群作为国家新型城镇化主体的战略引领地位进一步提升,都市圈作为城市群高质量发展的战略支撑地位进一步明确,生态功能作为城市群与都市圈发展的重要功能进一步凸显。吴福象和刘志彪(2008)认为在长三角城市化群落中,城市化率与经济增长之间具有显著的正相关关系,城市群对经济增长也正发挥着越来越重要的新引擎作用。马燕坤和肖金成(2020)认为城市群是经济社会发展水平较高的地区,其交通、通信等基础设施发达,且其内部城市发展水平高、分布密集、联系密切。丁任重和许渤胤(2021)认为城市群对区域经济增长的影响由核心城市的溢出效应和虹吸效应共同作用,与空间距离和核心城市经济水平相关,核心城市经济水平越高、城市竞争力越强,城市群对区域经济增长的带动效用越大。

由上述文献可知,城市已成为一个紧密联系的集合体,物质、能源、信息等的交流和反馈始终在城市内部和城市之间进行。而当不同等级和规模的城市由于地理位置接近而彼此紧密相连时,就形成了以城市分布为主要特征的区域体系,即所谓的城市群。如同城市和城市群在不断发展一样,二者的概念界定也在不断地全面和完善,呈现出多层次、多领域的特征。厘清城市与城市群的概念,有助于对二者的社会和经济方面进行更深入的研究。

二、城市绿色转型

对于城市绿色转型的内涵辨析,学术界从不同理论视角、不同关注点对城市绿色转型的内涵进行了大量研究,学者有不同的理解,尚未形成统一观点。

作为中国第一个地方性"绿色转型"标准体系制定的城市——山西省太原市,2008年率先发布了《太原市绿色转型促进条例(草案)》,并对绿色转型进行了较为全面的、具体的界定,即以生态文明建设为主导,以循环经济为基础,以绿色管理为保障,发展模式向可持续发展转变,实现资源节约、环境友好、生态平衡,人、自然、社会和谐发展的绿色城市。

从不同理论视角进行定义。基于绿色发展理论视角认为,资源型城市绿色转型以绿色发展理念为基础,立足于环境、资源、经济、社会等要素,通过企业绿色运营、产业绿色重构、政府绿色监管从而实现环境友好、资源节约、经济发展、社会和谐的绿色发展(刘纯彬、张晨,2009)。基于生态文明理论视角认为,城市绿色转型是指以生态文明建设为主导,以绿色管理为保障,以发展方式向可持续发展的转变,实现资源节约,环境友好和生态平衡,人与自然、社会和谐发展(Wang,Zhang,2019)。基于循环经济理论视角认为,资源型城市绿色转型的内涵应是以发展循环经济为理念,利用绿色技术创新驱动绿色发展,社会文化建设

逐渐完善,人民生活福祉得到改善,循环经济是引发新的绿色转型的重要工具(陆小成,2013;Jesus,Mendonca,2018)。基于集聚理论视角认为,城市绿色转型是将城市原有的不和谐的聚集状态打破,并重新聚集成环境、经济、社会协调发展的新系统(付金朋,2019)。

从不同关注点进行定义。强调转型的过程性,如李佐军(2012)认为绿色转型仍是一种发展方式的转变过程,是从传统的资源浪费、环境污染模式向循环节约、生态友好的模式转变,是由人与自然相背离,生态、经济、社会相分割的状态向和谐共生、协调发展的状态转变。Thomas(2015)把城市绿色转型看作是通过能源结构变革、绿色空间扩展以实现城市可持续发展的过程。强调转型的比较性,即基于对过去发展方式的理性反思,如肖宏伟等(2013)认为绿色转型是由资源浪费、环境污染的发展形态向资源节约型、环境友好型的绿色发展形态的过渡,是与绿色发展相结合的产物,是资源、生态、经济相协调的科学发展方式。侯纯光等(2018)认为狭义的绿色转型主要是指经济层面的绿色转型,广义的绿色转型就是发展方式从黑色、褐色、灰色等"非绿色"向"绿色"动态转变。强调转型内容的综合性,即在经济、社会、环境、制度等的结构进行多重转型,如付金朋和武春友(2016;2020)认为城市绿色转型首先不是单纯地指经济体制以及产业结构的转型,而是在社会、经济、环境承载能力之内的协同发展,并且系统地设计了涵盖社会、经济和环境维度的可衡量的城市绿色转型框架。强调转型的目标性,即是实现区域经济体演化的和谐自然,如 Zelda 和 Vuyo(2016)提出可持续性发展和绿色经济转型要求创新,以解决同时实现经济增长、改善人类和环境福祉的问题。束锡红和陈祎(2020)提出绿色转型就是实现以效率、和谐、持续为发展目标,构建绿色经济、绿色新政、绿色社会"三位一体"的发展体系。强调转型的多元性,即绿色转型推进主体的多元性,如张宁和杨志华(2020)认为虽然政府力量是实施"绿色新政"的第一推动力,但绿色转型已上升到国家战略高度,反映国家意志,成为政府行为,加之也会存在"市场失灵"现象,因此必须由政府整合并协同各方面力量,才能有力推动绿色转型。

综上所述,目前学者较为集中从社会、经济以及自然等角度阐释关于绿色转型概念界定。然而,城市绿色转型不应局限于某一层面,而应是多方面共同转变的系统工程,因此,关注的重点应是由谁来推进城市绿色转型。转型主体是哪些？转型主体的转型能力如何界定？解决这些问题是实现城市绿色转型成功的关键和重点。基于上述关于绿色转型及城市绿色转型的概念界定,可认为城市绿色转型是以生态文明建设为导向,以绿色发展为基础,以绿色经济、可持续发展观等理论为指导思想,针对城市的转型瓶颈,以绿色技术创新、绿色建设、绿色生产消费为关键推动力,以政府、产业、企业和居民等主体为转型保障,加快构建绿色产业体系,实现资源节约、环境友好、生态平衡,达到人、自然、社会等多方面和谐发展的转型模式转变与战略决策。

文献评述:(1)学者们虽然对城市绿色转型的概念还没有统一的界定,但对转型的价值方向的强调是一致的——绿色性,即强调自然与生态文明理念;(2)虽然从城市绿色转型的过程性、比较性、综合性、目标性和多元性等不同侧重点进行了阐释,但不同阐释对特征的强调也不是孤立的,如李佐军(2012)的界定,不但强调过程性,同时也涉及了转型内容的综合性和转型可持续的目标性;刘纯彬和张晨(2009)以及付金朋和武春友(2016;2020)的界定,不但强调转型内容的综合性,同时也涉及了转型的多元性和目标性。

由此表明,城市绿色转型具有一个最大的特征——复杂性。本项目根据前人的研究,对城市绿色转型特征进行解析(图 2-1),进而从"系统论"角度提出,城市绿色转型是一项复杂的系统工程,是以"绿色"为价值方向,以"可持续发展"为目标,通过对过去发展方式的反思,在政府、企业、居民等共同推动下使得城市发展模式发现重大结构性转变,是一种涉及城市经济、社会、政治、文化、环境等多领域、多层次、多视角的综合转型。

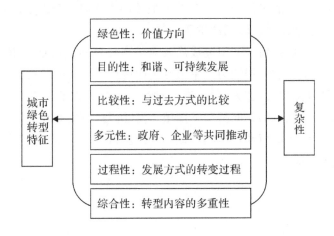

图 2-1 城市绿色转型特征解析图

三、城市绿色转型能力

城市的绿色转型能力是城市转型潜力与可持续发展可能的重要表现,不仅与城市的经济、社会发展水平有关,还需依赖该城市的资源环境及生态系统。当前,关于城市绿色转型能力的研究成果还较少,主要以绿色转型能力为主线展开讨论,可划分为以下两类:一是将绿色转型能力直接等同于绿色转型,持该观点的学者有李俐佳和王雪华(2017),武春友等(2018)认为绿色转型能力是实现经济、资源、环境与政府管理等方面绿色化发展的综合能力。二是从宏观上认识绿色转型能力,如张岩等(2017)认为绿色转型能力涉及经济发展、资源配置、环境友好、生态治理等经济增长和社会发展的方方面面,是体现效率、环保、和谐等目标的综合能力。宋旭等(2020)认为绿色转型能力是强调发展要从观念、方式、模式、形态等方面进行转变的一种能力。

本书认为,界定城市绿色发展能力要基于城市、绿色转型和能力三个要素进行分解,从而也体现了城市绿色转型能力的最大特征即复杂系统性。城市绿色转型是庞大且复杂的系统工程,在推动绿色转型的过程中,需要政府、企业、产业、城市居民等众多转型主体的通力协作及良性互动。政府部门对城市绿色转型起到方向性引导作用,是转变城市经济增长方式的主导力量;产业是促进城市绿色转型的基础动力,是促进城市经济由数量导向转向质量导向、推进生态文明建设的重要支撑和核心驱动力;企业是城市绿色转型的基础力量及政府政策的践行者,企业的转型和持续发展不仅关乎自身的生存,也关乎整个城市的转型发展效益和质量;城市居民是城市绿色转型的核心力量,践行绿色生活方式、推动绿色消费是城市全面绿色转型的重要引擎。

基于此,本书依据前人的研究成果及对城市绿色转型特征的解析,从"系统论"角度界定城市绿色转型能力。本书界定的城市绿色转型能力为:以"绿色"为价值方向,以"可持续发展"为目标,通过对过去发展方式的反思,在政府、企业、产业、居民等转型主体的共同推动下使城市发展模式向资源节约、环境友好的模式转变,是一种涉及城市经济、社会、政治、文化、环境等多领域、多层次、多主体的综合转型推动能力。

第二篇
新发展理论：习近平生态文明思想及
习近平总书记关于长江经济带建设
的重要论述

第三章　习近平生态文明思想的主要内容

第一节　人与自然和谐共生

习近平指出:"良好的生态环境是最公平的公共产品,是最普惠的民生福祉"①。坚持人与自然和谐共生,从生态文明建设的角度生动诠释了以人民为中心的发展思想。我们要建设的现代化是人与自然和谐共生的现代化,既要创造更多物质财富和精神财富以满足人民日益增长的美好生活需要,也要提供更多优质生态产品以满足人民日益增长的优美生态环境需要。和谐共生是人与自然相处所要追求与达到的一种应然状态,这一状态为我们指明了人与自然关系的未来走向(马榕璠、杨峻岭,2021)。只要人类"合理利用、友好保护"②大自然,大自然自会给予人类慷慨的馈赠。人类面对自然的慷慨馈赠从不会感到知足,对自然的索取只会更加贪得无厌,对自然的伤害只会更加残酷无情。习近平强调生态文明建设是关系中华民族永续发展的根本大计。人与自然是生命共同体,人类必须尊重自然、顺应自然、保护自然。人类只有遵循自然规律才能有效防止在开发利用自然上走弯路,人类对大自然的伤害最终会伤及人类自身,这是无法抗拒的规律。坚持山水林田湖草是一个生命共同体,人的命脉在田,田的命脉在水,水的命脉在山,山的命脉在土,土的命脉在林和草。坚持节约优先、保护优先、自然恢复为主的方针,推动形成人与自然和谐发展现代化建设新格局。党的十九大把"坚持人与自然和谐共生"作为新时代坚持和发展中国特色社会主义的

---

① 习近平关于全面建成小康社会论述摘编[M].北京:中央文献出版社,2016:163.

② 习近平.习近平谈治国理政:第3卷[M].北京:外文出版社,2020,374.

基本方略，全国生态环境保护大会又将其作为新时代推进生态文明建设必须坚持的重要原则。习近平关于人与自然和谐共生的理论特点鲜明，体现了深厚的人民情怀，鲜明的时代特征，强烈的问题意识和宽阔的国际视野（康崇，2019）。因此，在新冠疫情疯狂肆虐全球的大背景下，人类应借此机会再次对人与自然关系作出全新审视，牢固树立"尊重自然、爱护自然的生态文明理念，促进人与自然和谐共生"①，携起手来"共同构建人与自然生命共同体"②，做到与自然和谐相处、共同生长繁荣，这样整个人类才能永远薪火相续，整个自然界才能永远生机勃勃。

第二节　绿水青山就是金山银山

绿水青山就是金山银山的理念深刻揭示了发展与保护的辩证统一关系，实现了对马克思主义生产力理论的丰富与发展（吴坚，2021）。生态环境保护和经济发展不是矛盾对立的关系，而是辩证统一的关系。"绿水青山和金山银山决不是对立的，关键在人，关键在思路"③。着力增加生态产品供给，加快建立以产业生态化和生态产业化为主体的生态经济体系，才能让良好生态环境成为经济社会持续健康发展的支撑点。理论也不能长久地满足于早已作出的个别结论，它必定要随着实践的深入而不断发展。现在"绿水青山就是金山银山"理念已经成为全党全社会的共识和行动，成为新发展理念的重要组成部分（吴舜泽，2020）。"两山论"就是这样一个随着实践深入而不断发展的理论，它既不满足于"用绿水青山换金山银山"的第一个阶段，也不满足于"既要金山银山，又要保住绿水青山"的第二个阶段，而是随着人们实践的不断深入发展到"绿水青山就是金山银山"的第三个阶段④。"两山论"从第一阶段发展到第三阶段，既是自身理论发展的内在要求，又是解决经济发展和生态环境保护这一基本矛盾的实践需要（任铃、王伟，2019）。它从根本上否定和抛弃了那些把经济发展和生态环境之间截

---

①　吴晶.牢固树立绿青山就是金山银山理念，打造青山常在绿水长流空气常新美丽中国[N].人民日报，2020-04-04(001).

②　习近平.共同构建人与自然生命共同体[N].人民日报，2021-04-23(002).

③　习近平关于社会主义生态文明建设论述摘编[M].北京：中央文献出版社，2017：23.

④　习近平.干在实处 走在前列——推进浙江新发展的实践与思考[M].北京：中共中央党校出版社，2006：198.

然对立的不科学、不符合实际的错误观念,建立了一个实现经济发展和生态环境保护内在统一的现代化思想和理念。这一现代化思想和理念如今已成为人们谋求发展的共识和行动,特别是在帮助农民摆脱贫穷,过上富裕生活方面发挥了实际效用。绿水青山是一种自然财富,也是一种经济财富。良好生态本身蕴含着无穷的经济价值,能够源源不断创造综合效益,实现经济社会可持续发展。面对无情肆虐的新冠疫情和下行的经济形势,我们更要树牢"绿水青山就是金山银山"的理念,不能为了刺激经济就又开始乱铺摊子、乱上项目,去破坏我们保护了很久的生态环境。越是经济发展阻力越大,我们越是要清醒认识到"生态本身就是经济,保护生态就是发展生产力",越要发挥好人民群众在生态环境建设中的主体性作用,更好凝聚起人民群众打造绿水青山的伟大力量,更好实现"浊水荒—绿水青山—金山银山"的转变,既能让老百姓可支配的财富不断增多,又能让其生存的环境更加美丽。

第三节 山水林田湖草是生命共同体

党的十八大以来,习近平从生态文明建设的整体视野提出"山水林田湖草是生命共同体"的论断,强调"统筹山水林田湖草系统治理""全方位、全地域、全过程开展生态文明建设"①。推进生态文明建设,需要符合生态的系统性,坚持系统思维、协同推进(谭文华,2019)。"沙进人退"转为"绿进沙退",各自为战转为全域治理,多头管理转为统筹协同,生态环境保护领域之所以发生历史性变革、取得历史性成就,一个重要原因就在于牢固树立、深入践行了"山水林田湖草是生命共同体"②的系统思想。用途管制和生态修复必须遵循自然规律,良好生态环境显著的公平性、普惠性体现在它不是有钱人的专属,更不分贫富贵贱,人人皆可拥有和享受。因为广大人民群众是社会主义的主人,理应公平拥有和享受良好生态环境这个人民群众的共有财富。现阶段仍有少数积累多年的环境污染事件没有解决,医治新冠患者产生的有害废弃物也不断增多,给下一阶段的环境治理增加了不少难度。这些问题不仅是简单的环境问题,还是重大的民生问题,

---

① 习近平主持召开中央全面深化改革委员会第二十次会议强调 统筹指导构建新发展格局推进种业振兴 推动青藏高原生态环境保护和可持续发展[N].人民日报,2021-7-10(01).

② 习近平.推动我国生态文明思想问答[M].杭州:浙江人民出版社,2019:66.

任其自由发展必定还会成为重大的政治问题。理念是行动的先导。系统治理全面落实在各项改革和制度建设中(刘磊,2017)。在污染防治中,顺应空气、水流变动不居、跨区流动的特点,更加强调不同地区之间的协调联动、相互配合,防止各自为政、以邻为壑;在环境治理中,划定生态环保红线、优化国土空间开发格局、全面促进资源节约等各方面齐头并进,更加注重不同领域之间的分工协作,避免某一个方面拖后腿;在生态文明体制改革中,更加注重各项制度之间的关联性、耦合性,生态治理的宏观体制、中观制度、微观机制都在不断完善,治理体系更加完整、治理能力更加优化。生态本身就是一个有机的系统,生态治理也应该以系统思维考量、以整体观念推进,这样才能顺应生态环保的内在规律,取得生态治理的最优绩效。

第四节　良好生态环境是最普惠的民生福祉

坚持生态惠民、生态利民、生态为民,把优美的生态环境作为一项基本公共服务,把解决突出生态环境问题作为民生优先领域。生态环境没有替代品,用之不觉,失之难存。随着经济社会发展和人民生活水平不断提高,生态环境在群众生活幸福指数中的地位不断凸显,环境问题日益成为重要的民生问题。从提出"良好生态环境是最公平的公共产品,是最普惠的民生福祉",到指出"发展经济是为了民生,保护生态环境同样也是为了民生",再到强调"环境就是民生,青山就是美丽,蓝天也是幸福",习近平生态文明思想聚焦人民群众感受最直接、要求最迫切的突出环境问题,积极回应人民群众日益增长的优美生态环境需要,深刻阐明了一系列新思想新理念新观点。习近平总书记强调:"生态环境是关系党的使命宗旨的重大政治问题,也是关系民生的重大社会问题。"①随着我国社会主要矛盾发生变化,人民群众对优美生态环境的需要成为这一矛盾的重要方面,广大人民群众热切期盼加快提高生态环境质量。积极回应人民群众所想、所盼、所急,是我们党的宗旨所在、使命所在、责任所在。要悟透以人民为中心的发展思想,坚持生态惠民、生态利民、生态为民,把优美的生态环境作为一项基本公共服务,把解决突出生态环境问题作为民生优先领域,让群众持续感受到变化、不断增强信心。我们在生态环境治理与修复过程中,既要坚持让那些原本完好的生

---

① 习近平谈治国理政:第3卷[M].北京:外文出版社,2020:359.

态要素得到优先保护，又要坚持让那些遭到破坏的生态要素能够实现自然恢复。只有这样才能更好促进各生态要素之间的良性互动，找到它们的平衡点，实现生态平衡。

第五节　用最严格制度最严密法治保护生态环境

由于制度问题和法治问题更带有根本性、全局性、稳定性和长期性，因此，在推进生态文明领域国家治理体系和治理能力现代化的过程中，生态文明制度建设问题和生态文明法治建设问题成为习近平生态文明思想的重要议题（张云飞，2018）。"用最严格制度最严密法治保护生态环境"①势在必行，是习近平生态文明思想的核心要义，也是全面依法治国在生态文明建设领域的必然要求和重要体现。只有实行最严格的制度、最严密的法治，才能让制度的笼子越扎越牢，法律的网绳越织越密。严厉惩治污染环境、破坏生态等犯罪行为，突出环境司法注重修复的理念。做到用严格的制度管人、管权，用严密的法治惩人、办事。这样才能增强企业的环保意识，减少环保行政执法、环保司法不严等情形的出现，让生态环境保护取得实实在在的成效。党的十八大以来，一大批有关生态文明建设的制度改革举措相继落地生效，一大批有关生态文明建设的法律法规相继制定实施。在生态文明建设的相关制度方面，党的十九届四中全会把生态文明制度体系作为国家治理体系的重要组成部分，为推进生态现代化作出了最新的制度安排。2020 年 3 月印发的《关于构建现代环境治理体系的指导意见》从七个方面对如何构建一个具有现代性的环境治理体系给出了明确的指导意见，为生态文明建设提供了有力的制度保障。在生态环境保护的相关法律方面，2020 年4 月修订的《固体废物污染环境防治法》，不仅有利于加强对治疗新冠患者产生的大量医疗废弃物处理和生活垃圾处理的监管力度，还有利于大力推进固体废物领域的生态环保工作。2020 年 5 月制定的《民法典》在生态环境保护方面呈现出了三大亮点：一是在总则中明确规定了民事主体从事民事活动应遵循相应的"绿色"原则；二是在物权编和合同编均对"绿色"制度作出规定；三是在侵权责任编单独成章明确规定造成环境污染和生态破坏应承担的法律责任。这些新修订、新制定的相关法律法规为我们从严保护生态环境提供了有力的法律保障，为

---

① 习近平.推动我国生态文明建设迈上新台阶[J].当代党员,2019(04):4-10.

我们保护生态环境提出了最新的行为要求（黑晓卉，2019）。

第六节　共谋全球生态文明建设

习近平总书记提出的"共谋全球生态文明建设"原则，符合全球环境治理原则，是实现全球可持续发展的重要解决方案（廖茂林，2020）。保护生态环境，应对气候变化，维护能源资源安全，是全球面临的共同挑战。党的十八大以来，习近平着眼于人类可持续发展，提出一系列重要倡议和主张。指出"保持良好生态环境是各国人民的共同心愿"，强调"面对生态环境挑战，人类是一荣俱荣、一损俱损的命运共同体，没有哪个国家能独善其身"，主张"国际社会应该携手同行，共谋全球生态文明建设之路"①。习近平生态文明思想就共同构建地球生命共同体、清洁美丽世界提出中国方案、贡献中国智慧，彰显中国特色、战略眼光和世界价值。环境问题作为一个空间上无处不在、时间上无时不有的全球性问题，给人类未来的生存与发展提出了严峻挑战。在威胁人类未来生存与发展的环境问题面前，任何国家都没有选择逃避问题、视而不见的权利，更没有选择逃避责任、转嫁危机的自由，因为人类在环境问题面前也是一个"一荣俱荣、一损俱损的命运共同体"。孤举者难起，众行者易趋。党的十八大以来，在习近平生态文明思想引领下，我国积极参与全球环境治理，切实履行气候变化、生物多样性等环境相关条约义务，成为全球生态文明建设的重要参与者、贡献者、引领者。从倡导建立"一带一路"绿色发展国际联盟，到推动《巴黎协定》达成、签署、生效和实施，从成功举办《生物多样性公约》第十五次缔约方大会（COP15）第一阶段会议、发布《昆明宣言》，到支持发展中国家生态保护事业，10 年来，我国以实实在在的绿色行动，为加强全球气候与环境治理注入强大动力，成为全球环境议程的重要引领者。共同参与全球生态文明建设，既是人类社会的责任所在，也是人类社会发展进步的趋势所在。中国将继续同世界各国加强生态国际合作，开辟全球气候领域合作新方向，主动承担应对气候危机的国际责任。中国还将主动携手世界各国共同战胜新冠疫情及其给全球环境治理带来的新挑战，与世界各国共同谋

---

① 共谋绿色生活，共建美丽家园——在 2019 年中国北京世界园艺博览会开幕式上的讲话[J]. 党建，2019(5):1.

划生态文明建设的新路①,为地球家园的美好未来、人类社会的发展进步作出属于中国的努力和贡献。

---

① 中共中央文献研究室.习近平关于社会主义生态文明建设论述摘编[M].北京:中央文献出版社,2017:131.

第四章　习近平总书记关于长江经济带高质量发展的重要论述

第一节　长江经济带概况

一、长江经济带的概念、地位

习近平指出："长江是中华民族的母亲河,也是中华民族发展的重要支撑,长江与黄河是中国的双核。在水能价值上,长江可以被称为是中国的经济动脉"①。长江经济带的概念并非从来就有,长江经济带被确立为国家战略也经历了一个较长时期。2005 年,长江沿线九个省份签订《长江经济带合作协议》。这一时期,国家层面尚未实质性地实施长江经济带发展战略,更多表现为沿江省份开放开发的自发探索。在此期间,长江经济带不断发展并形成了良好的发展基础。随着经济社会的发展,我国的发展面临着动能转换、结构调整、区域协调、生态环境保护等诸多挑战,迫切需要培育新的增长极来支撑我国经济社会发展,长江经济带因此再度步入国家治理视野。2013 年 12 月,长江经济带地域范围由原来的"七省二市"扩展为"九省二市"。

长江经济带覆盖长江上中下游的 11 个省市,习近平指出,长江经济带"横跨我国东中西三大板块,人口规模和经济总量占据全国'半壁江山',生态地位突出,发展潜力巨大","是我国经济中心所在、活力所在"②。长江经济带划分为

---

① 习近平.在深入推动长江经济带发展座谈会上的讲话[J].社会主义论坛,2019(10):5.
② 习近平.在深入推动长江经济带发展座谈会上的讲话[J].社会主义论坛,2019(10):7.

上、中、下游,下游地区包括上海、江苏、浙江、安徽四省市,面积约 35.03 万平方公里,占长江经济带的 17.1%;中游地区包括江西、湖北、湖南三省,面积约56.46 万平方公里,占总区域的 27.5%;上游地区包括重庆、四川、贵州、云南四省市,面积约 113.74 万平方公里,占长江经济带的 55.4%。综合习近平对长江经济带的相关论述,长江经济带是指沿江附近的经济圈,从发展区位上看,发展禀赋独特、发展空间巨大;在发展程度方面,综合实力强、支撑作用大,其发展既是生态环境建设的头等大事,又直接对经济和人民生活产生影响,是我国经济发展的重要增长极,已经成为中国经济发展全局中重要的经济支撑带。以长江经济带的高质量发展引领中国经济的高质量发展已经成为长江经济带的最新战略定位。但长江经济带区域发展一直存在不平衡不充分的问题,上、中、下游地区无论是在经济总量还是社会环境效益等方面均存在巨大差异,在区域协调发展战略背景下,其非均衡发展现象也逐渐引起重视。2014 年,长江经济带建设上升为国家战略,成为国家新的三大区域发展战略之一。2016 年,习近平在重庆召开会议,他在讲话中指出:“长江拥有独特的生态系统,是我国重要的生态宝库。当前和今后相当长的时期,要把修复长江生态环境摆在压倒性位置,共抓大保护,不搞大开发”[1],并提出了“生态优先,绿色发展”的战略思路。而要贯彻落实这一战略思路[2],正确处理生态环境保护与经济社会发展这一对尖锐的矛盾,实现长江经济带经济与人口、资源、生态、环境的全面协调和可持续发展,是一个重大课题。

二、长江经济带发展战略规划

长江经济带再次被确定为国家发展战略,必将为新常态下的经济发展作出新的贡献。自 1984 年,“点-轴开发”理论和中国国土开发、经济布局的“T”字型宏观战略提出以来,“T”字型空间结构战略在 20 世纪 80—90 年代得到大规模实施。海岸经济带和长江经济带 2 个一级重点经济带构成“T”字型,长江经济带将内地 2 个最发达的核心地区(成渝地区和武汉地区)与海岸经济带联系起来,其腹地几乎包括半个中国,其范围内资源丰富,农业、经济和技术基础雄厚,已经形成世界上最大的以水运为主的包括铁路、高速公路、管道以及超高压输电等组成的具有超大能力的综合运输通道。其巨大的发展潜力是除海岸经济带以外的其他经济带所不能比拟的(吴晓华,2018)。

---

[1]　习近平.让中华民族母亲河永葆生机活力[J].中国环境监察,2016(Z1):4.
[2]　习近平.让中华民族母亲河永葆生机活力[J].中国环境监察,2016(Z1):4.

习近平总书记高度重视长江经济带发展的问题，为长江经济带的未来发展布局谋划。《长江经济带发展规划纲要》确立了长江经济带"一轴、两翼、三极、多点"的发展新格局。"一轴"是以长江黄金水道为依托，发挥上海、武汉、重庆的核心作用，"两翼"分别指沪瑞和沪蓉南北两大运输通道，"三极"指的是长江三角洲、长江中游和成渝三个城市群，"多点"是指发挥三大城市群以外地级城市的支撑作用。《长江经济带发展规划纲要》明确了"四带"战略定位和六大战略重点任务。即：建设成为生态文明建设的先行示范带、引领全国转型发展的创新驱动带、具有全球影响力的内河经济带、东中西互动合作的协调发展带；推进长江生态环境保护、构建综合立体交通走廊、创新驱动产业转型升级、推动新型城镇化、构建全方位开放新格局、创新区域协调发展体制机制。见图 4-1。

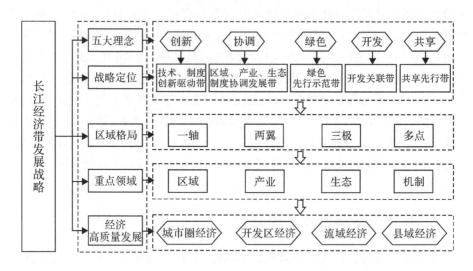

图 4-1　新时代长江经济带发展战略思想的总体构架

习近平站在中华民族永续发展的全局高度，主持召开三次推动长江经济带发展座谈会，亲自谋划、部署和推动长江经济带发展，鲜明提出并反复强调长江经济带"生态优先、绿色发展"的战略定位，通过一系列关于推动长江经济带绿色发展的重要讲话、考察指示、工作要求等，对长江经济带绿色发展的地位目标、基本内涵、任务要求等进行了具体阐释，形成了具有严整体系、丰富内涵的习近平关于长江经济带绿色发展重要论述。这一重要论述是中国化马克思主义绿色发展理论的最新成果，是习近平新时代中国特色社会主义思想的重要内容，也是新时代我国推动长江经济带可持续发展的思想武器和行动指南。

首先要统筹解决资源、环境和生态问题。坚持生态优先、绿色发展，"以共抓大保护、不搞大开发"为导向,以供给侧结构性改革为主线,积极稳妥地推进各项工作(吴晓华等,2018)。长江经济带绿色生态保护中的"生态"事实上是涵盖了资源、环境和狭义生态的总体,长江经济带是以长江为纽带而形成的经济地理区域,要以持续改善长江水质为中心,统筹考虑长江经济带的资源、环境和生态,重点解决资源浪费、环境污染、生态破坏等突出问题,形成"以生态系统良性循环和环境风险有效防控为重点的生态安全体系"(秦尊文,2016)。要强化资源节约和保护。要从根本上解决带内生态环境问题,就要促进资源节约高效利用"节约资源是保护生态环境的根本之策",习近平在南京长江座谈会上指出,"在严格保护生态环境的前提下,全面提高资源利用效率"①。确立资源利用上线,推进重点领域资源节约,如《长江经济带生态环境保护规划》提出:"到 2020 年,长江经济带相关区域用水总量控制在 2922.19 亿立方米以内;到 200 年,用水总量控制在3001.09 亿立方米以内"。而能否高效利用资源,前提是要明晰资源产权,"健全自然资源资产产权制度和法律法规,加强自然资源调查评价监测和确权登记",实行长江经济带资源总量管理和全面节约,严禁滥用和浪费自然资源。要强化环境治理和保护。一要认识到"化工污染整治和水环境治理、固体废物治理是有关联性的",也就是说,长江经济带在推进不同领域的环境治理时要加强联防联控(李干杰,2018)。二要严格执行国家环境质量标准,恪守环境质量底线,率先解决威胁沿线生态优先绿色发展的突出环境问题,继续深入开展蓝天、碧水、净土行动,改善已有的劣质环境。推进治理责任清单化落地,严格治理工业、生活、农业和船舶污染,切实保护和改善长江经济带环境。三要强化生态修复和保护。要把实施重大生态修复工程作为推动长江经济带发展目的优先选项。强化国土空间管控和负面清单管理,严守生态红线,改善长江生态环境和水域生态功能,提升生态系统质量和稳定性。具体而言,就是对于长江经济带内具有特殊生态功能的区域必须加以强制性保护。

其次要进行综合治理、系统治理、源头治理。长江经济带沿线省市大力加强环境监管,结合多种措施手段遏制污染排放,改善生态环境质量。针对长江经济带所面临的环境治理现状,要从系统工程和全局角度寻求长江经济带生态优先绿色发展新的治理之道,提高环境治理水平,全面提升长江经济带生态治理成效(黄娟、石秀秀,2021)。在"大保护"的整体目标下,进一步完善生态容量和环境价值的效益及损失评价体系,充分利用生态补偿等相关政策工具,准确估算长江

---

① 新华社.习近平在全面推动长江经济带发展座谈会上强调贯彻落实党的十九届五中全会精神推动长江经济带高质量发展[J].思想政治工作研究,2020(12):9.

经济带沿线城市生态环境保护的成本与收益,协调沿线城市和城市群的利益关系与发展次序,让每个城市都获得保护与发展的双赢。一要加强综合治理。这里的综合治理主要指运用多种手段来达到生态环境治理的目的。单一的治理手段不能满足长江经济带生态环境保护的要求,必须以更有效的途径、更恰当的方式促进长江经济带绿色生态保护,这就要求综合运用行政、市场、法治、科技等多种手段。合理使用行政手段,完善环境治理监管制度。二要加强系统治理。长江流域本身是一个集聚了各种生态要素的复杂生态系统,长江经济带的生态环境治理是一项系统性工程。树立系统治理观,从生态系统整体性和流域系统性出发,坚持"山水林田湖草是生命共同体"。开展长江生态环境大普查,系统梳理和掌握各类生态隐患和环境风险,做好资源环境承载力评价,对母亲河做一次大体检。三要加强源头治理。源头治理要求把生态环境治理工作的心从事后转向事前,从防控风险源头、解决根本问题的层面推动长江经济带生态环境治理。必须坚持问题导向,找出问题根源,"治好长江病,要科学运用中医整体观,追根溯源、诊断病因、找准病根、分类施策、系统治疗",从源头上系统开展生态环境修复和保护的整体预案和行动方案。进一步提升长江经济带生态环境绩效,必须加强环境污染治理,维护生物多样性,培育产业绿色发展新动能,建立负面清单管理制度,完善环境联防联控机制,推进生态补偿制度(黄磊、吴传清,2018)。稳步推进长江经济带"三线一单"(生态保护红线、环境质量底线、资源利用上线和生态环境准入清单)和战略环评工作,长江经济带生态环境保护修复的空间管控措施才能得到进一步健全发展。

第二节　习近平总书记关于长江经济带绿色高质量发展的意义和目标

一、长江经济带绿色高质量发展的意义

长江流域的发展问题是一个历史性课题。当前,长江经济带的发展面临着诸多难点,急需在改革进程中加以有效解决。进入新时代,推动长江经济带发展成为我国重要区域发展战略,是关系国家发展全局的重大战略,关乎中华民族伟大复兴中国梦的实现。长江经济带作为我国重要的战略性区域,探讨其城市经济高质量发展状况及运行趋势,对于该地区未来的总体发展有着非常重要的参

考价值。近几十年来,长江经济带凭借优越的区位条件、优异的资源环境禀赋,在大规模高速度的开发模式下,积累了雄厚的经济基础,在我国经济社会发展中的重要战略地位更加凸显,但以"大开发"为特征的粗放发展造成了巨大的生态环境破坏,导致长江经济带资源环境约束日益趋紧,复合性、累积性的资源环境生态问题日益突出。推动长江经济带绿色高质量发展既为我国绿色发展提供指导,又为国际大河流域绿色发展转型提供中国方案、为"一带一路"绿色发展贡献中国智慧、为世界绿色发展提供有益参考,充分彰显了其世界价值。

第一,为国际大河流域绿色发展转型提供中国方案。世界上的大河流域中,有部分流域开发较早,经历了从工业文明的传统发展方式转向生态文明的绿色发展方式的过程,如今已经发展较为成熟,形成了较为发达城市群和产业链,如莱茵河流域、密西西比河流域等。与此同时,这其中也有部分流域仍处在治理和发展都不充分的状态,如尼罗河、恒河等流域。深陷生态危机严重制约着这些流域的可持续发展,这些流域亟须科学的理论指导(张莹、潘家华,2020)。以绿色发展观促进长江经济带的优质发展,有利于走上生态优先和绿色发展的道路,促进不平衡的经济增长空间向均衡方向转化;形成互惠互利、协同发展的良好格局,缩小地区差距;有利于打破区域封锁和贸易壁垒,推进市场要素流动,提高资源配置效率,促进区域协调发展;有利于升级各城市产业结构,优化城镇空间格局;有利于依托长江经济带建设对外开放走廊,引入外来资金和技术,创造更多国际合作机会,提高竞争优势。推动长江经济带绿色高质量发展的要求中体现了中国作为一个大国的责任担当,其中的一些具体探索可以为这些国际流域绿色转型提供中国方案的参考。

第二,为"一带一路"沿线国家绿色发展贡献中国智慧。一带一路倡议是随着我国成为世界第一大贸易体,成为世界制造业产值第一的国家,成为世界金融大国和创新大国应运而生的。一带一路与长江经济带战略充分体现了创新发展、协调发展、开放发展、绿色发展、共享发展的理念(陈文玲,2016)。长江经济带战略地位显著,西向连接丝绸之路经济带,东向对接21世纪海上丝绸之路,贯通东西、融合交汇,既是"一带一路"在国内的主要交汇地带,更是"一带一路"经济战略的重要支柱。绿色发展是"一带一路"建设的内在需要,绿色"一带一路"建设承载着实现人类可持续发展目标的发展使命(任盈盈,2020)。依托长江经济带,加快国内市场整合不仅是打造新的增长极的重大举措,也是深入实施以"一带一路"为统领的对外开放战略的必然要求。"一带一路"沿线的自然环境相对脆弱,在环境保护、生态治理方面的工作力度有待加强。一方面,沿线国家和地区多为发展中国家,经济发展水平较低,处在发展工业化的上升期;另一方面,

"一带一路"沿线多为亚非国家,自然生态环境脆弱。要更好地共建"一带一路",就要解决好沿线国家和地区的生态治理问题。长江经济带战略与"一带一路"倡议的发展目标是契合的,绿色发展是共同选择。"一带一路"倡议的深入实施降低了国际贸易投资壁垒,这为我国利用市场、资本和技术优势整合国际产业与高端要素资源提供了机遇,由此带动国内经济实现更高水平的增长,并促进不同国家、不同地区居民福利的共同提高(陶永亮、赵婷,2018)。长江经济带高质量发展有利于"一带一路"沿线国家和地区分享长江经济带的绿色发展红利,有利于长江经济带绿色发展治理经验和智慧共享,帮助"一带一路"沿线国家和地区提高自身绿色发展能力和水平,推动人类命运共同体构建,共建清洁美好的绿色地球。

第三,为世界其他国家经济高质量发展提供有益参考。首先,长江经济带高质量发展,挖掘长江作为"黄金水道"的巨大潜能,能够促进区域经济协调、联动发展,进一步激发长江流域的经济活力,为中国经济转型升级提供新的动力和重要支撑。长江经济带实现高质量发展的四条路径:认识双循环新发展格局,优化资源配置促进高质量发展;理解双循环新发展格局,坚持生态优先引领高质量发展;融入双循环新发展格局,加强区域合作推动高质量发展(龙泽美、王超,2021);把握双循环新发展格局,提高科技创新驱动高质量发展,有助于其他国家借鉴经验。其次,推动长江经济带高质量发展,有利于形成统一开放竞争有序的现代市场体系,在更大空间整合优化配置资源,形成更大范围的区域经济一体化趋势,为经济发展提供新动力、新支撑带。再次,推动长江经济带高质量发展有利于缩小东中西部地区的发展差距,统筹区域经济协调发展,更好地实施城镇化战略。推进西部大开发,促进中部崛起,挖掘沿岸地区经济发展潜力,扩大内需,进一步拓展经济发展空间,从而构建东、中、西联动发展的经济增长新格局。最后,推动长江经济带高质量发展有利于全面推进对内对外开放,坚持"引进来"和"走出去"相结合战略,提高开放型经济水平,培育开放型经济发展新优势,形成开放新局面,为世界其他国家的绿色发展提供有益参考。

二、长江经济带绿色高质量发展的目标

2021年,是我国"十四五"规划的开局之年,"十四五"时期我国将进入新发展阶段。推动长江经济带发展是以习近平同志为核心的党中央作出的引领经济发展新常态、科学谋划中国经济新棋局的重大决策部署。我国明确提出,推进长江经济带发展、提升生态系统质量和稳定性,打造创新平台和新增长极。

首先,建设生态优先绿色发展示范带。以绿色作为长江经济带高质量发展的根本前提(成长春、何婷,2019)。习近平指出,"把长江经济带建成生态更优美、交通更顺畅、经济更协调、市场更统一、机制更科学的黄金经济带"①。生态价值是区域经济发展的最高价值取向。生态优先的实质是生态修复优先,系统修复长江经济带生态是实现其生态优先的重要战略举措。坚持从新发展理念中找源头活水,深入研究长江经济带绿色发展示范的功能、定位和路径,准确把握区域特征,积极发挥独特区位优势,用足用好资源禀赋。坚持共抓大保护、不搞大开发,坚持生态优先、绿色发展,坚持系统观念,勇当"生力军""突击队",奋力打造践行"绿水青山就是金山银山"理念新范例。习近平基于系统论思维,对于长江经济带生态修复进行分类,他指出,"要从生态系统整体性和长江流域系统性着眼",以全新的思维,"增强各项措施的关联性和耦合性"②,在整体推进过程中,流域中的各个区域之间需要不断沟通与探讨,最后确定基于当前经济技术条件下的阶段性解决方案(吴传清、黄磊,2017)。要实现长江经济带人与自然和谐共生,就要走生态优先、绿色发展之路,这是建设生态文明的内在要求。建设长江经济带建设人与自然和谐共生的绿色发展示范带,也就是建设生态优先绿色发展示范带,一个是目标,一个是途径,都是建设生态文明的基本内容。要把长江经济带作为实现"绿水青山就是金山银山"的试验田,从国家层面推动长江经济带率先探索生态优先、绿色发展路径,在长江经济带行之有效的绿色发展措施要根据实际需要逐步向其他流域和区域进行复制和推广。在生态优先的前提下,加强这一区域的绿色创新发展和绿色协调发展,推动绿色、创新、协调三者在长江经济带的融合发展、互促共进。一是在长江经济带绿色发展的重点领域里要提升创新和协调发展的水平;二是长江经济带在推动创新驱动和协调发展的过程中也要注重兼顾绿色发展和推动绿色发展。

其次,建成生态优先绿色发展主战场。推动长江经济带高质量发展,应在改善生态环境、促进转型发展、探索体制机制改革等方面着力,发挥区域协商合作机制作用,建立健全生态补偿与保护长效机制,强化共抓大保护的协同性(罗来军、文丰安,2018)。党的十八大以来,走遍长江经济带覆盖的 11 个省市,到各地考察调研期间,生态优先、绿色发展是习近平始终强调的重点。从 5 年前开始,总书记就明确强调,"当前和今后相当长一个时期,要把修复长江生态环境摆

---

① 习近平.让中华民族母亲河永葆生机活力[J].中国环境监察,2016(Z1):4.
② 习近平.在深入推动长江经济带发展座谈会上的讲话[J].社会主义论坛,2019(10):9.

在压倒性位置,共抓大保护,不搞大开发"①。"共抓大保护、不搞大开发"表明的是党和国家要求这一重要区域走生态优先、绿色发展道路的态度与决心。2020年11月,在第三次座谈会上,"使长江经济带成为我国生态优先绿色发展主战场、畅通国内国际双循环主动脉、引领经济高质量发展主力军"②。这些目标定位的选择并不是随意的,习近平在讲话中用"主战场""主动脉""主力军"字样,生动而且形象地突出了长江经济带在我国经济社会发展全局中的重要地位,长江经济带的重要地位决定了它必须主动发挥更大作用,换言之,"有位"还要"有为"。"主"在这里意为最重要的、最基本的,所谓"战场",本意为两军交战的地方,这里则引申为主攻区域、重点区域。生态优先绿色发展主战场,即建设生态文明、促进绿色发展的主攻区域、重点区域,也就是说,长江经济带要成为我国集中力量建设生态文明、促进绿色发展的重点区域,要在探索生态优先、绿色发展新路的过程中打好主动仗,把生态优先、绿色发展的要求充分贯彻落实到长江经济带发展的具体实践中。当前,我国已转向高质量发展阶段,新阶段意味着新使命、新要求和新任务,新阶段为长江经济带绿色发展赋予了新内涵,也为长江经济带绿色发展提供了新机遇。要彰显新内涵,要把握新机遇,要成为畅通国内国际双循环主动脉和引领经济高质量发展主力军,这一重要区域就要在推进上中下游协同联动发展、开放发展上下功夫,加快转变经济发展方式,建设现代化经济体系,使发展更有效率、更有效益、更可持续。必须划定生态红线,根据涵养水源、保持水土、防风固沙、调蓄洪水、保护生物多样性以及保持自然本底、保障生态系统完整和稳定性等要求划定红线。实行严格管理,严格环境准入制度,严格自然生态空间征(占)用管理,有效遏制生态系统退化的趋势,确保生态功能不降低、面积不减少、性质不改变。应当应依托自然本底、发展基础,按照沿江集聚发展、流域互动协作的思路,明确空间开发重点,发挥比较优势,促进要素优化配置,促进沿海沿江沿边内陆联动、人口产业城镇融合、生产生活生态协调,形成"一轴两翼、三群多点"(长江发展轴、沪蓉北翼、沪昆南翼,长三角、长江中游和成渝三大城市群)的空间开发格局。新发展格局和高质量发展包含着可持续发展的要求,长江经济带要跳出"环境库兹涅茨发展陷阱",必须坚持生态优先、绿色发展的原则和要求(肖金成、刘通,2017)。因而,长江经济带"主战场""主动脉""主力军"三者之间密切联系、相互关照、相辅相成,必须同步推进长江

① 习近平.在深入推动长江经济带发展座谈会上的讲话[J].社会主义论坛,2019(10):6.
② 新华社.习近平在全面推动长江经济带发展座谈会上强调贯彻落实党的十九届五中全会精神推动长江经济带高质量发展[J].思想政治工作研究,2020(12):8.

经济带生态保护修复和空间价值提升,更好地协同生态环境保护和经济发展,使绿色发展护航新发展格局构建和引领经济高质量发展。

最后,谱写生态优先绿色发展新篇章。随着实践的深入,现实情况出现新进展,认识不断发展,目标要求也会随之发生变动。建设生态优先绿色发展示范带、成为生态优先绿色发展主战场,体现的是习近平对长江经济带绿色发展要求的重申和强化,而"谱写生态优先绿色发展新篇章"①这一内容则更有超越的意味,凸显了习近平与时俱进对长江经济带绿色发展要求的深化。新篇章,指新的一页,新的开始。"谱写生态优先新篇章"这一表述充分肯定了长江经济带探索生态优先、绿色发展过程中所取得的成绩,是对"十四五"时期长江经济带生态优先、绿色发展提出的更高要求。党的十八大以来,在党中央、国务院的高位推动下,长江保护修复工作取得了积极进展。"十三五"时期对于长江经济带而言意义非凡,五年时间,在以习近平同志为核心的党中央的领导下,长江经济带刹住了"大开发",转向了"大保护",摒弃了"生产优先",转向了"生态优先",从传统发展到绿色发展,在有效推进生态环境整治方面,沿江省市地区勠力同心谋求全面绿色转型,成效显著②。习近平用"转折性变化"定位长江经济带生态环境保护,并指出长江经济带"实现了在发展中保护、在保护中发展",这表明长江经济带已经走上了生态优先、绿色发展道路,但并不意味着结束。生态优先、绿色发展是它最根本发展原则,必须一以贯之,推动生态优先、绿色发展是一个动态过程,没有完成时,只有进行时。谱写长江经济带新篇章,在全面建设社会主义现代化的新阶段,长江经济带要以"十三五"期间取得绿色发展成就为新起点,迈向生态优先绿色发展新征程,开辟新阶段生态优先绿色发展新局面。贯彻新发展理念,实现长江经济带生态优先绿色发展新目标(李海生,2021)。将绿色发展融入其他发展之中,促进长江经济带绿色协调发展、绿色开放发展、绿色创新发展和绿色共享发展,彰显新发展理念的时代伟力。强化长江生态环境协同治理具有重要意义,是贯彻落实习近平关于推动长江经济带发展系列重要讲话精神的重要举措,是推进长江生态环境治理体系和治理能力现代化的内在要求,是推动长江生态环境质量根本好转、建设美丽长江的必然选择。在实施创新驱动发展、区域协调发展、对外开放发展和人民共享发展的过程中,建设绿色生态、绿色经济、绿色文化、绿色制度和绿色社会,谱写长江经济带生态优先绿色发展新篇章。

---

① 新华社.习近平在全面推动长江经济带发展座谈会上强调贯彻落实党的十九届五中全会精神推动长江经济带高质量发展[J].思想政治工作研究,2020(12):8.

② 习近平.深入推动长江经济带发展座谈会上的讲话[J].社会主义论坛,2019(10):6.

第三节 习近平总书记关于长江经济带绿色高质量发展的重要讲话

一、习近平总书记推动长江经济带发展的重庆座谈会讲话

"十三五"（2016—2020）是全面建成小康社会、实现党确定的第一个百年奋斗目标的决胜阶段，对中华民族伟大复兴中国梦而言，也是谋求第二个一百年目标实现的关键五年。重庆是推进长江经济带生态优先绿色发展的着力点（胡婕，2021）。在这样的时代背景下，2016年1月初，习近平总书记赴长江上游重庆进行考察，这一次考察对于长江经济带而言，意义非比寻常。在重庆考察期间，习近平指出，长江是中华民族的母亲河，也是中华民族发展的重要支撑；推动长江经济带发展必须从中华民族长远利益考虑，把修复长江生态环境摆在压倒性位置，共抓大保护、不搞大开发，努力把长江经济带建设成为生态更优美、交通更顺畅、经济更协调、市场更统一、机制更科学的黄金经济带，探索出一条生态优先、绿色发展新路子①。2016年1月5日，习近平总书记的座谈会讲话正式开启了它发展的新阶段，即拉开了它绿色发展的序幕，为它实现绿色发展的转向奠定了重要基础。在重庆召开的推动长江经济带发展座谈会上，习近平主要围绕发展地位、发展成就、发展目标和发展要求等方面对长江经济带发展进行论述与部署。

第一，关于长江经济带的发展地位。长江经济带在我国发展全局中具有重要地位，是作为实现中国经济升级的强大动力，推动它的发展是国家一项重大区域发展战略（杨荫凯，2014）。一是长江经济带具有重要支撑作用。习近平指出，"长江是中华民族的母亲河，也是中华民族发展的重要支撑"②。长江哺育着中华民族，滋养着中华文明，对于中华民族的存续发展意义重大。二是长江经济带具有经济地位重要。"新中国成立以来特别是改革开放以来，长江流域经济社会迅猛发展，综合实力快速提升，是我国经济重心所在、活力所在"③。这里习近平尽管使用的是"长江流域"的概念，但实际上用以指代的应该是作为经济区域概

---

① 习近平.在深入推动长江经济带发展座谈会上的讲话[J].社会主义论坛，2019(10)：5.
② 习近平.在深入推动长江经济带发展座谈会上的讲话[J].社会主义论坛，2019(10)：5.
③ 习近平.让中华民族母亲河永葆生机活力[J].中国环境监察，2016(Z1)：4.

念的以长江经济带为主体的长江流域,而非单纯的地理概念。习近平认为长江流域是我国经济重心所在、活力所在,"重心"是指最为主要的点,用以表示突出地位。因而,在习近平看来,长江流域凭借几十年的发展,已经成为我国经济发展最为关键和突出的区域,并具有区域的辐射作用。三是长江经济带具有重要纽带作用。"长江流域以水为纽带,连接上下游、左右岸、干支流,形成经济社会大系统,今天仍然是连接丝绸之路的经济带和21世纪海上丝绸之路的重要纽带。"①长江串联起了长江经济带沿线省市,长江经济带以长江为纽带,其重要的纽带意义可见一斑。它与"一带一路"都是我国发展的重要战略,二者有众多的交汇点。在此基础上,通过建设长江经济带的开放合作走廊,有利于加强长江经济带与"一带一路"的融合。

第二,关于长江经济带的发展成效。2013年7月,在考察湖北时,习近平总书记从加强流域地区合作,打造长江"黄金水道"等方面对长江流域发展提出新要求,长江流域发展引起中央高度重视。李克强在2014年的政府工作报告中把长江经济带明确定位为国家战略。习近平指出,"这一战略提出以来,推动长江经济带发展领导小组、国务院有关部门和沿江省市做了大量工作,在整治航道、利用水资源、控制和治理沿江污染、推动通关和检验检疫一体化等方面取得积极成效,一批重大工程建设顺利推进"②。这一论述,是习近平总书记对长江经济带发展成效的积极肯定。中共中央于2014年成立推动长江经济带发展领导小组,专事统一指导和统筹协调战略实施、重大事项、督促检查重要工作的落实情况等,长江经济带九省二市则是自2015年起分别成立推动长江经济带发展领导小组。从中央到地方,有关组织部门为推动长江经济带发展投入精力,做了大量工作。一是整治航道。"十二五"期间,长江航道整治建设密集交工开工,不仅在项目数量和投入资金上创了历史新高,在整治建设的理念方面,也实现了单滩整治到系统整治的历史性突破,长江中游荆江河段航道整治工程是历史上国家在长江中游投资最大的航道整治建设项目。二是利用水资源。长江委水资源节约与保护局、长江流域水资源保护局逐步完善流域水资源保护的体制机制,为流域水资源保护提供了良好的工作基础和能力支撑,长江流域水环境状况有所改善。三是控制和治理沿江污染。"十四五"时期,要以构建现代化经济体系为突破口,打造互联互通共建共享的现代物流体系,强化上中下流域生态环境共保联治,构建多层次宽领域一体化新格局为重点,持续深化推进长江经济带高质量发

①　习近平.让中华民族母亲河永葆生机活力[J].中国环境监察,2016(Z1):4.
②　习近平.让中华民族母亲河永葆生机活力[J].中国环境监察,2016(Z1):4.

展(张静晓,2020)。流域内已联合环保部门建立了长江中下游水污染防治和水资源保护工作机制,对国家水土保护重点工程强化督察。四是推动通关和检验检疫一体化。2015年3月,国家质检总局研究制定了《长江经济带检验检疫一体化建设方案》,促进相关业务协调推进,加快推动长江经济带发展。

第三,关于长江经济带的发展目标。作为一个大系统,这一区域涉及多个层次和领域,因此,推动长江经济带发展的目标与定位是多层次、多方面的(杨荫凯,2014)。一是强调要以提升水运能力为基础,统筹推进水运、铁路、公路、航空、油气管网集疏运体系建设,打造网络化、标准化、智能化的综合立体交通走廊,切实提高对经济腹地的辐射带动能力。二是强调要以改革开放为动力,重点推进重点领域的体制机制创新,更好发挥市场对资源配置的决定性作用。三是强调要以生态安全为保障,按照科学发展的要求,处理好发展和保护的关系,避免产业转移带来污染,加强生态系统修复和综合治理,确保一江清水延绵后世、永续利用,走出一条绿色生态的新路。习近平总书记的重要讲话为长江经济带发展指明了方向,有助于推动经济与生态、干流与支流以及上中下流之间的协调发展,必将推进全流域形成更加紧密的有机整体,使长江经济带协调发展水平上一个新的台阶,并为全国区域经济协调发展提供示范。一是建成"黄金经济带"。习近平强调,要"把长江经济带建成生态更优美、交通更顺畅、经济更协调、市场更统一、机制更科学的黄金经济带"。习近平从长江经济带的生态、交通、经济、市场和机制等方面为长江经济带发展具体定标,要以实现生态效益、经济效益及社会效益相协调为目标,坚持发挥自身优势,提升绿色发展水平;紧盯工作短板,筑牢绿色本底;发挥政府主导作用,完善环境治理体系;健全区域协调机制,为长江经济带由传统资源消耗型发展模式向高质量绿色产业发展转型创造一个重要范本,拓展绿色示范效应。二是建成"三带"。习近平提出,"把长江经济带建设成为我国生态文明建设的先行示范带、创新驱动带、协调发展带"[①],这是我国的重要战略目标。习近平将绿色发展、创新发展和协调发展等新理念融入长江经济带发展目标,从其表述顺序来看,生态文明建设先行示范带被置于首要位置,凸显了长江经济带生态优先、绿色发展的战略定位,创新驱动带、协调发展带则是我国实施创新驱动发展战略和区域协调发展战略在推动长江经济带发展中的体现,"三带"的目标定位旨在引导长江经济带全面提高区域发展质量。

第四,关于长江经济带的发展要求。在对长江经济带发展地位、成效、目标论述的基础上,习近平从以下几方面提出了要求。一是生态优先、绿色发展。当

---

① 习近平.让中华民族母亲河永葆生机活力[J].中国环境监察,2016(Z1):4.

前长江流域沿岸的涉危涉重企业数量多,且布局没有体现科学性与合理性,污染严重,导致长江流域的生态问题越来越突出(刘思利,2016)。面对这样的情形,2016年1月习近平总书记给长江的未来发展定了调"将长江的生态环境保护居于压倒性的战略地位"①。就如何推动长江经济带发展,在众多发展要求中,生态优先、绿色发展是最为瞩目的一个,习近平明确强调:"推动长江经济带发展必须坚持生态优先、绿色发展的战略定位"②,"要把修复长江生态环境摆在压倒性位置,共抓大保护,不搞大开发"③。这一根本要求也由此成为推动长江经济带发展的鲜明标识和必选项,也就是说,长江经济带的发展必须是"绿色"的。二是区域协调发展。坚持区域协调发展是推动长江经济带发展的基本要求,它作为一个区域发展战略,协调发展是其应有之义(金凤君、张海荣,2017)。因而,习近平指出,在长江经济带的区域内部,"要增强系统思维,统筹各地改革发展、各项区际政策、各领域建设、各种资源要素,使沿江各省市协同作用更明显,促进长江经济带实现上中下游协同发展、东中西部互动合作"。除此之外,习近平还要求优化长江经济带城市群,依托城市群带动长江经济带发展。三是强化体制机制。④"推动长江经济带发展必须建立统筹协调、规划引领、市场运作的领导体制和工作机制。"推动长江经济带发展的领导体制和工作机制是习近平重点关注和提及的,他认为,只有形成科学有效的领导体制和工作机制,才能破除推动长江经济带发展的体制机制障碍,提高战略实施效率。四是统一思想认识。习近平指出,"沿江省市和国家相关部门要在思想认识上形成一条心,在实际行动中形成一盘棋"⑤。在思想认识上达到统一,形成思想共识,才能凝聚起中央与地方以及地方与地方推动长江经济带发展的智慧与力量,充分发挥各省市地区和各职能部门的合力。

二、习近平总书记深入推动长江经济带发展的武汉座谈会讲话

2018年4月24日至25日,为了开好深入推动长江经济带发展座谈会,习近平总书记聚焦生态环保领域,先后深入湖北、湖南等地,了解这一战略实施情况。他主要考察了化工企业搬迁、非法码头整治、江水污染治理、湿地修复等情

---

① 习近平.让中华民族母亲河永葆生机活力[J].中国环境监察,2016(Z1):4.
② 习近平.让中华民族母亲河永葆生机活力[J].中国环境监察,2016(Z1):4.
③ 习近平.让中华民族母亲河永葆生机活力[J].中国环境监察,2016(Z1):4.
④ 习近平.让中华民族母亲河永葆生机活力[J].中国环境监察,2016(Z1):4.
⑤ 习近平.让中华民族母亲河永葆生机活力[J].中国环境监察,2016(Z1):4.

况。在考察期间,习近平指出:"修复长江生态环境,是新时代赋予我们的艰巨任务,也是人民群众的热切期盼……绝不容许长江生态环境在我们这一代人手上继续恶化下去,一定要给子孙后代留下一条清洁美丽的万里长江!"①保护好母亲河,要有责无旁贷的历史使命感和责任感。4月26日,在第二次推动长江经济带发展座谈会上,习近平总书记听取有关省市和国务院有关部门对推动长江经济带发展的意见和建议并发表重要讲话。习近平对长江经济带绿色发展的基本内涵进行了明确阐释,提出了处理长江经济带发展问题需要正确把握的五个基本关系,标志着这一重要论述迈向更深入的发展时期。在这次座谈会讲话中,针对长江经济带发展问题,习近平的论述主要包括地位与意义、困难与挑战、任务与要求等方面内容。

第一,关于推动长江经济带发展的地位与意义。"推动长江经济带发展是党中央作出的重大决策,是关系国家发展全局的重大战略,对实现'两个一百年'奋斗目标、实现中华民族伟大复兴的中国梦具有重要意义"②。无论是从我国发展空间上来说,还是就我国发展时间而言,无论是横向看还是纵向看,推动长江经济带发展都具有举足轻重的地位。武汉作为长江经济带中承东启西的重要枢纽,如何抢抓长江经济带难得的历史机遇,对于湖北省经济发展具有极其重要的意义。一是关系国家发展全局的重大战略(龚晓菊等,2015)。这是由它的地理区位所决定的。长江经济带横跨中东西,位于南北分界线,扼制中国中枢,包含了九大国家中心城市的四座(上海、武汉、重庆、成都),拥有长三角、长江中游和成渝三大国家级增长极,是中国总量最大、腹地最广阔的经济区,也是全球最大的经济区。长江经济带不仅经济总量最大,而且综合禀赋优越,是引领带动中国整体发展的不二之选。因而,进行每一步部署与谋划,习近平始终将长江经济带置于全国发展的坐标上加以考量。二是对实现中华民族伟大复兴意义重大。"在世界经济布局上,长江经济带是世界在发展历程中出现的第六大经济带"③,从历史经验来看,长江经济带之前的五大经济带都对其所属地区与国家的发展与复兴产生了重要影响。实现中华民族伟大复兴的中国梦是一个集细流成江海的过程,而在这个过程中,长江经济带是一支重要力量,从生态、经济、政治、文化和社会各个层面体量来看,都蕴含着涌动江海的磅礴浪潮。因此,对长江经济带

---

① 人民网.绿色发展,构筑长江上游生态屏障(新气象 新作为)[EB/OL].(2022-06-09)[2023-06-13].https://baijiahao.com/s? id=1735115765897360010.

② 习近平.在深入推动长江经济带发展座谈会上的讲话[J].社会主义论坛,2019(10):5.

③ 丁元竹.把长江经济带建成实现中华民族复兴的支点[J].开放导报,2014(5):44-47.

进行重要布局,推动其发展,必将为实现中华民族伟大复兴的中国梦提供有力支撑。

第二,关于推动长江经济带发展的困难与挑战。长江经济带面临问题的关键解决途径是实现区域间的协调治理,而区域协调治理的核心在于体制机制的改革与创新(段学军等,2015)。习近平在深入实地进行考察调研的基础上,对长江经济带发展形势从正反两个方面进行全面把握,并且着重分析了其发展现实问题。一是对长江经济带发展战略仍存在一些片面认识。部分领导干部思想认识不全面、不深入。没有辩证看待经济发展和生态环境保护的关系,对共抓大保护重要性认识不足。总体在抓生态环境保护上主动性不足、创造性不够。二是生态环境形势依然严峻。改革开放以来,长江流域特别是长三角地区是我国经济快速发展的地区之一,建设用地加速扩张,人口与工业迅速集聚,对生态环境的压力日益增大。流域生态功能退化依然严重,沿江产业发展惯性较大,污染物排放基数大,长江岸线、港口乱占滥用、占而不用、多占少用、粗放利用的问题仍然突出,流域环境风险隐患突出等。三是生态环境协同保护体制机制亟待建立健全。统分结合、整体联动的工作机制尚不健全,生态环境保护制度尚不完善,市场化、多元化的生态补偿机制建设进展缓慢,生态环境硬约束机制尚未建立。生态环境协同治理较弱,难以有效适应全流域完整性管理的要求。四是流域发展不平衡不协调问题突出。长江经济带横跨我国东中西部,地区发展条件差异大,基础设施、公共服务和人民生活水平的差距较大。区域合作虚多实少,城市群缺乏协同,带动力不足。五是有关方面主观能动性有待提高。地方投资力度和积极性欠缺,政策性金融机构和开发性金融机构的支持力度都不够,企业和社会资本参与度不高。干部队伍配备不足,宣传教育不到位,人才培养和交流力度也不足。

第三,关于推动长江经济带发展的任务与要求。针对长江经济带水生态文明建设现状,总体上应做好顶层设计、融入五大新发展理念(吴萍,2017)。同时,从五个方面加强分维度文明建设。一是共享长江水资源,落实以人为本;二是协调长江经济带水资源配置;三是保护水环境,建设绿色生态走廊;四是创新构建水生态文明的管理制度体系;五是贯穿水生态文明,开放带内外。加大推动长江经济带发展的工作力度,正确把握"五个关系"。一是正确把握整体推进和重点突破的关系。这是基于流域系统的视角而提出的。推动长江经济带生态环境保护与修复必须整体推进和重点突破,解决谋一域多而谋全局少、被动重点突破多而主动整体推进少的问题,强调系统治理,要求"从生态系统整体性和长江流域系统性着眼，统筹山水林田湖草等生态要素……增强各项措施的关联性和耦合性"①。二是正确把握生态环境保护和经济发展的关系。也就是要处理好绿水青山和金山银山之间的关系，主要针对的是将生态环境与经济发展割裂对立起来或是偏废一方的问题，强调推动长江经济带探索生态优先、绿色发展之路，要求坚持在发展中保护、在保护中发展，实现经济社会发展与人口、资源、环境相协调。三是正确把握总体谋划和久久为功的关系。要充分认识到，推动长江经济带发展，不会一蹴而就。科学的总体谋划是长江经济带推动绿色发展的行动指南。四是正确把握破除旧动能和培育新动能。只有推动新旧动能转换，才能进一步打开推动长江经济带发展的新空间。五是正确把握自我发展和协同发展的关系。主要针对长江经济带发展中的条块分割、产业同构、低效竞争等问题，对于推动我国区域协调发展来说，长江经济带非常重要。正确把握"五个关系"是推动长江经济带发展的关键。

三、习近平总书记全面推动长江经济带发展的南京座谈会讲话

"十三五"已收官，"十四五"已到来。自 2016 年以来，五年时间，围绕长江经济带发展，习近平总书记分别在上中下游三次主持召开座谈会并发表重要讲话，使生态优先、绿色发展成为长江经济带发展首要原则、战略定位，并日益成为沿线共识。2020 年 10 月，党的十九届五中全会审议通过了"十四五"规划和 2035年远景目标的建议，提及长江经济带发展，要打造新增长极。2020 年 11 月，习近平总书记再次对长江经济带进行战略部署，考察调研了长江和运河岸线、水利枢纽等，并在江苏南京主持召开了第三次座谈会。在考察调研期间，习近平总书记强调："要全面把握新发展阶段的新任务新要求，坚定不移贯彻新发展理念、构建新发展格局……把保护生态环境摆在更加突出的位置，推动经济社会高质量发展、可持续发展"②。2020 年 11 月 14 日，在长江下游重镇南京，习近平总书记第三度主持召开了针对这一区域的座谈会，听取有关省市和国务院有关部门对推动长江经济带发展的发言并发表重要讲话。在这次座谈会上，立足于我国经济社会发展的现实需要和长江经济带发展的具体实际，习近平总书记对新阶段这一区域发展作出重要部署，主要从发展成效、发展地位与作用、发展目标与要

---

① 习近平在深入推动长江经济带发展座谈会上的讲话[N].人民日报，2018-6-16.

② 新华网.习近平在江苏考察时强调贯彻新发展理念构建新发展格局推动经济社会高质量发展可持续发展[EB/OL].（2020-11-14）[2023-11-14].http://pditics.people.com.cn/n1/2020/1114/c1024-31931122.html.

求等方面进行论述与部署。

第一，关于推动长江经济带发展的总体成效。关于长江经济带发展的新要求提出以来，在进行生态环境整治方面，沿江省市下了大力气，在促进经济社会全面转型上形成了前所未有的工作局面，长江经济带生态环境保护与经济社会发展实现双赢，努力克服了新冠疫情、重大洪涝灾害所带来的不利影响，保持了总体平稳的发展态势。长江经济带始终坚持将生态文明建设作为区域发展的主基调，通过推进和落实具体措施，区域生态环境持续改善，出现了稳中向好的态势，在生态文明建设和环境保护的许多重要领域取得了显著成效。习近平指出："五年来，在党中央坚强领导下，沿江省市推进生态环境整治，促进经济社会发展全面绿色转型，力度之大、规模之广、影响之深，前所未有，长江经济带生态环境保护发生了转折性变化，经济社会发展取得历史性成就"[①]。五年以来，在全流域的共同努力下，长江经济带发展的面貌焕然一新。一是生态文明制度建设顶层设计逐渐清晰，区域生态环境得到改善。长江是长江经济带基底，长江的生态状况如何直接关系沿江的生产生活状况，长江经济带生态环境保护又直接影响长江的生态状况。在中央有关部门与沿线省市地区的共同努力之下，生态优先、绿色发展理念逐步成为沿江省市的共识，日益深入人心。绿色转型和发展是破解长江经济带资源约束的关键所在（黄娟，2018）。长江流域水质发生显著变化，2020 年首次实现劣Ⅴ类水体"清零"，干流首次全部实现Ⅱ类及以上水质；长江岸线、非法码头等整治全面推进；"十年禁渔"全面实施，初步遏制了生物多样性退化趋势等。二是经济社会发展取得历史性成就。长江经济带经济总量占全国的比重从 2015 年的 42.3%，到 2020 年前三季度，提升至全国的 46.6%；综合运输大通道加速形成，黄金水道功能也持续提升；长江经济带与"一带一路"建设融合程度更高；绿色发展试点示范走在全国前列；长江经济带发展的各项体制机制不断完善。纵观五年长江经济带发展实践与成就，长江经济带生态环境保护形势向好转变，与此同时，经济社会的发展效益和人民生活水平都在显著提高，这是兼顾了发展与保护的结果。三是生态文明制度创新先行先试取得突破。如江西和贵州是全国首批国家生态文明试验区，针对 38 项制度开展了创新实验。在全国首批 57 个生态文明示范区建设地区中也有 20 个地区位于长江经济带（王佳宁、罗重谱，2017）。此外，长江经济带地区还积极探索各项有利于促进生态文明建设的市场机制，如浙江和四川是用能权有偿使用和交易制度试点地区；

---

① 新华社.习近平在全面推动长江经济带发展座谈会上强调贯彻落实党的十九届五中全会精神推动长江经济带高质量发展[J].思想政治工作研究，2020(12)：8.

湖北则是全国7个碳市场机制试点省(市)之一。

第二，关于推动长江经济带发展的重要地位与作用。"十四五"时期，我国进入了新发展阶段，要贯彻新发展理念，构建新发展格局。这是全面推动长江经济带发展座谈会召开的重要背景，基于这样的背景习近平再次强调推动长江经济带在我国发展全局中的地位与作用。南京是辐射18地市的经济区域中心城市(赵小飞，1994)。南京在沿江经济区域和开发、开放的格局中，具有独特的不可多得的区位优势。从城市的功能与规模上来看，南京目前是长江三角洲仅次于上海的特大城市和国际性大商埠，城市综合实力居我国50强的第5位；国土资源环境优势名列全国一类大城市第6位；同时是全国城市投资硬环境40优之一。综合起来看，南京的科技优势、文教优势和经济优势是构成和体现南京的城市综合实力的三大支撑条件。南京应该充分地利用和发挥这些优势，进一步加快改革开放和经济建设的步伐，通过建设国际化大都市目标的实施和强化中心城市的功能作用，使南京的城市综合实力得以有效巩固与扩张。南京具有的濒江近海、承东启西、区域经济中心，综合实力前5强和综合配套改革试点城市等优越条件，应在"长江战略"中发挥更大的作用。一是推动长江经济带发展具有重要战略地位。长江经济带的重要地位是由多方面因素决定的，在地理空间上，它横跨我国东中西三大板块；在人口规模和经济总量上，它占据了我国人口和经济体量的"半壁江山"；在发展禀赋上，它"生态地位突出，发展潜力巨大"等。二是要求发挥长江经济带的应有作用。习近平认为，长江经济带"应该在践行新发展理念、构建新发展格局、推动高质量发展中发挥重要作用"①。长江经济带以全国1/5的土地面积，贡献了全国2/5以上的经济总量。在构建新发展格局中，长江经济带既有得天独厚的优势，也担负着责无旁贷的使命。

第三，关于推动长江经济带发展的主要目标与任务。"十四五"时期将是长江经济带生态环境保护和实现绿色发展的攻坚期。习近平在这次座谈会讲话中，提出新的时代条件下从不同层面推动长江经济带发展的定位与目标，拓展了长江经济带发展的主要任务与要求。针对生态文明建设当前面临的主要挑战与潜在风险点精准发力，通过完善制度体系去解决难点，以保持推进生态文明建设的战略定力去平衡刺激经济复苏与保护生态环境之间的关系，将生态文明建设全方位、全过程地融入长江经济带的经济、政治、社会和文化建设过程中(张惠远等，2017)。一是三"主"的定位与目标。习近平强调，"使长江经济带成为我国生

① 新华社.习近平在全面推动长江经济带发展座谈会上强调贯彻落实党的十九届五中全会精神推动长江经济带高质量发展[J].思想政治工作研究，2020(12):9.

态优先绿色发展主战场、畅通国内国际双循环主动脉、引领经济高质量发展主力军"①。其中,"主战场""主动脉""主力军"都具有各自明确的指向:"主战场"是从绿色发展层面对长江经济带的重要定位,作为"母亲河"长江在中国的生态地位不言而喻,加强长江经济带生态环境保护要集中火力且一刻也不能放松;"主动脉"是从开放发展、协调发展、共享发展的层面对长江经济带的重要定位,推动长江经济带区域一体化发展,推动在产业、交通、城乡联通与协同,为新发展格局提供重要支撑;"主力军"是从创新发展层面对长江经济带确立的重要目标,要求长江经济带要融入国家高质量发展大局,拓宽高质量发展路径,提升高质量发展能力,引领全国的高质量发展。二是五"新"的任务与要求。习近平提出:"谱写生态优先绿色发展新篇章,打造区域协调发展新样板,构筑高水平对外开放新高地,塑造创新驱动发展新优势,绘就山水人城和谐相融新画卷。"②五"新"的任务与要求大体上可以对应新发展理念绿色、协调、开放、创新、共享的五个方面。绿色被置于首位,这也与长江经济带生态优先、绿色发展要求相一致,五"新"是以贯彻落实新发展理念为目标导向的重要体现,体现了、回应了国家发展大局与长江经济带自身发展的战略要求与目标要求。此外,在这次讲话中,习近平还从协调、民生、产业和文化等方面为全面推动长江经济带发展提出了具体任务要求(马勇、朱建庄,2018)。要求继续推动产业实现创新型绿色转型升级、严格执行"三线一单"保护体系、着力解决危害公众健康的污染问题、积极实现以重点工程促进生态环境量质双升、完善升级自然灾害预警和应对机制、支持探索生态资产核查与监控平台建设以及全面开展生态文明文化活动等。

① 新华社.习近平在全面推动长江经济带发展座谈会上强调贯彻落实党的十九届五中全会精神推动长江经济带高质量发展[J].思想政治工作研究,2020(12):8.
② 习近平在全面推动长江经济带发展座谈会上强调贯彻落实党的十九届五中全会精神推动长江经济带高质量发展[N].人民日报,2020-11-16.

第三篇
新发展行为：长江经济带城市绿色转型的要素结构、能力短板、障碍要素及影响效率

第五章　碳中和目标下城市绿色转型的要素解构与系统重建

深入解析城市绿色转型的要素构成与层级结构是城市绿色转型能力评价的前提和基础。碳中和将对城市发展范式进行重新定义和塑造,给城市绿色转型的内涵、目标、路径等方面添加了新的特征,使得已有的城市绿色转型研究需进一步梳理深化。本章从城市绿色转型利益相关者即转型主体、城市绿色转型结构等层面,对城市绿色转型影响要素进行识别和筛选,并在此基础上进行城市绿色转型的层次系统重建。

第一节　城市绿色转型的影响要素解构

一、理论体系构建

准确而又完整揭示并确定可能影响碳中和目标下城市绿色转型的要素是构建科学影响要素体系的前提和保障。碳中和目标的实现及全面绿色转型的推进是巨大的复杂系统工程,涉及经济、环境、社会等多个领域,需要众多主体的通力协作及良性互动。因此,为保证研究科学性,本书基于现有文献及专家咨询访谈,从城市绿色转型的利益相关者即转型主体角度进行影响要素体系构建,并将利益相关者归纳为 4 类即政府部门、主要产业、相关企业及城市居民,最终系统整理得到表 5-1 中 4 大类 33 小类的影响备选集。

表 5-1　碳中和目标下城市绿色转型关键影响要素备选集及识别表

	转型主体	初始要素	编码	影响要素评语集				关联评价值	识别关键要素
				攸关（0.9）	很重要（0.6）	重要（0.4）	一般（0.1）		
碳中和目标下城市绿色转型影响要素	政府部门	政府主导发展观	a_1	6	2	1	1	0.71	
		部门协调机制	a_2	5	1	3	1	0.64	
		绿色资源配置	a_3	8	2	0	0	0.84	S_1
		基础设施建设	a_4	6	4	0	0	0.78	S_2
		环境规制力度	a_5	6	3	1	0	0.76	S_3
		碳权交易机制	a_6	4	3	3	0	0.66	
		生态立法程度	a_7	2	2	4	2	0.48	
		环境治理效果	a_8	7	3	0	0	0.81	S_4
		财政支出低碳结构	a_9	5	5	0	0	0.75	S_5
	主要产业	产业投资意愿	b_1	3	3	2	2	0.55	
		转型基础支撑	b_2	8	2	0	0	0.84	S_6
		绿色金融支持	b_3	6	1	2	1	0.69	
		绿色技术创新	b_4	6	3	1	0	0.76	S_7
		政府奖惩力度	b_5	5	2	2	1	0.66	
		产业结构分布	b_6	6	3	1	0	0.76	S_8
		资源消耗节控	b_7	7	2	1	0	0.79	S_9
		减排政策效应	b_8	4	4	2	0	0.68	
	相关企业	企业低碳伦理	c_1	5	2	2	1	0.66	
		工业污染排放	c_2	6	2	2	0	0.74	S_{10}
		绿色创新合作意愿	c_3	4	4	2	0	0.68	
		数字经济水平	c_4	6	2	1	1	0.71	S_{11}
		绿色需求潜力	c_5	6	3	1	0	0.76	S_{12}
		可支配资源	c_6	4	4	1	1	0.65	
		企业盈利能力	c_7	5	3	2	0	0.71	S_{13}
		最终期望收益	c_8	3	2	4	1	0.56	
		高管环保经历	c_9	1	2	3	4	0.37	
		政策宣传引导	c_{10}	5	2	2	1	0.66	
	城市居民	公众文明素养	d_1	6	2	1	1	0.71	S_{14}
		绿色生活基础	d_2	6	2	2	0	0.74	S_{15}
		社会和谐保障	d_3	4	5	1	0	0.70	S_{16}
		绿色产品购买力	d_4	5	3	2	0	0.71	S_{17}
		转型认知态度	d_5	4	3	3	0	0.66	
		绿色信息传播度	d_6	4	4	1	1	0.65	

（1）政府部门是城市经济增长方式转变的主导力量，对绿色转型起着引导作用，对政策执行效果则负有绿色监管责任。在碳中和目标下，对政府部门而言，城市绿色转型是效果慢、投入大的长期工程，因而需要各部门共同参与、精准施策，其发展观与部门协调机制决定了政府部门推进绿色转型的积极性与有效性，而基础设施建设、资源要素配置、财政投入支持能够在短期内加速城市绿色转型进程（张瑾华、陈强远，2021）。环境规制、生态立法是政府进行绿色监管的常用工具，碳权交易机制是推进碳中和目标实现的重要举措，环境治理效果则在一定程度上体现了城市转型的绿色成效及推进程度。

（2）产业作为城市转型的核心推力，是城市绿色转型的重要战略，主导产业的定位与安排是实现城市绿色转型的关键环节。碳排放主要来自第二产业，碳中和目标使得产业需向高端化、节能化、绿色化发展，因而产业结构的调整是城市绿色转型及碳中和目标实现的关键环节，转型基础支撑、绿色金融支持及投资意愿是产业低碳转型的基础，绿色技术创新则是实现碳中和目标的根本途径（刘满平，2021），并为产业推进城市绿色转型提供动力，而政府奖惩力度及减排政策驱动则决定了产业推进城市绿色转型及进行资源节控的积极性。

（3）企业作为城市绿色转型的基础力量以及政府政策的践行者，企业的转型和可持续发展不仅关系到自身存亡，也关系到城市的转型效率和发展质量。碳中和目标下城市绿色转型需要企业进行绿色经营（李煜华、袁亚雯，2021），企业生态伦理及高管环保经历是企业进行绿色经营的关键驱动力，绿色需求潜力、可支配资源及数字经济水平是企业绿色经营进而推进城市绿色转型的基础，工业污染排放、企业盈利能力及最终期望收益体现了企业绿色经营的效果，绿色创新合作意愿以及相关政策宣传引导则影响企业绿色产品生产及合作的积极性。

（4）城市居民是城市绿色转型的核心力量，践行绿色生活方式、倡导绿色消费是城市全面绿色转型的重要引擎（曾伟，2020）。城市居民在饮食、出行、消费等方面进行生活方式转变是实现碳中和目标的重要内容，而转变的关键在于教育和宣传（张永生，2021）。公众文明素养、转型认知态度以及绿色信息传播程度是城市居民推进城市绿色转型的基础，居民收入、职工工资等绿色生活的基础及社会和谐保障则是城市居民践行绿色健康生活方式的关键因素，绿色产品购买力体现了城市居民对绿色产品的消费需求，对推动企业及产业进行绿色生产具有强大驱动作用。

二、关键要素识别与筛选

由于备选集内的指标存在信息重复、可操作性差等问题，因此，需进一步识别和筛选影响要素。本书主要采用相关性评判法分析影响要素指标的信息重复问题。相关性评判法适用于各种不确定性问题的研究，其在专家咨询意见和反馈的基础上，根据隶属度原则，可对定性判断问题进行量化研究，从而对受多种要素影响的系统进行整体评判（冯学钢、周成，2016）。具体步骤如下：

（1）建立评价对象的分析维度，对影响要素备选集进行初步编码和归类。

（2）根据系统工程原理，确定关联性评语集：

$$X=\{X_1,X_2,X_3,X_4\}=\{攸关，很重要，重要，一般\}=\{0.9,0.6,0.4,0.1\} \tag{5-1}$$

（3）在 4 位政府相关工作人员、3 位企业管理人员及 3 位绿色转型研究学者循环评估的基础上，汇总各个评语集的选定人数，并依据结果确定城市绿色转型影响要素的关联矩阵 R。

$$R=\begin{bmatrix} R_1 \\ R_2 \\ \vdots \\ R_{33} \end{bmatrix}=\begin{bmatrix} r_{11} & r_{12} & r_{13} & r_{14} \\ r_{21} & r_{22} & r_{23} & r_{24} \\ \cdots & \cdots & \cdots & \cdots \\ r_{331} & r_{332} & r_{333} & r_{334} \end{bmatrix} \tag{5-2}$$

其中 $r_{ij}=d_{ij}/d_n$，d_{ij} 为第 i 个因素选择 j 评价值的人数；d_n 为评估人数，本书 $n=33$，$d_n=10$。

（4）计算得到备选影响要素的关联值，进而确定关联阈值以筛选影响要素。

$$Y=RX^T=(y_1,y_2,\cdots,y_{33})^T \tag{5-3}$$

根据专家打分情况，将关联阈值设置为 $y_i=0.7$（翁异静，2015），剔除小于 0.7 的备选要素，最终得到 17 个碳中和目标下城市绿色转型关键影响因子，即构成城市绿色转型的关键影响要素集合，如表 5-1 所示。

第二节　城市绿色转型要素多级递阶结构系统重建

一、基于 DEMATEL-ISM 法的关键要素层次解析

决策实验室分析法（Decision-making Trial and Evaluation Laboratory，DEMATEL 法）充分利用专家经验和知识对复杂系统内的因素进行识别和分析（赵希男、肖彤，2021）。其主要通过矩阵计算及图论，结合专家经验和知识建立

关系矩阵,探索复杂系统内部各个要素间的因果关系,并对其重要程度进行排序(李旭辉、孙燕,2019)。为进一步研究各个要素间的层级关系,明确城市绿色转型关键要素间的层级结构和逻辑,将 DEMATEL 方法与解释结构模型进行结合,利用可达矩阵及 ISM 方法构建出相应的多级递阶结构模型,从而对各要素之间的层次关系进行分析,明确各影响要素在系统中的地位(Gabus A,1973)。具体步骤如下:

(1)确定关键影响要素间的关系,并建立直接影响矩阵。将各关键影响要素的影响强度分为 4 级并赋值:没有影响赋值 0、弱影响赋值 1、一般影响赋值 2、强影响赋值 3;请上述专家对关键影响要素进行两两相关性评估,并依据少数服从多数原则最终确定 17 个关键影响要素的从而获得关键影响要素间的直接影响矩阵 B。

$$
B = \begin{array}{c}
\begin{array}{ccccccccccccccccc} S_1 & S_2 & S_3 & S_4 & S_5 & S_6 & S_7 & S_8 & S_9 & S_{10} & S_{11} & S_{12} & S_{13} & S_{14} & S_{15} & S_{16} & S_{17} \end{array} \\
\begin{array}{c} S_1 \\ S_2 \\ S_3 \\ S_4 \\ S_5 \\ S_6 \\ S_7 \\ S_8 \\ S_9 \\ S_{10} \\ S_{11} \\ S_{12} \\ S_{13} \\ S_{14} \\ S_{15} \\ S_{16} \\ S_{17} \end{array}
\left[
\begin{array}{ccccccccccccccccc}
0 & 2 & 1 & 2 & 2 & 2 & 1 & 0 & 2 & 1 & 0 & 1 & 0 & 0 & 2 & 2 & 3 \\
2 & 0 & 0 & 2 & 2 & 2 & 1 & 1 & 2 & 3 & 1 & 0 & 0 & 1 & 0 & 1 & 2 \\
0 & 1 & 0 & 3 & 2 & 0 & 3 & 2 & 2 & 2 & 0 & 1 & 2 & 0 & 1 & 0 & 1 \\
2 & 1 & 3 & 0 & 3 & 1 & 3 & 1 & 1 & 3 & 0 & 2 & 2 & 1 & 1 & 0 & 2 \\
1 & 2 & 1 & 2 & 0 & 1 & 2 & 2 & 1 & 2 & 0 & 1 & 0 & 1 & 0 & 1 & 2 \\
1 & 3 & 1 & 2 & 2 & 0 & 3 & 3 & 1 & 2 & 1 & 2 & 1 & 0 & 2 & 2 & 1 \\
0 & 2 & 3 & 3 & 3 & 1 & 0 & 2 & 3 & 2 & 1 & 2 & 1 & 2 & 0 & 0 & 0 \\
0 & 1 & 3 & 2 & 1 & 2 & 1 & 0 & 2 & 2 & 1 & 2 & 3 & 1 & 1 & 0 & 0 \\
2 & 2 & 3 & 3 & 2 & 1 & 3 & 2 & 0 & 2 & 1 & 1 & 2 & 1 & 0 & 0 & 2 \\
3 & 2 & 3 & 3 & 2 & 1 & 3 & 1 & 2 & 0 & 0 & 2 & 2 & 2 & 1 & 2 & 2 \\
0 & 2 & 2 & 2 & 1 & 2 & 3 & 2 & 2 & 2 & 0 & 0 & 3 & 2 & 1 & 0 & 0 \\
2 & 2 & 0 & 2 & 1 & 2 & 3 & 1 & 2 & 0 & 2 & 0 & 3 & 2 & 3 & 1 & 1 \\
0 & 0 & 2 & 2 & 1 & 3 & 3 & 2 & 3 & 3 & 3 & 2 & 1 & 0 & 1 & 2 & 0 \\
1 & 2 & 0 & 2 & 3 & 0 & 0 & 0 & 2 & 3 & 1 & 3 & 0 & 3 & 0 & 2 & 1 \\
0 & 1 & 2 & 2 & 1 & 3 & 2 & 2 & 1 & 2 & 3 & 3 & 0 & 0 & 0 & 2 & 0 \\
1 & 2 & 0 & 1 & 2 & 2 & 2 & 0 & 0 & 0 & 2 & 3 & 1 & 2 & 3 & 0 & 1 \\
2 & 1 & 1 & 2 & 2 & 3 & 0 & 1 & 0 & 2 & 2 & 1 & 3 & 1 & 2 & 3 & 1 & 0
\end{array}
\right]
\end{array}
$$

(2)计算规范化直接影响矩阵 C:

$$
C = [c_{ij}]_{n \times n} = \frac{1}{\max\limits_{1 < i < n} \sum\limits_{j=1}^{n} \beta_{ij}} B \tag{5-4}
$$

式中，$\max\limits_{1<i<n}\sum\limits_{j=1}^{n}\beta_{ij}$ 为矩阵行和最大值，$c_{ij}\in[0,1]$。

（3）计算综合影响关系矩阵 T：

$$T=[t_{ij}]_{n\times n}=\lim_{n\to\infty}C+C^2+\cdots+C^n=C(I-C)^{-1} \tag{5-5}$$

（4）计算影响度 D_i 与被影响度 E_i：

$$D_i=\sum_{j=1}^{n}t_{ij}，i=1,2,\cdots,n$$

$$\tag{5-6}$$

$$E_i=\sum_{j=1}^{n}t_{ji}，i=1,2,\cdots,n$$

影响度是各元素所在行的总和，表示对应元素对其他元素影响的综合值；被影响度是各元素所在列的总和，表示对应元素受到其他元素影响的综合值。

（5）计算原因度 N_i 及中心度 M_i：

$$M_i=D_i+E_i，i=1,2,\cdots,n$$

$$N_i=D_i-E_i，i=1,2,\cdots,n \tag{5-7}$$

中心度表示该因素在体系中的位置和影响程度的强弱；原因度代表各关键影响要素之间的因果关系，大于 0 则为原因要素，小于 0 则为结果要素。

解释结构模型（Interpretive Structure Model，ISM 法）是现代系统工程中广泛应用的一种分析方法，ISM 法以数学知识和图论为基础，将数理逻辑等多学科概念应用于关系矩阵，通过逻辑运算将系统各因素间的逻辑矩阵转换为多层递阶解释结构模型，通过该模型能够将系统内各元素间的相互关系直观呈现出来，清晰反映系统内的关键因素（Kacprzyk J，1986；刘慧、王孟钧，2016）。为进一步研究各个要素间的层级关系，明确城市绿色转型关键要素间的层级结构和逻辑，将 DEMATEL 方法与解释结构模型进行结合，利用可达矩阵及 ISM 方法构建出相应的多级递阶结构模型，从而对各要素之间的层级关系进行分析，明确各影响要素在系统中的地位。具体步骤如下：

（6）计算整体影响关系矩阵 H：

$$H=[h_{ij}]_{n\times n}=I+T，I\text{ 为单位矩阵} \tag{5-8}$$

（7）依据布尔算法计算可达矩阵 $N=(K+I)^{k-1}\neq(K+I)^{k}=(K+I)^{k+1}$：

$$
\begin{array}{c}
\begin{array}{ccccccccccccccccc} S_1 & S_2 & S_3 & S_4 & S_5 & S_6 & S_7 & S_8 & S_9 & S_{10} & S_{11} & S_{12} & S_{13} & S_{14} & S_{15} & S_{16} & S_{17} \end{array} \\
N=
\begin{array}{c}
S_1 \\ S_2 \\ S_3 \\ S_4 \\ S_5 \\ S_6 \\ S_7 \\ S_8 \\ S_9 \\ S_{10} \\ S_{11} \\ S_{12} \\ S_{13} \\ S_{14} \\ S_{15} \\ S_{16} \\ S_{17}
\end{array}
\begin{bmatrix}
1 & 0 & 0 & 0 & 0 & 0 & 0 & 0 & 0 & 0 & 0 & 0 & 0 & 0 & 0 & 0 & 0 \\
0 & 1 & 0 & 0 & 0 & 0 & 0 & 0 & 0 & 0 & 0 & 0 & 0 & 0 & 0 & 0 & 0 \\
0 & 1 & 1 & 1 & 1 & 0 & 1 & 0 & 1 & 1 & 0 & 0 & 1 & 0 & 0 & 0 & 0 \\
0 & 1 & 1 & 1 & 1 & 0 & 1 & 0 & 1 & 1 & 0 & 0 & 1 & 0 & 0 & 0 & 0 \\
0 & 1 & 1 & 1 & 1 & 0 & 1 & 0 & 1 & 1 & 0 & 0 & 1 & 0 & 0 & 0 & 0 \\
0 & 1 & 1 & 1 & 1 & 1 & 1 & 0 & 1 & 1 & 0 & 0 & 1 & 0 & 0 & 0 & 0 \\
0 & 1 & 1 & 1 & 1 & 0 & 1 & 0 & 1 & 1 & 0 & 0 & 1 & 0 & 0 & 0 & 0 \\
0 & 1 & 1 & 1 & 1 & 0 & 1 & 1 & 1 & 1 & 0 & 0 & 1 & 0 & 0 & 0 & 0 \\
0 & 1 & 1 & 1 & 1 & 0 & 1 & 0 & 1 & 1 & 0 & 0 & 1 & 0 & 0 & 0 & 0 \\
0 & 1 & 1 & 1 & 1 & 0 & 1 & 0 & 1 & 1 & 1 & 0 & 1 & 0 & 0 & 0 & 0 \\
0 & 1 & 1 & 1 & 1 & 0 & 1 & 0 & 1 & 1 & 0 & 1 & 1 & 0 & 0 & 0 & 0 \\
0 & 1 & 1 & 1 & 1 & 0 & 1 & 0 & 1 & 1 & 0 & 0 & 1 & 0 & 0 & 0 & 0 \\
0 & 1 & 1 & 1 & 1 & 0 & 1 & 0 & 1 & 1 & 0 & 0 & 1 & 0 & 0 & 0 & 0 \\
0 & 1 & 1 & 1 & 1 & 0 & 1 & 0 & 1 & 1 & 0 & 0 & 1 & 1 & 0 & 0 & 0 \\
0 & 1 & 1 & 1 & 1 & 1 & 1 & 0 & 1 & 1 & 0 & 0 & 1 & 0 & 1 & 0 & 0 \\
0 & 1 & 1 & 1 & 1 & 0 & 1 & 0 & 1 & 1 & 0 & 0 & 1 & 0 & 0 & 1 & 0 \\
0 & 1 & 1 & 1 & 1 & 0 & 1 & 0 & 1 & 1 & 0 & 0 & 1 & 0 & 0 & 0 & 1 \\
\end{bmatrix}
\end{array}
$$

$$
k_{ij}=\begin{cases}1, h_{ij}\geq\lambda\\ 0, h_{ij}<\lambda\end{cases}, \quad K=[k_{ij}]_{n\times n} \tag{5-9}
$$

λ 为阈值，其值越大对结构简化作用越明显。在实际分析中可根据体系的复杂程度确定其值大小，本书依据综合影响矩阵中要素的均值及标准差之和并结合专家意见，取 $\lambda=0.3$。

（8）根据可达矩阵，首先确定各关键要素的可达集 $R(S_i)$ 与先行集 $A(S_i)$：

$$
\begin{aligned}
&A(S_i)=\{s_j\in S\,|\,k_{ji}=1\} \\
&R(S_i)=\{s_j\in S\,|\,k_{ij}=1\}
\end{aligned} \tag{5-10}
$$

然后验证 $R(S_i)\bigcap A(S_i)=R(S_i)$，若成立则 $R(S_i)$ 为最高要素集合，并从可达矩阵中依次剔除对应的行和列，重复进行直到所有要素均被剔除，从而依据层级结构绘制多级递阶层次有向图。

二、基于 MICMAC 法的要素驱动力及依赖度计算

交叉影响矩阵相乘法（Cross-Impact Matrix Multiplication Applied to

Classification，MICMAC 法）所使用的基本原理为矩阵相乘原理，即如果系统要素 i 对要素 k 有直接作用，要素 k 对要素 j 也有直接作用，则要素 i 的任何改变都会映射到要素 j 上，那么要素 i 和要素 j 之间就产生了间接的影响作用。该方法运用系统中要素的反应路径和层次循环研究要素间相互关系的扩散性，通过 ISM 方法中可达矩阵元素之和计算各因素的驱动力和依赖性，并进行分类以便理解要素在系统中的实质作用，其结果可使用坐标轴表示（宋娜，2020）。具体步骤如下：

（1）计算各要素的依赖度 DE_j 和驱动力 DR_i：

$$DR_i = \sum_{j=1}^{n} k_{ij} , \ i = 1,2,\cdots,n$$

$$DE_j = \sum_{i=1}^{n} k_{ij} , \ j = 1,2,\cdots,n$$

(5-11)

驱动力表示该要素对系统中其他要素的驱动程度，依赖度表示其他要素对该要素的依赖程度。

（2）依据各要素的驱动力和依赖度均值，将要素划分为独立簇、依赖簇、联动簇及自发簇。其中，独立簇要素的依赖性和驱动力均较低，几乎与其他要素无相互作用；依赖簇的驱动力较弱，但依赖性较强，对其他因素有很强的依赖性；联系簇的驱动力和依赖性均较强，会对其他要素造成影响，也可能受到其他要素影响；自发簇的驱动力较强，但依赖性较弱，对其他要素产生具有较强影响力。

第三节　多层递阶结构模型结果分析

一、中心度与原因度分析

基于 DEMATEL 方法原理，各关键要素的中心度大小体现了其对碳中和目标下城市绿色转型影响程度的强弱，其值越大，影响则越强烈；反之则越弱。由表 5-2 及图 5-1 可知，对碳中和目标下城市绿色转型影响最大的指标为绿色技术创新，其次为环境治理效果及工业污染排放，而绿色资源配置及社会和谐保障对其的影响程度较弱。科技创新作为发展的动力源，不仅可以提升经济发展水平，而且还是改善生态环境治理效果的基本保障，而绿色技术创新则是实现碳中和目标及促进高质量发展的根本性手段和必然选择,其被影响度在整个体系中排名最高,极易受到其他关键要素影响。提高生态绩效,协调经济增长和资源环境的关系是碳中和目标下城市绿色转型的目标之一,节能减排及加大防治投入是决定环境治理效果的重要举措,因而环境治理效果在很大程度上决定了城市绿色转型能否顺利实现。此外,环境治理效果的影响度及被影响度均较高,表明了其对其他要素的影响程度较高,也极易受到其他要素的影响。从城市绿色转型的主体来看,中心度大小依次为政府部门、主要产业、相关企业及城市居民,政府部门对城市绿色转型的影响最大,再次表明了政府对碳中和目标下城市的绿色转型起到方向性主导作用。

表 5-2　碳中和目标下城市绿色转型关键影响要素综合影响矩阵分析指标

转型主体	中心度	原因度	关键要素	影响度	排名	被影响度	排名	中心度	排名	原因度	排名
政府部门	41.0141	-3.8434	S_1	3.4930	16	2.8728	15	6.3657	16	0.6202	6
			S_2	3.5059	15	4.2126	8	7.7185	11	-0.7067	13
			S_3	3.4253	17	4.6161	7	8.0414	10	-1.1907	15
			S_4	4.3263	8	5.8328	2	10.1590	2	-1.5065	16
			S_5	3.8349	12	4.8945	4	8.7294	6	-1.0596	14
主要产业	36.1166	-1.6979	S_6	4.4421	6	3.9813	10	8.4234	8	0.4608	7
			S_7	4.6351	2	6.4128	1	11.0479	1	-1.7777	17
			S_8	3.7115	13	3.8935	11	7.6050	12	-0.1820	11
			S_9	4.4206	7	4.6196	6	9.0402	5	-0.1990	12
相关企业	34.7908	1.3752	S_{10}	5.0218	1	4.9452	3	9.9670	3	0.0766	9
			S_{11}	4.0207	10	2.9326	14	6.9533	14	1.0880	3
			S_{12}	4.4833	5	4.1046	9	8.5879	7	0.3788	8
			S_{13}	4.5572	3	4.7254	5	9.2826	4	-0.1683	10
城市居民	28.4963	4.1661	S_{14}	3.8499	11	2.7782	16	6.6281	15	1.0717	4
			S_{15}	4.5185	4	3.8635	12	8.3820	9	0.6550	5
			S_{16}	3.6652	14	2.5200	17	6.1852	17	1.1453	2
			S_{17}	4.2976	9	3.0034	13	7.3010	13	1.2942	1

从原因度来看,其结果有正负之分,正值表示该要素影响其他要素的程度

大，为城市绿色转型的影响要素，称为原因要素；负值表示其他要素对该要素的影响大，为城市绿色转型的被影响要素，称为结果要素（魏宏亮，2021）。从图 5-1 可知，原因要素按影响程度强弱依次为绿色产品购买力（S_{17}）、社会和谐保障（S_{16}）、数字经济水平（S_{11}）、公众文明素养（S_{14}）、绿色生活基础（S_{15}）、绿色资源配置（S_1）、转型基础支撑（S_6）、绿色需求潜力（S_{12}）、工业污染排放（S_{10}），上述 9 个关键要素不仅会对城市绿色转型提升产生积极推进作用，还会对其他要素造成影响。从转型主体来看，城市居民及相关企业为原因要素。其中，城市居民的原因度最高，因此，在城市绿色转型的过程中应更加重视城市居民践行绿色生活，进行绿色消费的重要作用。负值原因度即结果要素排名前五依次为企业盈利能力（S_{13}）、产业结构分布（S_8）、资源消耗节控（S_9）、基础设施建设（S_2）、财政支出低碳结构（S_5），高负值关键要素易受其他要素影响，进而对城市绿色转型造成影响。在进行高负值结果要素控制时，需注重与之相关的原因要素的控制。从绿色转型主体来看，政府部门与主要产业为结果要素，其转型能力易受其他关键要素影响。城市绿色转型需要大量资本、设备及人力投入，而企业盈利能力是推进城市绿色转型的重要力量，是企业进行绿色转型及绿色产品生产的关键驱动力。因此，在推进城市绿色转型过程中，应重点将节能减排意识融入企业经营生产过程，充分利用转型及减排政策支持的有利条件。

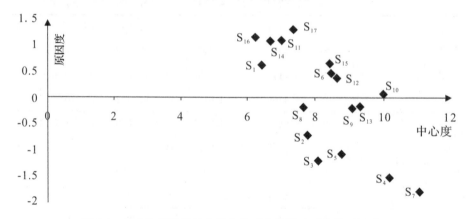

图 5-1　碳中和目标下城市绿色转型关键影响要素的因果关系

二、多级递阶结构模型层级分析

多层递阶结构图中，元素间的关系用有向线连接，表示要素间存在因果关系。由图 5-2 可知，"环境规制力度—环境治理效果—财政低碳化支出程度—绿色技术创新—资源消耗节控—工业污染排放—企业盈利能力"关键要素两两互为双向箭头,表明该组关键要素内部相互连接紧密,互为因果。因此,在推进城市绿色转型进程中,应将上述强连接的关键要素视为一体进行管理施策以推动碳中和目标下城市的全面绿色转型。

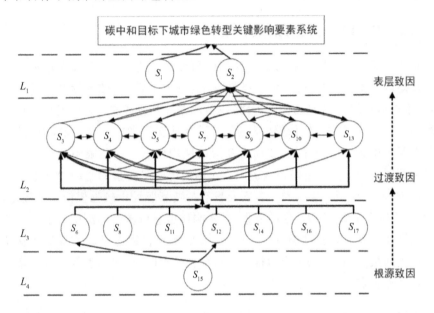

图 5-2　碳中和目标下城市绿色转型关键影响要素的 ISM 层次结构模型

从图 5-2 中还可发现,碳中和目标下城市绿色转型的关键要素系统自上而下呈现出 4 级 3 阶的多层递阶结构分布状况。根源致因阶主要为 L_4 中的要素,过渡致因阶主要为 $L_2 \sim L_3$ 中的要素,表层致因阶主要为 L_1 中的要素,层级数越大表示影响属性即原因属性越强;反之则结果属性越强即被影响属性越强。其中,位于根源致因阶的要素为绿色生活基础,是影响碳中和目标下城市绿色转型的最根本要素。实现碳中和目标,必然包含生活方式转变,绿色生活是推动我国生态文明建设及解决环境污染问题的主要措施之一,绿色转型理念能否兼顾绿色生活方式,从而减少资源消耗是推进城市绿色转型实现城市绿色发展的关键一环。位于过渡致因阶的要素众多,在整个系统中承担着中介过渡作用,其自身既能影响其他要素,也同时受其他要素影响。因此,为全面推进城市绿色转型,对过渡致因阶的关键要素进行调控尤为必要,尤其是高中心性的要素即绿色技术创新、环境治理效果、工业污染排放、企业盈利能力与资源消耗节控以及高原因度的要素包括绿色产品购买、社会和谐保障以及数字经济水平。位于表层致因阶的要素主要为绿色资源配置及基础设施建设，是影响碳中和目标下城市绿色转型最直接的外部因素。要有效推进碳中和目标下城市全面绿色转型，可从表层致因阶出发寻找突破点，而表层致因阶易受其他要素的多重影响，还需考虑与过渡致因阶及根源致因阶中要素的共同提升及调控。

三、MICMAC 模型结果分析

利用交叉影响矩阵分析方法得到碳中和目标下城市绿色转型影响要素驱动力依赖矩阵。由图 5-3 可知，绿色资源配置位于独立簇，其依赖性及驱动力均较低，在推进城市绿色转型过程中，可将该要素进行单独考虑。基础设施建设位于依赖簇，其驱动力较弱，但依赖性较强，易受其他要素影响。位于联动簇的要素在整个系统中起着中介作用，驱动力及依赖性均较强。该象限中的要素主要位于过渡致因阶的 L_2，该象限要素的中介作用使得底层要素的驱动力对上层要素产生影响，两个模型结果一致。位于自发簇的要素驱动力较强但依赖性较低，主要为 ISM 模型中 L_3 及 L_4 中的要素，是影响城市绿色转型的深层要素。这些要素对上层要素具有较强的驱动力，并且这些要素不容易通过调节其他要素从而对其产生间接影响，因此在全面推进城市绿色转型时，应将自发簇中的要素视为首要着力点重点施策。

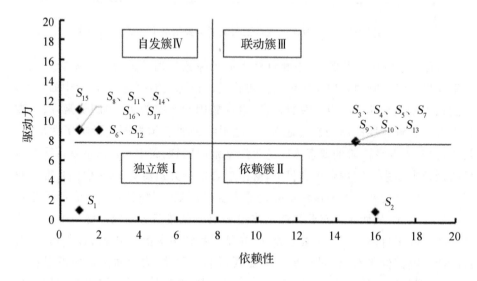

图 5-3　碳中和目标下城市绿色转型关键影响要素的 MICMAC 分析象限图

第六章　长江经济带城市及城市群绿色转型能力的综合测评、短板识别及障碍要素诊断

城市绿色转型能力高低成为城市综合竞争能力的重要标志和获得发展优势的关键,科学评价城市绿色转型能力就显得尤为重要。城市绿色转型是城市发展阶段和发展模式的重大结构性变革,是包含城市社会、经济、文化等多视角、多层次、多维度的综合转型,因而需要众多主体的通力协作及良性互动。近年来,国内外学者陆续从城市绿色转型指数、能力、绩效等研究视角构建指标体系,但多集中于经济—社会—生态等维度,指标体系还缺乏全面性及综合性。本章基于城市绿色转型的系统重建,从转型主体视角出发构建城市绿色转型能力评价指标体系,并以长江经济带3个国家级城市群及4个辅助性城市群共110个城市为研究单元,对城市绿色转型能力进行综合性评价。

第一节　城市绿色转型能力测评体系构建、权重确定及方法选择

一、长江经济带三主四辅城市群概况

作为中国新一轮改革开放转型的先行区,长江经济带各城市积极探索,根据自身特点和优势找到了代表性的各具特色的转型突破口。但长江经济带仍面临着水生态环境恶化趋势严重、产业结构重化工化、协同发展机制不健全、沿江港口岸线开发无序、法律法规制度体系不完善、绿色政绩考评体系乏力等难题(吴传清、黄磊,2017)。长江经济带绿色发展指数也表明,上游成渝城市群、中游城

市群、下游长三角城市群的绿色发展区域内部差异相对较大（王振，2021）。2020年11月14日，习近平总书记主持召开全面推动长江经济带发展座谈会并发表重要讲话强调，长江经济带生态环境整治扎实推进，经济社会发展全面绿色转型有力推动，实现了在发展中保护、在保护中发展。但长江大保护和绿色发展尚未实现由量变到质变的飞跃，还存在一些问题和不足，仍需坚定不移推动长江经济带走生态优先、绿色发展的路子。

为了加快长江经济带沿线城市的经济发展，国家制定了以城市群发展为依托，实施以点带面，提升中心城市影响力和辐射力的战略规划。同时，又以长江综合通道为纽带，加强城市群互动合作，以促进区域经济协调发展，并逐步缩小东中西部的发展差距。因此，长江经济带未来的发展核心主要集中于长三角、长江中游及成渝城市群3个较为成熟的国家级城市群和三峡、黔中、滇中及川滇黔城市群4个辅助的区域性城市群（以下简称3主4辅城市群）在内的7个城市群。

长三角城市群是我国目前经济最发达的地区之一，包含沪、浙、皖、苏三省一市，其以上海作为中心城市，以杭州、南京、合肥为副中心城市，促进区域经济一体化发展，从而带动整个长江下游地区的经济发展；长江中游城市群涵盖鄂、湘、赣三省，以武汉为中心城市，长沙和南昌为副中心城市，加强区域间的合作交流，最终实现区域经济一体化发展；成渝城市群位于我国西南地区，属于长江上游，包括重庆和四川部分地区，以重庆和成都为两大中心城市，带动区域经济协调发展；三峡城市群位于鄂、湘、渝三省市交界处，以"水电之都"宜昌为中心城市，其处于长江中游及成渝城市群结合处，对促进两大城市群的交流与合作起到桥梁与纽带的重要作用；黔中城市群位于贵州省的中部地区，以贵阳为中心城市；滇中城市群位于云南中部，以昆明为中心城市，主要包括昆明、曲靖和玉溪等城市；川滇黔城市群位于川、滇、贵三省交界处，该城市群山高林密、地形复杂、交通设施落后，属于经济欠发达地区，尚处于规划起步阶段，宜宾经济总量居第一位，应作为城市群龙头来培育，主要包括贵州毕节、六盘水，云南昭通及四川宜宾、泸州等地级城市。依据相关研究（刘世庆等，2014；饶一鸣等，2020），城市群范围及中心城市划分如表6-1所示。

表 6-1　长江经济带 3 主 4 辅城市群范围及中心城市

城市群	中心城市	主要城市
长三角	上海	南京、无锡、徐州、常州、苏州、南通、连云港、淮安、盐城、扬州、镇江、泰州、宿迁、杭州、宁波、温州、嘉兴、湖州、绍兴、金华、衢州、舟山、台州、丽水、合肥、芜湖、蚌埠、淮南、淮北、马鞍山、铜陵、安庆、黄山、滁州、阜阳、宿州、六安、亳州、池州、宣城
长江中游	武汉	黄石、十堰、鄂州、黄冈、孝感、咸宁、襄阳、宜昌、荆州、荆门、随州、长沙、株洲、湘潭、岳阳、益阳、常德、衡阳、邵阳、郴州、张家界、永州、怀化、娄底、南昌、景德镇、九江、鹰潭、赣州、新余、宜春、萍乡、上饶、抚州、吉安
成渝	重庆	成都、自贡、攀枝花、泸州、德阳、绵阳、广元、遂宁、内江、乐山、南充、眉山、宜宾、广安、达州、雅安、资阳
三峡	宜昌	荆州、荆门、张家界、岳阳、常德
黔中	贵阳	遵义、毕节、安顺
滇中	昆明	曲靖、玉溪
川滇黔	宜宾	泸州、毕节、昭通、遵义

　　我国改革开放 40 余年,随着工业化的不断推进,相应的资源消耗也在增加,工业废弃物的产生量居高不下,并以每年 10% 的速度迅速增长。而工业废弃物中含有大量的危险废弃物,由于其种类众多、成分复杂、处置和综合利用成本高,导致出现垃圾成灾、土地污染、空气污染等各类环境问题,且由于缺乏必要的监控手段和充足的综合利用设施、技术,难以充分实现对危险废物进行综合利用。近年来,各生产方在环保法规的严格要求下加大了环保投入,但整体上对工业危废的危害性和资源性意识仍不足。而长江经济带作为中国经济发展的主战场,自然条件复杂多样,生态环境潜在风险较多,长期累积形成的历史遗留问题治理难度大,城市绿色转型压力较大,环保基础设施还不太完善,绿色发展的路径有待进一步探索。因此,以长江经济带 3 主 4 辅城市群为研究对象,以其包含的110 个城市为依托,科学评价其城市绿色转型能力及空间差异,是长江经济带建设"生态文明示范带"的重要任务,对全面贯彻新发展理念及促进区域协调发展具有重要意义。

二、构建思路及原则

（1）构建思路

提高城市绿色转型能力是转变传统经济增长方式、实现碳中和目标的重要措施。不同于以往城市转型和绿色转型的评价理念，本书将城市绿色转型能力分解为多个转型主体、多元转型维度，构建出适合长江经济带的城市绿色转型能力的综合评价指标体系，包含以下思想：

① 城市绿色转型能力是要素整合与动态提升的综合能力，指标体系的构建应考虑要素的综合性和数据的变化性。以面板数据为研究依据既可体现城市绿色转型能力的动态变化过程，又可展现城市绿色转型的区域发展差异。

② 城市居民是城市绿色转型能力的重要基础和核心力量，构建指标体系时应考虑城市居民践行绿色生活，推动绿色消费的条件与基础等。与此同时，政府在城市绿色转型过程中发挥主导作用，故将政府绿色监管及资源配置等维度考虑其中。产业与企业是城市绿色转型过程中的推动力和政策响应者，故将其结构优化与资源节耗等能力考虑其中。

③ 城市绿色转型不仅包含城市内部要素融合和发展模式转变，也包含城市间的要素溢出与交流，但为突出城市绿色转型的空间差异性，因而在指标体系中未考虑城市间绿色转型要素的流动作用。

（2）构建原则

城市绿色转型能力的大小需利用数据量化进行表征，但由于当前城市数据的全面收集及统一性难度较大，还未能达到深入研究标准，且城市绿色转型的复杂系统属性决定了指标选取应更综合多样，因而遵循以下原则进行指标体系构建：

① 综合性与代表性相结合。城市绿色转型能力包含众多要素，评价体系的构建应体现指标的综合性。本书在城市绿色转型能力的维度和指标选取时通过大量收集及多重评估，力求指标体系的综合性。此外，依据要素系统中层级间的相关性大小，选择更具代表性的指标，确保维度间独立和维度内相关。

② 科学性与实操性相结合。城市绿色转型能力评价体系的指标选取不仅应遵循科学性原则，力求所选指标可以体现各要素不同阶段的动态变化，还应注意评价体系的可操作性，利用所构建的指标体系测度城市绿色转型各主体能力及综合能力，并为分析城市绿色转型能力的空间差异提供基础。

③ 系统性与层次性相结合。城市绿色转型具有复杂系统特征，包含政府、

产业、企业及居民等众多主体，内容涉及经济、社会、科技、资源、文化等众多领域，在评价过程中需考虑能力的时间及空间变化，以保证实证分析的全面性及系统性。

三、数据来源、处理及指标权重确定

（1）数据来源

本书指标的测量数据一类来源于 2011—2021 年的《中国城市统计年鉴》《中国城乡建设统计年鉴》《中国区域经济统计年鉴》《中国人口和就业统计年鉴》及各地市统计年鉴及公报等官方公开数据。另一类是需要进行运算获得的间接数据，如万人拥有公共汽车数、万人在校大学生数、百人公共图书藏书量等。其中，由于缺乏地级市能源消费总量数据，本书依据张茂榆及冯豪（2021）的做法，将城市常住人口占省常住人口的比率乘以现有的省级能源消耗总量从而得到城市能源消耗总量。主要依据城市绿色转型系统，从政府、企业、产业及城市居民等转型主体的转型推进能力出发，构建了包含绿色资源配置、产业转型基础支撑、工业污染排放、公众文明素养等 17 个维度及 48 个具体指标的城市绿色转型能力评价指标体系，具体如表 6-2 所示。

在绿色资源配置维度中，本书将人均水资源总量及人均道路面积作为选用指标，并将建成区绿化覆盖率视作碳中和目标下城市转型的绿色后备力量；基础设施建设维度则重点考虑本年市政建设固定资产投资完成额、市容环卫车辆数及每万人拥有公共交通车辆数；环境规制力度是政府实施绿色监管职能的重要表征，然而由于城市层面数据的不统一及统计难度大，本书依据较多学者使用的单位 GDP 工业废水排放量及单位 GDP 工业氮氧化物作为环境规制力度表征；在环境治理效果维度中，重点考虑一般工业固体废物处理率、污水处理厂集中处理率、生活垃圾无害化处理率；财政支出结构是城市绿色转型的重要基础，主要选取教育支出、科技支出及园林绿化固定资产投资完成额各自占地方财政支出比重表征。

表 6-2　碳中和目标下城市绿色转型能力综合评价指标体系

主体	关键要素	编码	具体指标	属性	权重
政府部门	绿色资源配置	S_1	人均水资源量占有量	正向	0.0214
			建成区绿化覆盖率	正向	0.0012
			人均道路面积	正向	0.0045
	基础设施建设	S_2	市容环卫车辆数	正向	0.0558
			本年市政建设固定资产投资完成额	正向	0.0464
			每万人拥有公交车辆数	正向	0.0229
	环境规制力度	S_3	单位 GDP 工业废水排放量	逆向	0.0025
			单位 GDP 工业氮氧化物排放量	逆向	0.0006
	环境治理效果	S_4	工业固体废物综合利用率	正向	0.0015
			污水处理厂集中处理率	正向	0.0032
			生活垃圾无害化处理率	正向	0.0034
	财政支出结构	S_5	科技支出占地方财政支出比重	正向	0.0204
			教育支出占地方财政支出比重	正向	0.0020
			园林绿化固定资产投资完成额比重	正向	0.0305
主要产业	转型基础支撑	S_6	地区生产总值增长率	正向	0.0034
			第二产业年末城镇单位从业人员	正向	0.0280
			第三产业年末城镇单位从业人员	正向	0.0268
	绿色技术创新	S_7	专利申请量	正向	0.0549
			专利授权量	正向	0.0591
			科学研究、技术服务就业人员数	正向	0.0592
	产业结构分布	S_8	第一产业增加值占 GDP 比重	正向	0.0086
			第二产业增加值占 GDP 比重	正向	0.0032
			第三产业增加值占 GDP 比重	正向	0.0066
	资源消耗节控	S_9	城市能源消耗总量	逆向	0.0006
			工业用电量	逆向	0.0005

续表

主体	关键要素	编码	具体指标	属性	权重
相关企业	工业污染排放	S_{10}	工业废水排放量	逆向	0.0009
			工业二氧化硫排放量	逆向	0.0008
			工业粉尘排放量	逆向	0.0007
	数字经济水平	S_{11}	电信业务收入	正向	0.0439
			互联网宽带接入用户	正向	0.0964
			信息传输计算人员	正向	0.0360
	绿色需求潜力	S_{12}	社会消费品零售总额	正向	0.0268
			人口密度	正向	0.0097
	企业盈利能力	S_{13}	规模以上工业企业利润总额	正向	0.0329
			规模以上工业企业流动资产	正向	0.0419
			规模以上工业企业固定资产	正向	0.0268
城市居民	公众文明素养	S_{14}	每万人在校大学生数	正向	0.0290
			每百人图书馆藏书量	正向	0.0239
			普通高等学校数	正向	0.0472
	绿色生活能力	S_{15}	人均日生活用水量	逆向	0.0023
			城镇生活消费用电量	逆向	0.0005
			人均公园绿地面积	正向	0.0034
	社会和谐保障	S_{16}	城镇职工基本养老保险参保人数	正向	0.0311
			城镇职工基本医疗参保人数	正向	0.0264
			失业保险参保人数	正向	0.0324
	绿色产品购买力	S_{17}	城镇在岗职工平均工资	正向	0.0044
			城镇居民人均可支配收入	正向	0.0108
			恩格尔系数	正向	0.0040

在产业转型基础支撑维度,主要考虑经济大环境的地区生产总值增长率、第二产业就业人员及第三产业就业人员作为产业转型基础支撑的重要条件;绿色科技创新对碳中和目标下城市绿色转型起重要促进作用,包括专利申请量及发

明专利授权量，此外，科学研究和技术服务从业人员是城市绿色转型的创新主体及重要力量；产业结构分布是城市绿色转型的重要载体，因此使用第一、二、三产业增加值占 GDP 比重分别表征；资源消耗节控能力对城市绿色转型能力具有重要影响，因而使用城市能源消耗总量、工业用电量及工业用水重复利用率表征。

相关企业是城市绿色转型的重要转型主体，其发展状况及对环境造成的影响对城市绿色转型起关键作用，因而使用工业废水、工业二氧化硫及工业粉尘排放量表征工业污染排放维度；数字经济水平是城市绿色转型及企业发展的重要源泉，电信业务收入、互联网宽带接入用户数及信息传输、计算机服务和软件业从业人员数可在一定程度上表征数字经济水平；绿色需求潜力及企业盈利能力两大维度则分别使用社会消费品零售总额、人口密度和规模以上工业企业利润总额、流动资产及固定资产予以表征。

此外，城市绿色转型能力的提升需要全民参与，多主体共同发力。因而，城市居民对城市绿色转型能力的推进作用不容忽视。在公众文明素养维度，使用每万人在校大学生数、每百人图书馆藏书量及普通高等学校数予以表征；使用人均日生活用水量、城镇生活消费用电量及人均公园绿地面积表征绿色生活能力；社会和谐是城市居民践行绿色生活的重要保障及前提，而失业保险参保人数、城镇职工基本养老保险及医疗保险参保人数能在一定程度上表征社会和谐保障；城市居民对绿色产品的购买能力是公众践行绿色生活、推进绿色消费的重要表现，故使用城镇在岗职工平均工资、人均地区生产总值及城镇居民人均可支配收入表征。

（2）指标权重确定

绿色转型强调城市发展模式的转变是动态的过程，熵值法利用各指标熵值提供的信息量变化大小来决定指标权重，其可依据数据变化对系统的影响程度来反映城市绿色转型过程带来的改变。本书即运用熵值法（田时中、丁雨洁，2019）得出各个维度中指标权重值及 4 大转型主体能力，具体步骤如下：

① 指标标准化处理，消除量纲影响。

正向指标：$y_{ij} = (x_{ij} - \min x_{ij}) / (\max x_{ij} - \min x_{ij})$ (6-1)

负向指标：$y_{ij} = (\max x_{ij} - x_{ij}) / (\max x_{ij} - \min x_{ij})$ (6-2)

其中，x_{ij} 代表城市 i 的第 j 个指标，$\max x_{ij}$ 和 $\min x_{ij}$ 分别表示的最大值和最小值。并进一步将各城市群中城市的无量纲值转化为以城市群为单位的无量纲值：

$$A_{ij} = \sum_{i=1}^{m} y_{ij} / m \qquad (6-3)$$

式中，m 为城市群内包含的城市个数。

② 确定指标比值：

$$p_{ij} = y_{ij} \bigg/ \sum_{i=1}^{m} y_{ij} \qquad (6\text{-}4)$$

③ 计算第 j 项指标的熵值：

$$e_j = -k \bigg/ \sum_{i=1}^{m} p_{ij} \ln(p_{ij}) \qquad (6\text{-}5)$$

式中，$k = 1/\ln m$，m 为样本数。

④ 计算第 j 项指标的信息效用熵：

$$g_j = 1 - e_j \qquad (6\text{-}6)$$

⑤ 最后计算各指标的权重：

$$w_j = g_j \bigg/ \sum_j g_j \qquad (6\text{-}7)$$

⑥ 最后计算各转型主体能力的综合指数：

$$F = \sum w_j y_{ij} \qquad (6\text{-}8)$$

四、综合评价方法选择

（1）优劣解距离法

优劣解距离法（Technique for Order Preference by Similarity to an Ideal Solution，TOPSIS 法）又称理想解法，其根据有限个评价对象与理想化目标的接近程度进行排序，是一种逼近理想解的排序法，适用于对现有样本进行相对优劣的评价（Godlewska J，2019）。该方法的原理是，在归一化后的原始数据矩阵中找到有限方案中的最优和最劣的方案，然后分别计算评价对象到最优方案和最劣方案之间的距离。优劣解距离法不仅能够充分利用原始数据的信息，较为全面的分析数据动态变化及要素间的紧密关系，且其结果可准确展示各评价对象间的差距（张含朔，2020），计算步骤如下：

首先，确定评价对象的正负理想解：

$$R_j^+ = \max(y_{1j}, \cdots, y_{ij})$$
$$R_j^- = \min(y_{1j}, \cdots, y_{nj}) \qquad (6\text{-}9)$$

其次，确定各评价对象与正、负理想解的距离：

$$d_i^+ = \sqrt{\sum_{j=1}^{n} (R_j^+ - r_{ij})^2}$$

$$d_i^- = \sqrt{\sum_{j=1}^n (R_j - r_{ij})^2} \tag{6-10}$$

最终，计算长江经济带各城市群及各城市绿色转型能力的贴近度：

$$C_i = d_i^- / (d_i^- + d_i^+) \tag{6-11}$$

其中，贴近度的取值范围为$[0,1]$，其值越接近于1，说明长江经济带各城市群绿色转型能力越高。

（2）序排列多边形法

序排列多边形法的各指标固定对应线段，能直观对比各转型主体的能力值大小，其将多条以一固定点为公共点的线段向外延伸，从而形成多边形，各条线段代表各个维度，将长度视为对应的维度能力值，计算相邻线段在同一点形成的每个三角形的面积，从而得到多边形面积，并将其作为综合能力值（李裕伟，2013）。具体计算公式如下：

$$D_i = 1/2 \times \sin\alpha (F_政 \times F_企 + F_企 \times F_产 + F_产 \times F_居 + F_居 \times F_政) \tag{6-12}$$

式中，$F_政$、$F_产$、$F_企$、$F_居$为由熵值法计算所得的四大转型主体维度的绿色转型能力值，下式符号相同，α为各维度间的夹角。

（3）向量和法

向量和法主要将城市绿色转型主体能力的各指标对应值视为向量模，相应的向量和即为城市绿色转型能力评价值。与多边形法及优劣解距离法相比，向量和法计算较为简单（邱本花，2015）。基于向量和法的城市绿色转型能力计算公式如下：

$$E_i = \sqrt{F_政^2 + F_产^2 + F_企^2 + F_居^2} \tag{6-13}$$

（4）加权求和法

加权求和法常用于多维指数计算，人类发展指数等均是利用典型的加权求和法计算（方琰、卞显红，2015）。本书采用等权重加权求和法的城市绿色转型能力指数的计算方法如下：

$$G_i = 1/4 \times (F_政 + F_企 + F_产 + F_居) \tag{6-14}$$

第二节　长江经济带城市及城市群绿色转型能力评价及时空特征分析

一、四种测评方法的有效性分析

在利用熵值法确定长江经济带城市绿色转型能力各指标权重的基础上,分别运用优劣解距离法、序排列多边形法、向量和法、加权求和法对长江经济带城市绿色转型综合能力进行测度。为验证四种方法在测度城市绿色转型能力方面的等效性进一步对其进行相关性检验及拟合分析。由表 6-3 可知,任意两种方法的测度结果均在 0.01 的水平下显著相关,从而验证了四种方法在测度长江经济带城市绿色转型能力方面的等效性。

表 6-3　四种综合测度评价方法的相关性分析

		优劣解距离	序排列多边形	加权求和	向量和
优劣解距离	皮尔逊相关性	1	.808**	.911**	.999**
	显著性(双尾)		.000	.000	.000
	个案数	110	110	110	110
序排列多边形	皮尔逊相关性	.808**	1	.911**	.915**
	显著性(双尾)	.000		.000	.000
	个案数	110	110	110	110
加权求和	皮尔逊相关性	.911**	.911**	1	.916**
	显著性(双尾)	.000	.000		.000
	个案数	110	110	110	110
向量和	皮尔逊相关性	.999**	.915**	.916**	1
	显著性(双尾)	.000	.000	.000	
	个案数	110	110	110	110

注:**.在 0.01 级别(双尾),相关性显著。

四种综合评价方法的拟合曲线如图 6-1 所示,四种综合评价方法两两之间

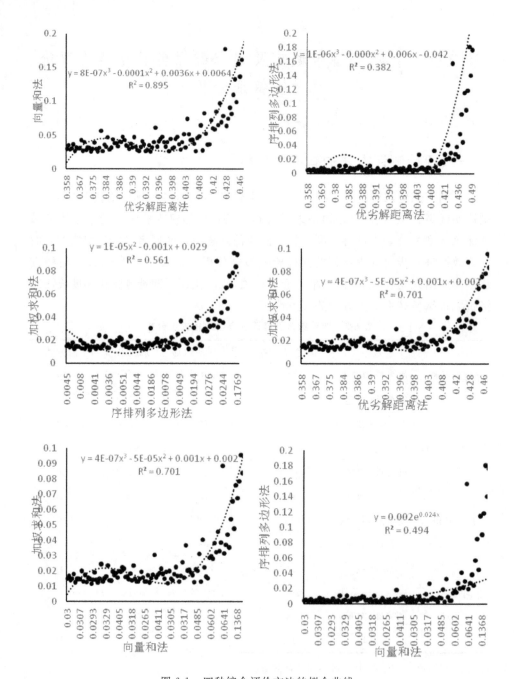

图 6-1 四种综合评价方法的拟合曲线

多为多项式函数关系。其中,优劣解距离法与向量和法的复相关系数最高,为0.895,表明这两种方法在城市绿色转型能力综合测度中的相关性最大,效果较好。但序排列多边形法与优劣解距离法两者之间的拟合效果较差,复相关系数仅为0.3821。因此,后文使用拟合效果较好的优劣解距离法对长江经济带城市群绿色转型能力做进一步分析,以揭示其绿色转型能力的时空演进特征及区域差异。

二、长江经济带城市及城市群绿色转型能力的时序特征分析

运用优劣解距离法测度长江经济带城市绿色转型能力的结果如图 6-2 所示。整体来看,2010—2020 年长江经济带城市绿色转型能力状态平稳增长,但增幅较为缓慢。其中,2010—2011 年城市绿色转型能力值有所上升,在 2012—2015 年有所下降,但下降幅度较小,而后随着"四个全面"等生态文明建设措施的提出,长江经济带整体绿色转型能力逐渐回升,但受疫情影响,经济低迷导致2020 年长江经济带城市绿色转型能力整体水平有所下降。

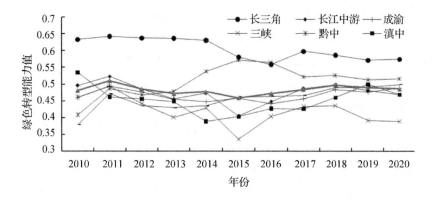

图 6-2　2010—2020 年长江经济带城市绿色转型能力时序演进

从城市群角度来看,2010—2020 年,7 大城市群的能力均值排名为"长三角＞黔中＞长江中游＞成渝＞川滇黔＞滇中＞三峡城市群"。从城市群角度来看,由于各城市群地理位置、资源禀赋等转型基础不同,使得各城市群的绿色转型能力存在差异。长三角城市群因其发达的经济、沿海的地理优势使得其城市绿色转型能力一直保持高水平发展,虽在 2014—2016 年间能力值有所下降,但随着"四个全面""绿色化"等生态文明建设措施的提出,长三角城市群的绿色转型能力逐渐回升,依旧维持领先地位。长江中游城市群除 2015 年外,城市绿色转型

能力值较为稳定,与长江经济带整体绿色转型能力增长趋势较为接近,表明了自2015年《长江中游城市群发展规划》实施以来,其整体转型动能不断增强。三峡城市群与滇中城市群的起始绿色转型能力值均较高,但二者的能力值波动幅度最大,且还存在较大增长空间,这两个城市群需充分利用国家战略红利,从而破除绿色转型瓶颈。成渝城市群的城市绿色转型能力值增长最为稳定,其在2010—2011年的能力值与三峡城市群一致,而后逐渐向长江经济带城市群整体城市绿色转型值靠拢,也表明了其综合实力最为平均。黔中城市群及川滇黔城市群的初始能力值较低,但随着优化城镇发展布局及新一轮西部大开发布局等重要发展战略的提出,黔中及川滇黔城市群的能力值逐步提升,并在2017年《黔中城市群发展规划》提出后趋于稳定,表明了二者在西部地区及长江经济带上游地区生态文明建设中的重要作用。

三、长江经济带城市及城市群绿色转型能力的空间分布特征分析

为直观展示长江经济带城市绿色转型能力空间分布现状,首先将长江经济带城市绿色转型能力值按五分位数方法将其由低到高划分为五类,并选取2010年、2013年、2016年及2020年长江经济带城市绿色转型能力测度值进行比较,旨在比较长江经济带城市绿色转型能力在"五位一体""四个全面"等生态文明建设举措提出前后的时空变化趋势。

(1)城市群层面分析

2010—2020年长江经济带城市绿色转型能力整体呈现东部向西部地区递减,下游城市群高于中上游城市群的空间分布特征,且随着时间推移呈现出普遍提升的现象,但整体转型非均衡性较为显著。2010—2020年城市绿色转型能力低水平城市逐渐减少,高水平城市由省会中心城市的"零星分布"转向各城市群扩散分布。从各城市群来看,长三角城市群一直优于其他城市群的空间分异格局基本保持不变,主要原因在于长三角城市群获得政策扶持较早,在注重经济发展的同时重视环境保护,加之科学技术及发展成果的助推,使得其城市绿色转型能力得到有效提升。2010年后长江经济带城市群绿色转型能力的时空分布格局发生明显变化,高水平城市数量明显增加,但仍表现出明显的路径依赖性特征,即各城市群现有分布多基于上一时间演变,跨等级跃升难以实现。高水平城市均为各城市群的中心城市及省会城市。2020年高水平城市由长三角城市群向长江中游、成渝等城市群扩散,表现出各城市群协同发展模式,但低水平城市数量增多,主要分布于滇中、川滇黔等西部城市群,表明了城市绿色转型道路依

旧任重道远,转型成果仍需进一步加强巩固。

(2)城市层面分析

从长江经济带各城市的绿色转型能力来看(见附录1),由低到高水平区间的城市数量由 2010 年的 23 个、22 个、23 个、21 个及 21 个,到 2013 年的 13 个、16 个、12 个、42 个及 27 个,再到 2016 年的 8 个、7 个、19 个、44 个及 32 个逐渐演变为 2020 年的 9 个、20 个、26 个、39 个及 16 个,数量结构由原来的"W"均衡型逐渐向"锥形"转变,这一转变主要集中于较高水平,有望真正有效地缩小城市间绿色转型差距。2010—2020 年城市绿色转型能力值排名前五的城市始终为上海、成都、杭州、南京、苏州,上海市始终位列第一,其他城市排名稍有变化,多位于为长三角城市群,表明了经济发达且具有政策优势地区在城市绿色转型方面也具有优越性。排名后五位的城市每年均有变化,多为川滇黔城市群或长江中游城市群,但值得注意的是六盘水、乐山多年出现,克服中西部城市经济发展局限,探索其绿色转型新路径是提升其城市绿色转型能力的关键。

具体来看,2010 年各等级水平城市分布较为均匀,但存在较大的城市绿色转型提升空间。把绿色转型能力大于 0.42 和小于 0.38 的城市分别定义为高水平城市和低水平城市,则城市绿色转型能力高水平的城市有上海、杭州、南京、长沙、成都等 21 个城市,主要集中于长三角城市群沿海城市及各城市群的中心城市及省会城市;而城市绿色转型能力低水平城市有淮安、黄冈、荆门、怀化、眉山、曲靖等 23 个城市,位于长三角城市群的有 2 个,其余集中位于长江中游及成渝城市群,进一步说明各城市群间及长三角城市群内部城市的绿色转型能力提升存在不均衡现象。城市绿色转型能力值最低的城市为宜宾,为 0.358,位于川滇黔及成渝城市群,其周围城市均为经济发展较为落后城市,从而导致其产业转移升级困难,其特殊的地理位置导致其绿色转型能力提升较为缓慢。

2013 年长江经济带整体城市绿色转型能力得到明显提升,低等级水平城市明显减少,其中广元、达州、绵阳、淮安、淮南、遵义、襄阳、随州等城市的能力值提升显著,实现了跨等级提升,且多位于成渝城市群及长三角城市群,说明了党的十八大提出的各项生态文明建设措施给中西部地区及沿海城市群带来了重要的城市绿色转型机遇,并取得了较大成绩,但川滇黔及长江中游城市群南部城市的城市绿色转型能力仍较低。

2016 年,长江经济带整体城市绿色转型能力提升更上一阶,低水平城市仅为 8 个,具体为长江中游的娄底,成渝的眉山、内江、乐山,黔中的六盘水,滇中的玉溪及川滇黔的攀枝花及昭通。除衢州为较低水平、淮南及连云港为中等水平外长三角城市群内部城市均为较高水平以上,表明了长三角城市群内部城市绿色转型能力趋于均衡发展，其始终为长江经济带城市绿色转型主力军。在中部崛起战略、西部大开发及"四个全面"等政策持续推动下，长江中游、三峡及成渝城市群除城市群边缘城市外其余城市均为中等水平及以上。

2020年，长江经济带整体绿色转型能力有所下降，集中向较低水平变化。受新冠疫情影响，经济低迷导致城市绿色转型能力值波动较大的城市主要为三峡、黔中等长江经济带中上游城市群。三峡城市群及黔中城市群内部城市能力值下降较为显著，究其原因在于中上游城市多为山地、盆地地区，经济规模较小使得其在主导产业及资源利用等存在较大差距，再加上经济低迷导致其发展动力不足，从而导致城市绿色转型能力等级下降，也表明了中西部小型城市在遭受疫情冲击时的应对不足及这些城市的发展短板。

第三节　长江经济带城市及城市群绿色转型能力短板识别及障碍要素诊断

一、障碍度模型介绍

在对长江经济带城市群及城市进行绿色转型能力综合评价分析后，进一步分析阻碍其城市绿色转型能力提升的因素，从而准确了解改善城市绿色转型的重点方向尤为必要，进行长江经济带城市绿色转型能力的障碍因素分析既有利于进一步定量解读城市绿色转型能力评价的结果，也有利于有的放矢针对长江经济带整体及其城市的绿色转型能力进行行为干预及政策调整，也为后文的提升策略提出提供依据。

通过构建障碍度模型，可以分析阻碍一个城市及城市群绿色转型能力的障碍因子以及该因子对绿色转型能力影响的大小程度，从而可提出促进城市及城市群绿色转型能力提升的相关建议（王成，2020）。障碍度模型主要利用因子贡献度、指标偏差度及障碍度3个指标进行计算。其中，因子贡献度即为上述所得指标权重 w_j 的大小，指标偏差度 V_{ij} 为指标与指标最大值1的差值，障碍度则代表各指标对城市绿色转型能力的障碍程度。计算过程如下：

$$L_{ij} = w_j V_{ij} / \sum_{j=1}^{n} w_j V_{ij} \times 100\% \tag{6-15}$$

式中，$V_{ij} = 1 - y_{ij}$，y_{ij} 为指标标准化后的数值。

二、长江经济带城市及城市群绿色转型能力的短板识别

由以长江经济带城市群 2010—2020 年政府、企业、产业、居民的绿色转型能力得分为基础识别其能力短板分析,并将得分较低的前两个主体的组合定义为能力短板模式。首先,从各城市群绿色转型的主体能力短板模式来看(见表6-4),长三角城市群绿色转型主体能力短板综合模式为"企业—政府",三峡城市群的能力短板综合模式为"企业—居民",其余包括长江中游在内的城市群绿色转型主体能力短板综合模式均为"企业—产业"。由此表明,企业的转型能力是长江经济带各城市群绿色转型能力提升的首要短板。企业在城市绿色转型过程中承担基于生态效率的生产者责任,其发展状况及对环境造成的影响对城市绿色转型起关键作用,但企业在城市绿色转型过程中除需要保持较高的盈利能力以促进自身及社会发展外,还需要进行绿色化生产及绿色技术创新,而长江经济带各城市群的绿色产品创新及清洁技术创新潜力还需大力发掘,因而使得该维度的城市绿色转型能力得分较低;产业的转型能力对长江中游、成渝、黔中、滇中及川滇黔城市群的绿色转型能力提升影响较大,这些城市群的绿色产业还处于发展初期,缺乏大力的融资支持和成熟的技术支撑,同时技术创新需要承担较大的风险,导致绿色产业存在经营风险高,回报周期长等问题,从而使得其成为包括长江中游在内的大部分城市群的第二短板。而对经济发达、发展较为成熟的长三角城市群及发展较为缓慢的三峡城市群而言,政府及居民在城市绿色转型中的基础作用更为关键。

从每年各城市群转型主体能力短板模式的变化来看(如表 6-4),长江中游、成渝、黔中及滇中城市群的能力模式变动较稳定,长三角、三峡及川滇黔城市群的能力短板模式变化不稳定。其中,黔中城市群的能力短板模式始终为"企业—产业",长江中游城市群在 2010—2015 年的能力短板模式为"企业—产业",之后的能力短板模式为"产业—企业",滇中城市群在 2010—2015 年及 2017—2018年的短板模式均为"企业—产业",在 2016 年及 2019—2020 年则为"产业—企业",而成渝城市群除 2012 年为"企业—居民"及 2019—2020 年为"产业—企业"外,其余年份的能力短板模式均为"企业—产业"。可以发现,这四个城市群的能力短板模式中始终包含企业及产业,说明城市群在绿色转型过程中应更侧重于企业及产业层面,应加快产业结构优化,鼓励企业建立绿色经营模式和战略,以促进其实现城市绿色转型。长三角、三峡、川滇黔城市群除包含企业—产业能力短板模式外,还含有企业—居民、政府—企业等多种模式。具体来看,长三角城

市群共含有 5 种能力短板模式，分别为企业—产业、企业—居民、政府—企业、产业—企业及企业—政府；三峡城市群的能力短板模式变动最为频繁，共含有 6 种模式，分别为企业—产业、产业—居民、产业—企业、居民—企业、居民—产业、企业—居民，而川滇黔城市群共含有 4 种模式，分别为企业—居民、产业—企业、企业—产业及产业—政府。由能力短板模式的变动情况可以看出，这三个城市群一直在不断调整各转型主体对城市绿色转型的作用，其中政府及居民的转型能力对整体能力的作用有所增加。因此，应更加注重政府部门对城市绿色转型过程中的政策及市场干预，重视城市居民在城市绿色转型过程中的新型消费方式培养。

表 6-4　2010—2020 年长江经济带城市群绿色转型能力短板模式

城市群	2010	2011	2012	2013	2014	2015	2016	2017	2018	2019	2020	综合
长三角	企业—居民	企业—产业	企业—产业	企业—产业	企业—居民	政府—企业	政府—企业	政府—企业	企业—政府	产业—产业	企业—企业	企业—政府
长江中游	企业—产业	企业—产业	企业—产业	企业—产业	企业—产业	企业—产业	企业—产业	企业—企业	产业—企业	企业—产业	企业—产业	企业—产业
成渝	企业—产业	企业—产业	企业—居民	企业—产业	企业—产业	企业—产业	企业—产业	企业—产业	产业—企业	企业—产业	企业—产业	企业—产业
三峡	企业—产业	企业—居民	企业—产业	企业—产业	企业—居民	企业—居民	企业—产业	居民—企业	居民—企业	产业—企业	居民—居民	企业—居民
黔中	企业—产业	企业—产业	企业—产业	企业—产业	企业—产业	企业—产业	企业—产业	企业—产业	企业—产业	企业—产业	企业—产业	企业—产业
滇中	企业—产业	企业—产业	企业—产业	企业—产业	企业—产业	企业—产业	企业—产业	企业—产业	企业—产业	企业—产业	企业—产业	企业—产业
川滇黔	企业—居民	企业—产业	企业—居民	企业—产业	企业—产业	企业—产业	企业—产业	企业—产业	企业—产业	企业—产业	产业—政府	产业—产业

三、长江经济带城市及城市群绿色转型能力的障碍要素诊断

在各城市群绿色转型能力的关键要素层面，总体来看（如表 6-5），障碍度排名前六位的关键要素为绿色技术创新、数字经济水平、社会和谐保障、基础设施建设、公众文明素养及企业盈利能力，障碍度均值分别为 16.01%、14.34%、11.91%、11.75%、9.89% 及 9.75%，指标主要集中于城市绿色转型的创新技术水平、城市生活条件及企业运营管理等方面，可见通过完善基础设施建设，加大对人才培养及居民生活福利的投入，提高技术创新水平助力产业结构升级等是促进长江经济带城市绿色转型能力提升的关键。障碍作用较小的关键因素则包括绿色生活能力、环境治理效果、环境规制力度、工业污染排放及资源消耗节控，

障碍度均值分别为 0.46%、0.16%、0.07%、0.05% 及 0.01%，主要集中于生态环境及资源消耗等方面，表明生态环境保护、合理利用资源等问题已得到普遍重视，从而为城市绿色转型能力的提升创造基础性条件。

表 6-5　2010—2020 年长江经济带城市群绿色转型能力关键要素层障碍度均值(%)

关键要素	长三角	长江中游	成渝	三峡	黔中	滇中	川滇黔	均值
绿色资源配置	5.49	5.05	5.17	4.98	5.37	5.42	5.24	5.25
基础设施建设	11.99	11.70	11.78	11.94	11.54	11.32	11.95	1.75
环境规制力度	0.07	0.06	0.07	0.06	0.09	0.08	0.09	0.07
环境治理效果	0.10	0.13	0.16	0.16	0.16	0.21	0.19	0.16
财政支出结构	4.52	4.79	4.93	4.95	4.81	4.95	4.78	4.82
转型基础支撑	8.08	7.95	7.84	7.86	7.95	7.93	7.91	7.93
绿色技术创新	15.43	16.15	16.01	16.03	16.16	16.21	16.06	16.01
产业结构分布	1.37	1.22	1.16	1.13	1.09	1.26	1.15	1.20
资源消耗节控	0.03	0.01	0.01	0.01	0.01	0.02	0.01	0.01
工业污染排放	0.06	0.04	0.04	0.03	0.05	0.07	0.04	0.05
数字经济水平	14.61	14.37	14.19	14.19	14.45	14.37	14.21	14.34
绿色需求潜力	4.22	4.09	4.21	4.08	4.38	4.19	4.15	4.19
企业盈利能力	9.46	9.80	9.86	9.67	9.90	9.95	9.61	9.75
公众文明素养	10.18	9.85	10.01	10.22	9.49	9.27	10.21	9.89
绿色生活能力	0.49	0.51	0.46	0.50	0.36	0.49	0.41	0.46
社会和谐保障	11.88	11.92	11.84	11.71	12.04	12.12	11.83	11.91
绿色产品购买力	2.03	2.35	2.24	2.47	2.12	2.16	2.15	2.22

　　从每年的变动情况来看，各城市群绿色转型能力障碍要素的类别及排名动态变化。2010 年除川滇黔城市群不同外，其余城市群绿色转型能力关键要素的障碍度排名前五位基本趋同，均为数字经济水平、绿色技术创新、技术设施建设、企业盈利能力及公众文明素养，川滇黔城市群则为绿色技术创新、基础设施建设、数字经济水平、社会和谐保障及公众文明素养；2011 年，绿色技术创新占据各城市群绿色转型能力关键要素障碍度首位，绿色资源配置位列第二位，其余依次为基础设施建设、数字经济水平、公众文明素养及企业盈利能力；2012—2019 年绿色技术创新依旧为关键要素障碍度首位，绿色资源配置退出了关键要素障

碍度的前五名之列,社会和谐保障的障碍度有了较大提升;2020 年关键要素障碍度排名前五发生了较大变动,绿色资源配置转变为障碍度首位,转型基础支撑障碍度上升为前五位,其余依次为数字经济水平、绿色技术创新及社会和谐保障。此外,由关键要素障碍度的变动情况可发现,绿色技术创新及数字经济水平始终位于前五位,表明了用科技创新加持城市绿色转型,充分发挥科技创新核心动力的重要性。

第七章 长江经济带城市及城市群绿色转型能力的空间格局分析

区域发展不平衡是发展过程中普遍存在的问题,新时代科学发展观提出区域协调发展要求,而明确区域间的空间布局是促进区域协调发展的基础。因此,本章在长江经济带城市绿色转型能力评价基础上,利用区域不平衡指数、动态变动指数及探索性空间分析动静态结合揭示长江经济带城市绿色转型的空间差异。

第一节 长江经济带城市及城市群绿色转型能力的空间均衡性分析

一、区域不平衡指数介绍

为定量反映长江经济带城市绿色转型能力等级程度,本书引入研究经济等级体系的不均衡指数以反映长江经济带城市绿色转型能力的总体均衡状况(王泽宇,2017),计算公式如下:

$$S = \frac{\sum_{i}^{m} Y_i - 50(m+1)}{100m - 50(m+1)} \quad (i = 1,2,3,\cdots,m) \tag{7-1}$$

式中,Y_i 为长江经济带各城市按照占长江经济带整体绿色转型能力值的比值大小由高到低排序后,第 i 级的累计百分比;m 为长江经济带所包含的城市个数,取值为110。若研究区域绿色转型能力平衡分布,则 S 为0;若研究区域绿色转型能力分布极不均衡,集中在一个研究区域中,则 S 为1;若 S 随着时间变化逐渐增大,则表明长江经济带城市绿色转型能力向不平衡方向发展;反之,则向平衡方向发展。

二、城市及城市群绿色转型能力的空间均衡性分析

依据区域不平衡指数公式对长江经济带城市绿色转型能力的区域平衡状况进行计算,计算结果如图 7-1 所示。由图可知,2010—2020 年长江经济带城市绿色转型能力的区域不平衡指数呈"增长—下降—增长"的 N 型波动趋势。2010—2019 年长江经济带城市绿色转型能力的不平衡指数总体呈下降趋势,由 2010 年的 0.361 下降至 2019 年的 0.353,长江经济带城市绿色转型能力空间格局表现出不平衡趋势向平衡趋势演化,但 2019—2020 年因疫情等客观因素影响,不平衡现象有所扩大,不平衡指数上升至 0.374。

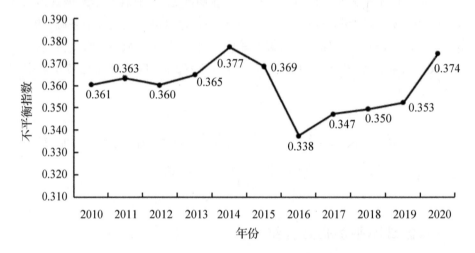

图 7-1　长江经济带城市绿色转型能力不平衡指数

以 2014 年不平衡指数最高值 0.377 为界,2014 年前,不平衡指数较高且呈现逐年上涨趋势,这是因为长三角、长江中游等发达城市群在经济稳定发展的同时,抓住了政策扶持机遇,使其城市绿色转型能力提升较快,但三峡、黔中、滇中等城市群经济规模较小,地形地貌较为复杂,生态环境脆弱性较高,环境治理及修复难度较大,因而使得城市绿色转型能力在长江经济带整体层面向不平衡发展,2014 年以后长江经济带城市绿色转型能力呈"V"字形走势。其中,2014—2016 年不平衡指数呈断崖式下降态势,这一时期长江经济带各城市群加快绿色转型战略布局调整步伐,依托"四个全面"及各城市群发展规划等政策和产业基

础大力发展支柱及新兴产业,形成了各具特色的城市群绿色转型格局,城市群及城市间的转型能力差距有所缩小,从而促使长江经济带整体城市绿色转型能力不平衡性大幅缩小。但 2016—2020 年间不平衡指数又显著上升,这一时期长三角、长江中游及川滇黔城市群城市绿色转型能力保持稳定增长,而三峡、黔中城市群的绿色转型能力出现了负增长现象,经济发展内生力不足使得中西部城市群绿色转型能力的增速较为缓慢,从而加剧长江经济带城市绿色转型能力的不平衡性。

第二节　长江经济带城市及城市群绿色转型能力的空间动态性分析

一、动态变动指数介绍

城市绿色转型能力动态变化指数表达的是研究区域在一定研究时间单位内城市绿色转型能力的变化情况,本书使用动态变化指数反映长江经济带城市绿色转型能力的变化大小及变动幅度(王泽宇,2017),计算公式如下:

$$K = \frac{C_{max} - C_{min}}{C_{min}} \times \frac{1}{T} \times 100\% \tag{7-2}$$

式中,K 为研究期内长江经济带某一城市的绿色转型能力动态变化程度,C_{min},C_{max} 为研究期内长江经济带某一城市的绿色转型能力最小值及最大值,T 为研究时间段长度。K 值越大,表示研究期内城市绿色转型能力动态变化程度越大;K 值越小,则表示研究期内城市绿色转型能力变化程度较为稳定。

二、城市及城市群绿色转型能力的动态变化特征分析

由动态变动指数得到 2010—2020 年长江经济带城市群及 110 个城市的城市绿色转型综合能力的总体变动值,结果如表 7-1 及表 7-2 所示。从变动值大小来看城市转型能力变动最大的城市群为三峡城市群,平均每年以 4.275% 的幅度变化,其次为黔中、滇中、川滇黔及长江中游城市群,平均每年的变化幅度分别为 3.686%、3.412%、2.878%、2.649%,动态变动较大的城市群多为中西部城市群,且主要位于长江经济带中上游,表明这些城市群或依托自身自然资源与市场基础,或借助政策支持,城市绿色转型能力结构变动较大,能力较快提升,具

有较强的城市绿色转型能力提升潜力。此外,长三角城市群及成渝城市群的城市绿色转型能力动态变动值较小,说明二者的城市绿色转型平稳发展,城市绿色转型内部结构较为稳定。其中,长三角城市群绿色转型能力值排名最高,其动态变动值也较小,为1.366%,主要原因在于长三角城市群的绿色转型起点较高,经济发展规模、资源禀赋、城市化程度等与其他城市群相比也处于较高的发展阶段。

表 7-1　长江经济带城市群绿色转型能力动态变动指数

城市群	C_{max}	C_{min}	绝对变动指数	动态变动指数(%)	排名
长三角	0.643	0.559	0.084	1.366	6
长江中游	0.523	0.405	0.118	2.649	5
成渝	0.494	0.442	0.052	1.070	7
三峡	0.494	0.336	0.158	4.275	1
黔中	0.572	0.407	0.165	3.686	2
滇中	0.535	0.389	0.146	3.412	3
川滇黔	0.499	0.379	0.120	2.878	4

从各城市的动态变动指数来看,110个城市整体动态变动程度不高,城市绿色转型能力平均每年动态变动幅度超过2%的城市仅有1个,超过1%的则为22个,其余城市动态变动程度均较低。贵阳为城市绿色转型能力动态变动最大的城市,平均每年的动态变动指数为2.068%,其次为六盘水、重庆、成都、毕节,平均每年动态变动幅度均超过1.5%,且变动幅度较大的城市多位于黔中、成渝等西部城市群,再次表明了这些城市通过西部大开发等政策的持续推进,经济发展方式转变及交通设施的完善等促进了技术外溢和产业外溢,使得其城市绿色转型能力在波动中得到了较大提升。内江、六安、丽江、岳阳、咸宁为城市绿色转型能力变动幅度排名后五位的城市,平均每年的变动幅度均低于0.4%,可以发现变动幅度较小的城市其绿色转型能力值多位于城市群边缘地带,表明了这些城市自身动能提升有限,要素流动缓慢,使其变动幅度较小,城市绿色转型能力发展较为稳定,但同时也具有较大的提升空间。

表 7-2　长江经济带城市绿色转型能力动态变动指数

城市	C_{max}	C_{min}	动态变动指数（%）	排名	城市	C_{max}	C_{min}	动态变动指数（%）	排名
上海	0.615	0.572	0.683	55	蚌埠	0.425	0.386	0.919	29
南京	0.514	0.459	1.089	16	淮南	0.408	0.381	0.644	70
无锡	0.471	0.416	1.202	12	淮北	0.415	0.394	0.485	96
徐州	0.419	0.396	0.528	90	铜陵	0.415	0.371	1.078	17
常州	0.455	0.410	0.998	23	安庆	0.418	0.396	0.505	92
苏州	0.506	0.472	0.655	69	黄山	0.425	0.395	0.690	53
南通	0.455	0.424	0.665	66	滁州	0.424	0.386	0.895	32
淮安	0.409	0.365	1.096	15	阜阳	0.427	0.389	0.888	33
盐城	0.409	0.383	0.617	72	宿州	0.419	0.384	0.829	40
扬州	0.432	0.413	0.418	105	六安	0.414	0.397	0.389	107
镇江	0.442	0.409	0.733	48	亳州	0.425	0.404	0.473	98
泰州	0.424	0.400	0.545	88	池州	0.417	0.397	0.458	99
宿迁	0.415	0.389	0.608	75	宣城	0.423	0.396	0.620	71
杭州	0.523	0.490	0.612	74	南昌	0.452	0.421	0.669	63
宁波	0.472	0.443	0.595	77	萍乡	0.411	0.387	0.564	85
温州	0.450	0.404	1.035	20	九江	0.419	0.386	0.777	42
嘉兴	0.440	0.408	0.713	50	新余	0.406	0.359	1.190	13
湖州	0.437	0.411	0.575	80	鹰潭	0.419	0.390	0.676	60
绍兴	0.440	0.414	0.571	81	赣州	0.425	0.369	1.380	9
金华	0.437	0.407	0.670	62	吉安	0.425	0.392	0.765	43
衢州	0.401	0.382	0.452	100	宜春	0.409	0.385	0.567	83
舟山	0.429	0.407	0.491	94	抚州	0.438	0.395	0.990	24
台州	0.434	0.414	0.439	102	上饶	0.412	0.386	0.612	73
丽水	0.418	0.389	0.678	59	武汉	0.511	0.476	0.668	64
合肥	0.476	0.435	0.857	37	黄石	0.401	0.369	0.788	41
芜湖	0.436	0.406	0.672	61	德阳	0.412	0.383	0.688	54
十堰	0.398	0.378	0.481	97	绵阳	0.408	0.386	0.518	91

续表

城市	C_{max}	C_{min}	动态变动指数（%）	排名	城市	C_{max}	C_{min}	动态变动指数（%）	排名
宜昌	0.402	0.372	0.733	49	广元	0.410	0.369	1.010	22
襄阳	0.413	0.388	0.586	78	遂宁	0.421	0.382	0.928	28
鄂州	0.418	0.386	0.754	45	内江	0.390	0.373	0.414	106
荆门	0.394	0.366	0.695	52	乐山	0.400	0.362	0.954	25
孝感	0.407	0.383	0.570	82	南充	0.413	0.385	0.661	68
荆州	0.397	0.356	1.047	19	眉山	0.406	0.365	1.021	21
黄冈	0.402	0.374	0.681	57	宜宾	0.409	0.358	1.295	11
咸宁	0.401	0.386	0.353	110	广安	0.418	0.386	0.754	46
随州	0.407	0.389	0.421	104	达州	0.411	0.372	0.953	26
长沙	0.462	0.441	0.433	103	雅安	0.414	0.359	1.393	7
株洲	0.413	0.389	0.561	86	巴中	0.418	0.382	0.857	38
湘潭	0.410	0.386	0.565	84	资阳	0.423	0.383	0.949	27
衡阳	0.403	0.380	0.550	87	贵阳	0.437	0.356	2.068	1
邵阳	0.398	0.376	0.532	89	遵义	0.420	0.382	0.904	30
岳阳	0.393	0.378	0.361	109	安顺	0.416	0.372	1.075	18
常德	0.410	0.389	0.491	95	铜仁	0.416	0.363	1.327	10
益阳	0.403	0.374	0.705	51	毕节	0.427	0.365	1.544	5
郴州	0.399	0.364	0.874	35	昆明	0.446	0.387	1.386	8
永州	0.409	0.381	0.668	65	曲靖	0.400	0.369	0.764	44
怀化	0.405	0.350	1.429	6	玉溪	0.416	0.371	1.103	14
娄底	0.393	0.363	0.751	47	保山	0.412	0.376	0.870	36
重庆	0.508	0.425	1.775	3	昭通	0.411	0.374	0.899	31
成都	0.558	0.469	1.725	4	丽江	0.417	0.401	0.363	108
自贡	0.415	0.386	0.683	56	普洱	0.409	0.374	0.851	39
泸州	0.403	0.375	0.679	58	临沧	0.406	0.381	0.597	76
连云港	0.408	0.387	0.493	93	马鞍山	0.411	0.383	0.665	67
张家界	0.402	0.378	0.577	79	景德镇	0.409	0.39	0.443	101
攀枝花	0.383	0.349	0.886	34	六盘水	0.401	0.335	1.791	2

第三节　长江经济带城市及城市群绿色转型能力的空间自相关性分析

一、探索性空间数据分析

探索性空间数据分析(Exploratory Spatial Data Analysis,ESDA)目前被认为是一种比较理想的数据驱动分析方法,其目的是使用空间统计的观点检验一个空间模式是否显著,进而对所研究的空间过程做深入的了解,核心在于度量事物与现象之间的空间关联或者依赖程度(耿鹏,2021)。ESDA 空间关联分析分为全局和局部两种。其中,全局空间关联分析是通过全局空间自相关统计量的估计(刘晖,2018),表明事物或现象在总体空间上的平均关联程度,而局部空间关联分析则利用局部空间自相关统计量,进一步揭示事物或现象在局部空间位置上的关联程度及其分布格局。

(1)全局空间自相关分析

全局空间自相关分析可以衡量区域间整体的空间关联与空间差异程度。Moran's I 统计量是常用的全局空间自相关度量指标,用向量形式表示如下:

$$I = \frac{\sum_{i=1}^{n}\sum_{j=1}^{n}W_{ij}(Y_i - \bar{Y})(Y_j - \bar{Y})}{S^2 \sum_{i=1}^{n}\sum_{j=1}^{n}W_{ij}} \tag{7-3}$$

其中,$S^2 = \frac{1}{n}\sum(Y_i - \bar{Y})$,$W$ 是行标准化的空间邻接权重矩阵,对应于所有权重的和,n 为地区总数。Moran's I 测度考察变量空间取值的相似性,当 I 的值为正时,表明变量取值表现出空间上的相似性;当 I 的值为负时,则表现出空间取值的不相似性。Moran 指数的显著性检验采用一个标准化的 Z 统计量来推断:

$$Z = \frac{I - E(I)}{SD(I)} \tag{7-4}$$

其中,$E(I)$是理论上的均值,$SD(I)$是理论上的标准方差。在给定置信水平时,若 Moran's I 显著且正,则表示能力高水平地区在空间上聚集。反之若 Moran's I 显著且负,则表明区域与其周边地区的转型能力具有显著的差异。Moran's I 统计量只说明城市绿色转型能力在空间上的平均差异程度,不反映城市绿色转型能力的局部空间差异,可采用局部空间自相关度量方法进一步分析。

(2)局部空间自相关分析

局部空间自相关分析通过分析测算空间关联局域指标(Local Indicators of Spatial Association,LISA)显著性水平,采用 Moran 散点图、Local Moran's I 统计量来分析每个城市与周边地区之间的空间差异程度(李国平、王春杨,2012)。其中,Local Moran's I 统计量可以度量城市与其周边地区绿色转型能力在空间上的差异程度及其显著性。

Moran 散点图用散点图形式,描述变量与其空间滞后(即该观测值周围邻居的平均加权)向量间的相关关系。该图的横轴对应变量,纵轴对应空间滞后向量。主要包含四个象限,分别识别一个城市及其与邻近地区的关系。本书利用全局 Moran's I 和 LISA 聚集图来分别测度城市绿色转型能力的空间依赖性及异质性。其中,Moran's I 能反映长江经济带各城市与周边城市的空间关联及分布模式,其取值范围为[−1,1],小于 0 为负相关,代表空间分散,大于 0 为正相关,代表空间聚集。利用局部莫兰指数具体探测城市绿色转型能力变化的热点区域(高值集聚分布)与冷点区域(低值聚集分布),其中,"高—高"聚集区表示该城市及周边城市能力值均高;"高—低"聚集区表示该城市能力值高,但周边城市能力值低;"低—低"聚集区表示该城市能力值及周边城市能力值均低;"低—高"聚集区表示该城市能力值低,但周边城市能力值高(翁异静等,2022)。

二、城市及城市群绿色转型能力的空间自相关特征分析

依据地理学第一定律使用基于 Rook 邻接方法的空间权重矩阵,根据 2010 年、2013 年、2016 年与 2020 年的城市绿转型能力计算 Moran's I,从而利用全局莫兰指数和 LISA 聚集图来分别探究其空间依赖性及异质性。结果显示,2010 年、2013 年、2016 年的莫兰指数值分别为 0.24026、0.250103、0.161625,且 P 值均通过 1% 下的显著性检验,说明长江经济带在城市绿色转型过程中的空间依赖性为显著空间正相关。2020 年的莫兰指数值有所降低,为 0.0976781,但未通过显著性检验,说明长江经济带城市绿色转型能力的空间聚集性有所减弱。

虽然全局莫兰指数测度了长江经济带 110 个城市的绿色转型能力在空间上的相关性,但并未对局部聚集情况进行区分,为进一步探究城市绿色转型能力的空间异质性,使用 LISA 聚集图来分析长江经济带城市绿色转型能力的高低值聚集情况。2010—2020 年长江经济带城市绿色转型能力的高值地区变动不大,

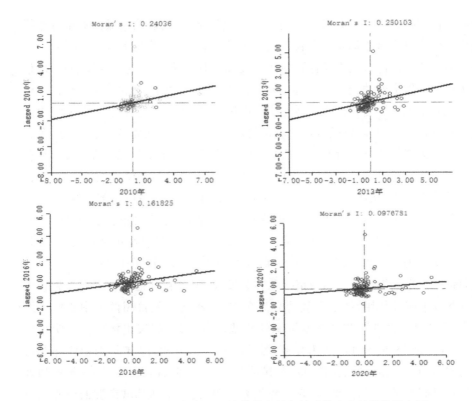

图7-2 2010—2020年长江经济带城市绿色转型能力莫兰指数散点图

但低值地区存在较大变动,且高—低值地区聚集模式较少。

"高—高"聚集区:主要分布在经济发达的长三角城市群,其高值聚集规模不断由沿海城市向内陆城市扩大。2010年位于"高—高"聚集区的城市共有8个,集中于长三角城市群,分别为上海、嘉兴、绍兴、舟山、南通、苏州、湖州、泰州;2013年位于"高—高"聚集区的城市上升为11个,原有的热点聚集格局不变,镇江、无锡、常州等地初步上升为城市绿色转型能力的热点地区;2016年位于"高—高"聚集区的城市为10个,热点聚集格局存在时间继承性,空间分布基本保持不变,但无锡、镇江转变为不显著地区,宣城上升为热点地区,说明无锡、镇江的城市绿色转型发展还不够稳定,还需及时巩固转型成果;到2020年位于"高—高"聚集区的城市降低为7个,依旧为长三角城市群的热点地区,但泰州、常州、宣城为不显著地区,表明经济低迷对中小型城市的绿色转型能力冲击较大。

"低—低"聚集区:2010年及2013年主要集中分布于长江中游、川滇黔及黔中城市群,2016 年及 2020 年主要分布于地形复杂,经济较为落后的城市群边缘城市。低值聚集城市数量逐年减少,由 2010 年的 11 个降低为 2020 年的 6 个,也表明了长江经济带城市绿色转型能力逐渐向均衡方向转变。具体来看,低值聚集地区的城市变动较大,但自贡、荆门、安顺、丽江、毕节、怀化、昭阳、衡阳多位于低值聚集地区。与其他城市群内的城市相比,这些城市的科技水平、基础设施建设还有待提高,且较难受到周边城市的溢出效应影响,从而导致了城市绿色转型能力低值聚集的分布情况。而这些低值聚集城市是未来长江经济带城市绿色转型能力的着重提升区,应结合城市发展特点制定绿色转型模式,发挥城市绿色转型独特性优势,从而在现有空间格局上实现长江经济带整体协调发展。

"低—高"聚集区与"高—低"聚集区:位于"低—高"聚集区的城市较少,2010—2016 年均仅有一个城市,到 2019 年有两个城市即马鞍山及宣城,宣城除 2016 年外均处于"低—高"聚集区,说明其在 2016 年受到较强的空间溢出作用,从而带动自身及周边城市的城市绿色转型发展,但其在其他年份未能受到较为良好的辐射带动作用,缺乏有效的交流合作,位于南京及杭州两大中心城市之间,受到二者对产业转移和要素资源的拦截,从而其空间聚集格局存在明显差异。"高—低"聚集区分布较为分散,数量较少,2010—2016 年均为中西部城市群的省会中心城市,包括长沙、贵阳、昆明、武汉、成都,且长沙除 2020 年外均处于"高—低"聚集状态,但到 2020 年变化为襄阳,说明中西部城市群的中心城较为良好地发挥了辐射带动作用,但辐射带动作用并不稳定。

第八章 长江经济带城市绿色转型的效率测度及环境影响分析

城市绿色转型要素是否充分发挥作用、城市绿色转型产出效率是否最大化是衡量城市绿色转型效果的重要指标。在第四章城市绿色转型能力评价中,虽然考虑到了从转型主体角度出发构建指标体系,但未能从转型要素的投入及产出角度来考察城市绿色转型的具体效率。因此,在参考绿色转型效率相关文章及城市绿色转型能力评价的基础上,尝试选取城市绿色转型的投入产出指标,并将外部环境因素考虑其中,从而对长江经济带城市绿色发展效率进行实证测度。

第一节 长江经济带城市绿色转型效率测度指标构建

一、构建原则

在城市绿色转型效率指标体系的构建过程中,主要重点遵循以下原则:

(1)简要与代表性原则。从城市绿色转型的要素解构中可知,城市绿色转型的要素众多,包括资金、人力、技术及资源等,且绿色技术创新是对城市绿色转型系统影响最大的要素,因此,将科研资源纳入城市绿色转型投入指标给予考虑。城市绿色转型的目的是解决城市发展与环境、经济、社会的协调问题,其产出涉及经济效益提升、产业结构升级、民生改善、环境治理有效等方面,因而主要从经济效益、产业升级、民生改善、环境治理层面选取产出指标。

(2)客观与系统性原则。城市绿色转型的复杂系统特性要求指标体系的构建应该在全面的、系统的计划中进行,建立起综合、有序的评价指标体系,从而对长江经济带城市绿色转型有系统性的认识。因此,从投入、产出、环境三大维度,选取资本、能源、劳动力及科研资源为城市绿色转型投入指标，从经济效益、产业转型、民生改善、环境治理层面选取城市绿色转型产出指标，从开放程度、消费水平、网络设施等外部环境选取指标构建城市绿色转型效率指标体系，并借助可操作的指标具体数据表征，从而体现城市绿色转型效率指标体系的客观性。

二、指标阐述与数据来源

在城市绿色转型投入维度中，城市绿色转型需要大量初始资本、人力的投入及能源支撑，且城市经济发展模式及产业转型升级、生产技术提升等创新成效与科研创新力量密切相关，而中小学在校人数是教育水平普及的体现，也是精神文明的重要体现，因而将其作为技术创新的后备力量纳入指标体系。因此，参考已有研究（翁异静等，2022），从资本、能源、劳动力及科研资源选取固定资产投资总额、全年用电量、年末单位从业人员数及中小学生在校人数作为城市绿色转型的投入指标。

在城市绿色转型产出维度中，良好的经济效益是城市绿色转型基础，也是城市绿色转型持续向好发展的信号之一，地区生产总值是衡量地区经济实力和发展潜力的重要表征；产业转型升级是推动城市绿色转型形成新格局的关键，第三产业增加值占比是产业转型的良好表征；城市绿色转型的核心内涵是以较少的资源和环境消耗而获得尽可能多的生活满足，环境治理取得成效及民生问题得到改善是城市绿色转型的重要表现，因此，选取工业固体废物综合利用率及城镇居民人均可支配收入来度量环境治理及民生改善方面的产出。

在城市绿色转型环境维度中，环境因素会影响城市绿色转型的投入产出效率，且一般不受决策单元把控。科技创新不仅是实现经济增长的重要途径，也是推动城市绿色转型的关键力量，城市绿色转型需要借助科技创新的力量，从而实现经济效益、环境友好、民生改善；消费能力则会对绿色转型产品和收入规模产生重要影响，与此同时，开放程度决定了吸纳外资的能力，外商投资将促使高端生产技术通过溢出效应及消化效应推进生态环境质量显著提升，从而进一步促进城市绿色转型。因此，选取当期实际利用外资金额、在岗职工平均工资及专利申请数作为环境变量，从而构建出城市绿色转型效率评价指标体系，见表8-1。数据来源于《中国城市统计年鉴》及各地市统计年鉴、统计公报等官方公开数据，选取长江经济带110个城市2010—2020年指标数据多年均值作为分析依据，缺失值使用线性插值法替代。

表 8-1　城市绿色转型效率评价指标体系

维度	准则层	指标层	单位
绿色转型投入	资本	固定资产投资总额	万元
	万千瓦时	能源	全年用电量
	劳动力	年末单位从业人员数	万人
	科研资源	中小学生在校人数	万人
绿色转型产出	经济效益	地区生产总值	万元
	产业转型	第三产业增加值占比	%
	民生改善	城镇居民人均可支配收入	元
	环境治理	工业固体废物综合利用率	%
绿色转型环境	开放程度	当年实际使用外资金额	万元
	消费能力	在岗职工平均工资	元
	科技基础	专利申请数	件

第二节　长江经济带城市绿色转型效率测度模型构建

三阶段 DEA 模型由 Fried 等人（2022）提出，其认为传统 DEA 模型中忽略了环境因素和随机噪声对决策单元效率的作用，而决策单元的绩效受到管理无效率、环境因素和随机噪声的影响，因而应考虑这三种因素各自的影响，从而提出三阶段 DEA 模型。与其他方法相比，三阶段 DEA 方法能够消除外部环境、统计噪声等干扰因素，准确计算出各决策单元的相对效率值，因而结果更加接近真实值，能够满足城市绿色转型效率的研究需要。

一、传统 DEA 效率模型

三阶段 DEA 模型的第一阶段为借助传统 DEA 模型对城市绿色转型效率进行初始评价。传统 DEA 模型包括 BCC 模型（投入导向）及 CCR（产出导向）模型，由于城市绿色转型规模报酬可变，因而采用投入导向的 BCC 模型进行城市绿色转型效率的第一阶段分析，其所得效率为综合技术效率，可进一步将技术效率分解为纯技术效率和规模效率，从而有助于区分长江经济带城市绿色转型效率受何种因素影响。

对于任意决策单元，对偶形式的 BCC 模型可表示为：

$$\min\theta - \varepsilon(\hat{e}^T S^- + e^T S^+)$$

$$\text{s. t.} \begin{cases} \sum_{j=1}^{n} X_j\lambda_j + S^- = \theta X_0 \\ \sum_{j=1}^{n} Y_j\lambda_j - S^+ = Y_0 \\ \lambda_j \geqslant 0, S^-, S^+ \geqslant 0 \end{cases} \tag{8-1}$$

其中，$j=1,2,\cdots,n$ 表示决策单元，X,Y 分别是投入、产出向量，θ 为综合效率值，S^+,S^- 为松弛变量。若 $\theta=1, S^+=S^-=0$，则决策单元 DEA 有效；若 $\theta=1, S^+\neq 0$，或 $S^-\neq 0$，则决策单元弱 DEA 有效；若 $\theta<1$，则决策单元非 DEA 有效。

二、SFA 随机前沿模型

第二阶段，主要关注由环境因素、管理无效率和随机噪声构成的松弛变量，实现投入指标冗余修正。依据 Fried 等人的想法，建立以投入导向为主的 SFA 回归函数：

$$S_{ni} = f(Z_i; \beta_n) + v_{ni} + \mu_{ni}; \quad i=1,2,\cdots,I; \quad n=1,2,\cdots,N \tag{8-2}$$

其中，S_{ni} 是第 i 个决策单元第 n 项投入的松弛值；Z_i 是环境变量，β_n 是环境变量的系数；$v_{ni}+\mu_{ni}$ 是混合误差项，$v\sim N(0,\sigma_v^2)$ 是随机误差项，表示随机干扰因素对投入松弛变量的影响；$\mu\sim N^+(0,\sigma_\mu^2)$ 是管理无效率，表示管理因素对投入松弛变量的影响。

SFA 回归的目的是使决策单元均处于相同的外部环境。根据罗登跃（2012）推导的计算方法排除干扰，计算公式如下：

$$E(\mu|\varepsilon) = \sigma_* \left[\frac{\phi(\lambda\frac{\varepsilon}{\sigma})}{\Phi(\frac{\lambda\varepsilon}{\sigma})} + \frac{\lambda\varepsilon}{\sigma} \right] \tag{8-3}$$

其中，$\sigma_* = \sigma_\mu\sigma_v/\sigma$，$\sigma = \sqrt{\sigma_\mu^2 + \sigma_v^2}$，$\lambda = \sigma_\mu/\sigma_v$。进一步计算随机误差项，公式如下：

$$E[v_{ni}|v_{ni}+\mu_{ni}] = s_{ni} - f(z_i; \beta_n) - E[u_{ni}|v_{ni}+\mu_{ni}] \tag{8-4}$$

最终，以投入指标为基准的调整公式如下：

$$X_{ni}^A = X_{ni} + [\max(f(Z_i; \hat{\beta}_n)) - f(Z_i; \hat{\beta}_n)] + [\max(v_{ni}) - v_{ni}] \quad i=1,$$

$2, \cdots, I; n=1,2,\cdots, N$ (8-5)

其中，X_{ni}^A 是调整后的投入；X_{ni} 是调整前的投入；$[\max(f(Z_i;\hat{\beta}_n))-f(Z_i;\hat{\beta}_n)]$ 是对外部环境因素进行调整；$[\max(\nu_{ni})-\nu_{ni}]$ 是使所有决策单元处于相同噪声下。

第三阶段是利用调整后的投入变量再次使用传统 DEA 模型进行城市绿色发展效率测度，但此时所得效率值已剥离环境因素与随机扰动的影响，所得结果相对准确真实（陈俊龙、唐秋，2022）。

第三节 长江经济带城市绿色转型效率测度的实证结果及环境因素影响分析

一、未考虑环境因素及随机扰动结果的转型效率结果分析

利用 DEAP-xp1 软件分析长江经济带 110 个城市绿色转型效率的投入产出指标第一阶段数据，得到各城市综合技术效率及其分解，如表 8-2 所示。第一阶段 DEA 测度结果初步展示了长江经济带 110 个城市绿色转型效率状况，在未考虑外在环境因素及随机扰动因素影响时，其综合、纯技术及规模效率的均值分别为 0.805、0.839、0.964，表明了在现有投入条件下，长江经济带城市绿色转型的整体效率还存在提升及改进空间。

表 8-2 第一阶段 DEA 城市绿色转型效率

城市	综合	纯技术	规模	规模报酬	城市	综合	纯技术	规模	规模报酬
上海	1	1	1	—	合肥	0.768	0.768	0.999	—
南京	1	1	1	—	芜湖	0.839	0.842	0.996	irs
无锡	1	1	1	—	蚌埠	0.824	1	0.824	drs
徐州	0.833	0.939	0.887	drs	淮南	0.641	0.652	0.982	drs
常州	1	1	1	—	淮北	0.927	1	0.927	drs
苏州	1	1	1	—	铜陵	0.673	0.675	0.996	drs
南通	0.841	0.908	0.926	drs	安庆	1	1	1	—
淮安	0.725	0.727	0.998	drs	黄山	0.749	0.75	1	—

续表

城市	综合	纯技术	规模	规模报酬	城市	综合	纯技术	规模	规模报酬
盐城	0.792	0.792	1	—	滁州	1	1	1	—
扬州	0.881	0.946	0.931	drs	阜阳	0.836	0.837	0.999	irs
镇江	1	1	1	—	宿州	0.659	0.661	0.998	drs
泰州	0.776	0.779	0.996	drs	六安	0.602	0.605	0.995	drs
宿迁	0.735	0.741	0.993	irs	亳州	0.506	0.507	0.999	irs
杭州	0.789	1	0.789	drs	池州	0.79	1	0.79	drs
宁波	0.829	1	0.829	drs	宣城	1	1	1	—
温州	0.693	1	0.693	drs	南昌	0.634	0.643	0.986	irs
嘉兴	0.76	1	0.76	drs	萍乡	0.706	0.779	0.906	drs
湖州	0.869	1	0.869	drs	九江	0.808	0.84	0.963	drs
绍兴	0.73	1	0.73	drs	新余	0.857	0.862	0.994	drs
金华	0.784	1	0.784	drs	鹰潭	0.693	0.694	0.998	irs
衢州	0.987	1	0.987	drs	赣州	1	1	1	—
舟山	1	1	1	—	吉安	0.993	0.995	0.998	drs
台州	0.751	0.875	0.858	drs	宜春	0.625	0.625	0.999	—
丽水	1	1	1	—	抚州	0.674	0.689	0.978	drs
武汉	1	1	1	—	上饶	0.615	0.615	1	—
黄石	0.616	0.623	0.99	drs	德阳	0.857	0.87	0.985	drs
十堰	0.588	0.599	0.981	irs	绵阳	0.738	0.776	0.952	drs
宜昌	0.773	0.797	0.969	irs	广元	0.722	0.744	0.971	drs
襄阳	0.778	0.785	0.991	irs	遂宁	0.913	0.992	0.92	drs
鄂州	0.941	0.99	0.951	irs	内江	0.978	1	0.978	drs
荆门	0.704	0.745	0.944	irs	乐山	0.762	0.766	0.995	drs
孝感	0.514	0.521	0.988	irs	南充	0.864	0.865	0.999	irs
荆州	0.626	0.626	1	—	眉山	0.863	0.887	0.973	drs
黄冈	0.502	0.503	0.997	drs	宜宾	0.803	0.835	0.963	drs
咸宁	0.759	0.763	0.996	irs	广安	0.882	0.914	0.965	drs

城市	综合	纯技术	规模	规模报酬	城市	综合	纯技术	规模	规模报酬
随州	0.99	0.991	0.999	irs	达州	0.731	0.734	0.996	drs
长沙	1	1	1	—	雅安	0.969	0.981	0.988	irs
株洲	0.871	0.887	0.982	drs	巴中	0.896	0.93	0.963	drs
湘潭	0.782	0.786	0.995	drs	资阳	1	1	1	—
衡阳	0.762	0.777	0.982	drs	贵阳	0.504	0.507	0.995	irs
邵阳	0.766	0.774	0.989	irs	遵义	0.785	0.786	1	—
岳阳	0.869	0.869	1	—	安顺	0.678	0.698	0.971	drs
常德	1	1	1	—	铜仁	0.702	0.703	0.998	irs
益阳	1	1	1	—	毕节	0.763	0.768	0.993	drs
郴州	0.831	0.834	0.996	drs	昆明	0.655	0.728	0.9	drs
永州	0.858	0.858	1	—	曲靖	0.627	0.628	0.998	drs
怀化	0.745	0.749	0.995	drs	玉溪	0.937	0.974	0.962	drs
娄底	0.776	0.777	0.999	irs	保山	0.669	0.723	0.926	drs
重庆	0.674	0.674	1	—	昭通	0.59	0.59	1	—
成都	0.592	0.838	0.707	drs	丽江	1	1	1	—
自贡	0.834	0.962	0.868	drs	普洱	0.969	0.975	0.995	irs
泸州	1	1	1	—	临沧	1	1	1	—
连云港	0.729	0.731	0.998	irs	马鞍山	0.927	1	0.927	drs
张家界	1	1	1	—	景德镇	0.808	0.84	0.963	drs
攀枝花	1	1	1	—	六盘水	0.721	0.723	0.998	irs

　　从第一阶段 DEA 测度结果的有效性来看,保持在效率前沿面的城市共有21个,分别为上海、南京、无锡、常州、苏州、镇江、舟山、丽水、铜陵、黄山、池州等11个位于长三角城市群的城市,武汉、长沙、常德、新余、张家界等5个位于长江中游城市群内的城市,自贡、攀枝花、资阳、丽江、临沧等5个位于长江上游地区的城市,这些城市均处于城市绿色转型效率前沿面;除此之外,有些城市的纯技术效率为1,说明这些城市的纯技术效率并不是限制其城市绿色转型的主要因素,如衢州、内江、马鞍山、湖州、宁波、蚌埠、杭州、金华、嘉兴、绍兴、温州的纯技

术效率均为1,但除衢州、内江外,其余城市的规模效率均低于均值,说明这些城市绿色转型综合效率值较低的主要原因在于其较低的规模效率,加大资本、劳动力及科研资源等投入是提升这些城市绿色转型综合效率的重要途径;还有以宜宾、绵阳、南昌、荆门、泸州、保山、昆明、重庆等为代表的中西部地区城市,其综合效率、纯技术效率及规模效率值均低于均值水平,且从规模报酬来看,这些城市多为规模报酬递减,说明这些城市的各个效率均有待提高,除加大投入外,还应依据城市位置及发展特点寻求合适的绿色转型之路。

采用等距法进一步了解长江经济带城市绿色转型效率的空间分布特征,并将效率值划分为四种类型即低、较低、中高、高水平。第一阶段 DEA 城市绿色转型效率值的空间分布较为分散,效率高水平地区主要位于长三角城市群及其他城市群省会中心城市的周边城市,表明了省会中心城市发挥了较为良好的溢出辐射作用;效率低水平地区则多位于长江中游城市群及长江下游地区部分城市,城市绿色转型效率值的空间分散分布特征也表明长江经济带绿色转型效率存在区域不均衡现象。但由于第一阶段未考虑环境因素及随机噪声的影响,各城市的效率值可能会受其影响被高估或低估,从而不能准确反映实际城市绿色转型效率值,因此需要将环境和随机扰动进行进一步调整和测度。

二、环境因素对城市绿色转型效率的影响分析

以城市绿色转型投入指标的第一阶段松弛变量分别为被解释变量,以环境因素即消费水平、开放程度及科技基础为解释变量,借助 Frontier4.1 软件进行 SFA 回归,结果如表 8-3 所示。由表 8-3 可知,城市绿色转型的 4 项投入松弛变量所对应的 LR 单边检验均通过 1‰ 水平上的显著性检验,说明进行 SFA 回归有效,模型设定无误。投入松弛变量的 σ_2 和 γ 值也均通过 1‰ 水平上的显著性检验,且 γ 值均趋近于 1,说明模型设计合理,也表明环境因素对城市绿色转型效率的影响比随机因素更为重要。同时,在 SFA 回归模型中,除单位从业人员外,3 个环境因素对其余 3 个投入松弛变量的系数均在 1‰ 水平上的显著,表明环境因素对各城市绿色转型的投入冗余影响显著,也说明了选取的环境因素较为合理,有必要进行第二阶段 SFA 回归。

表 8-3　第二阶段城市绿色转型效率 SFA 回归结果

变量	单位从业人员松弛变量	固定资产投资松弛变量	中小学生在校人数松弛变量	全年用电量松弛变量
常数项	$-8.81\text{E}-01^{*}$	$-2.82\text{E}+06^{***}$	$-8.27\text{E}-01^{***}$	$-7.87\text{E}+04^{***}$
	(-1.895)	(-2821034.1)	(-5.827)	(-221.846)
开放程度	$4.08\text{E}-01$	$7.14\text{E}+06^{***}$	$5.83\text{E}-01^{***}$	$1.19\text{E}+05^{***}$
	(0.810)	(7137603.1)	(3.698)	(75.764)
消费水平	$2.32\text{E}-01$	$-2.90\text{E}+06^{***}$	$2.30\text{E}-01^{**}$	$-9.98\text{E}+04^{***}$
	(1.146)	(-2897397.2)	(2.413)	(-149.576)
科技基础	$-5.67\text{E}-01(-0.713)$	$-2.70\text{E}+06^{***}$	$-1.21\text{E}+00^{***}$	$-3.83\text{E}+04^{***}$
		(-2703480.9)	(-4.582)	(-40.749)
σ^2	$1.66\text{E}+03^{***}$	$8.92\text{E}+13^{***}$	$2.36\text{E}+03^{***}$	$1.23\text{E}+11^{***}$
	(149.328)	$(8.92\text{E}+13)$	(2348.410)	$(1.23\text{E}+11)$
γ	$1.00\text{E}+00^{***}$	$8.12\text{E}-01^{***}$	$1.00\text{E}+00^{***}$	$9.86\text{E}-01^{***}$
	(24486.449)	(20.203)	$(1.25\text{E}+07)$	(129.545)
LR test	89.903^{***}	21.857^{***}	85.448^{***}	32.600^{***}

注：*、**、*** 分别表示在 10%、5%、1%的显著性水平下显著；括号内为 t 值

通过对各变量的回归进一步分析可知：（1）开放程度对固定资产投资、中小学在校人数和全年用电量的松弛变量影响显著为正，说明开放程度的扩大会导致城市绿色转型投入冗余，且影响程度较大。对外开放程度的提高吸纳了大量的外资投入，可以为产业发展及企业技术创新提供资金支持，但同时也可能带来大量的环境问题，且可能由于缺乏高效的资金用途监管，导致城市绿色转型投入浪费问题，从而不能直接提升城市绿色转型效率。（2）消费水平对中小学在校学生人数的松弛变量影响显著为正，说明消费水平的提高，虽扩大了对中小学生在校人数等科研后备力量的相关投入，但由于城市绿色转型是一项周期长且见效慢的系统工程，从而使得其在科研资源后备力量方面不能直接带来城市绿色转型效率的提升，但其对固定资产投资及全年用电量的松弛变量显著为负，且影响程度高，说明消费水平越高的城市越重视城市绿色转型投入资源的有效配置，越有能力减少其在资本及资源方面的浪费，对投入资源的有效利用率也越高，从而促进城市绿色转型综合效率的提升。（3）科技基础对固定资产投资、中小学在校生人数、全年用电量的松弛变量影响均显著为负，且对单位从业人员的影响虽不显著但也为负值，表明科技基础成果转化、新型科技应用等能够提高城市绿色转型的产出能力，从而城市绿色转型效率投入松弛变量的减少。科技水平不仅依

靠资金及资源驱动，还要依赖科研后备力量的支持，从而通过资金及人力联动促进技术创新，从而促进城市绿色转型效率提升，最终实现城市绿色转型。

三、剔除环境因素及随机扰动影响后的转型效率结果分析

将第二阶段调整后的投入指标与原始产出指标再次借助 DEA 模型进行效率评估，得到消除环境因素及随机扰动影响后的长江经济带 110 个城市的绿色转型综合效率、纯技术效率及规模效率，可更合理地反映长江经济带城市绿色转型状况，结果如表 8-4 所示。

表 8-4　第三阶段 DEA 城市绿色转型效率值

城市	综合	纯技术	规模	规模报酬	城市	综合	纯技术	规模	规模报酬
上海	1	1	1	—	合肥	0.799	0.8	0.999	drs
南京	0.994	1	0.994	drs	芜湖	0.844	0.875	0.966	irs
无锡	1	1	1	—	蚌埠	0.902	1	0.902	drs
徐州	0.861	0.959	0.898	drs	淮南	0.869	0.909	0.956	irs
常州	1	1	1	—	淮北	0.932	0.938	0.993	irs
苏州	1	1	1	—	铜陵	1	1	1	—
南通	0.874	0.915	0.955	drs	安庆	0.903	0.905	0.998	drs
淮安	0.874	0.882	0.991	irs	黄山	1	1	1	—
盐城	0.829	0.849	0.977	irs	滁州	0.869	0.888	0.979	irs
扬州	0.917	0.952	0.963	drs	阜阳	0.9	0.907	0.992	irs
镇江	1	1	1	—	宿州	0.859	0.941	0.913	irs
泰州	0.859	0.86	0.999	irs	六安	0.801	0.892	0.898	irs
宿迁	0.827	0.874	0.946	irs	亳州	0.962	1	0.962	drs
杭州	0.834	1	0.834	drs	池州	1	1	1	—
宁波	0.894	1	0.894	drs	宣城	0.875	0.904	0.968	irs
温州	0.819	1	0.819	drs	南昌	0.856	0.873	0.981	drs
嘉兴	0.934	1	0.934	drs	萍乡	0.933	0.946	0.986	irs
湖州	1	1	1	—	九江	0.787	0.865	0.909	irs
绍兴	0.915	1	0.915	drs	新余	1	1	1	—
金华	0.944	1	0.944	drs	鹰潭	0.988	1	0.988	irs

续表

城市	综合	纯技术	规模	规模报酬	城市	综合	纯技术	规模	规模报酬
衢州	0.977	1	0.977	drs	赣州	0.811	0.871	0.932	irs
舟山	1	1	1	—	吉安	0.905	0.907	0.997	irs
台州	0.933	0.936	0.997	irs	宜春	0.881	0.898	0.981	irs
丽水	0.997	1	0.997	drs	抚州	0.895	0.928	0.964	irs
武汉	1	1	1	—	上饶	0.8	0.906	0.883	irs
黄石	1	1	1	—	德阳	0.864	0.954	0.906	irs
十堰	0.867	0.944	0.919	irs	绵阳	0.905	0.911	0.994	irs
宜昌	0.778	0.924	0.843	irs	广元	0.957	0.957	0.999	irs
襄阳	0.777	0.883	0.881	irs	遂宁	1	1	1	—
鄂州	0.852	0.882	0.967	irs	内江	0.996	1	0.996	irs
荆门	0.98	1	0.98	irs	乐山	0.89	0.949	0.938	irs
孝感	0.782	0.923	0.848	irs	南充	0.878	0.93	0.944	irs
荆州	0.788	0.894	0.882	irs	眉山	0.971	0.973	0.998	irs
黄冈	0.747	0.86	0.869	irs	宜宾	0.916	0.922	0.993	irs
咸宁	0.802	0.864	0.928	irs	广安	0.937	0.939	0.998	irs
随州	0.819	0.92	0.89	drs	达州	0.936	0.942	0.993	irs
长沙	1	1	1	—	雅安	0.906	1	0.906	irs
株洲	1	1	1	—	巴中	1	1	1	—
湘潭	0.966	0.971	0.995	irs	资阳	1	1	1	—
衡阳	0.922	0.925	0.997	irs	贵阳	0.677	0.702	0.964	irs
邵阳	0.932	0.949	0.982	irs	遵义	0.832	0.893	0.931	irs
岳阳	0.869	0.928	0.935	irs	安顺	0.889	0.954	0.932	irs
常德	0.929	0.953	0.975	irs	铜仁	0.76	0.873	0.87	irs
益阳	0.911	0.943	0.966	irs	毕节	0.829	0.894	0.928	irs
郴州	0.887	0.92	0.964	irs	昆明	0.827	0.832	0.994	drs
永州	0.812	0.852	0.953	irs	曲靖	0.759	0.871	0.871	irs
怀化	0.865	0.945	0.915	irs	玉溪	0.903	0.998	0.904	irs

续表

城市	综合	纯技术	规模	规模报酬	城市	综合	纯技术	规模	规模报酬
娄底	0.894	0.935	0.957	irs	保山	0.914	0.981	0.932	irs
重庆	0.811	0.871	0.931	drs	昭通	0.706	0.913	0.774	irs
成都	0.974	0.993	0.982	drs	丽江	1	1	1	—
自贡	0.996	1	0.996	irs	普洱	0.902	0.972	0.928	irs
泸州	0.899	0.899	1	—	临沧	0.957	1	0.957	irs drs
连云港	0.857	0.872	0.983	irs	马鞍山	0.982	1	0.982	irs
张家界	1	1	1	—	景德镇	1	1	1	—
攀枝花	0.798	1	0.798	irs	六盘水	0.758	0.858	0.884	irs

通过比较调整前后的效率值可知，剔除环境和随机扰动影响后，长江经济带城市绿色转型效率表现均有所上升，综合效率均值由第一阶段的 0.805 上升至 0.900，纯技术效率均值由第一阶段的 0.839 上升至 0.942，但规模效率均值有所降低，由第一阶段的 0.964 降为 0.955。可见，在没有控制环境和随机扰动影响时，长江经济带城市绿色转型综合效率及纯技术效率值偏低。具体来看，位于效率前沿面的城市数量依旧为 21 个，大于综合效率整体均值城市数量为 58 个，但还有 13 个城市的效率值低于 0.8，表明仍存在较大的转型空间。其中，第一阶段处于效率前沿面的 21 个城市中，在经过调整后依旧保持效率前沿面的城市有 16 个，分别为上海、无锡、常州、苏州、镇江、舟山、铜陵、黄山、池州等 9 个位于长三角城市群内的城市，武汉、新余、长沙、常德、张家界等 5 个位于长江中游城市群内的城市，资阳、丽江等 2 个上游地区城市；随州、遂宁、巴中、湖州、景德镇等城市转变为效率前沿面，说明在控制环境和随机扰动影响后，这些城市具有高效的绿色转型效率；杭州、宁波、衢州、南京、温州、攀枝花等 19 个城市的纯技术效率值依然为 1，其中攀枝花的规模效率值为 0.798，限制了其城市绿色转型效率的提升空间，需侧重调整其城市绿色转型规模状态。

从第三阶段城市绿色转型效率值的空间分布来看，分布特征与第一阶段类似，主要分布于各城市群省会中心城市及其周边城市，且第三阶段的城市均处于较低水平及以上，与第一阶段不同的是第三阶段高水平地区出现了数量明显增加及东中西连片集中分布现象。高水平地区的城市数量由第一阶段的 34 个提升至第三阶段的 67 个，中高、较低水平地区的城市数量由第一阶段的 35 个和 28 个转变为第三阶段的 40 个和 3 个。其中，位于较低水平的城市为贵阳、昭通、荆州,均为地形复杂的边缘地区,贵阳与荆州效率值较低的主要原因为二者的纯技术效率限制了其城市绿色转型效率的提升空间,昭通则是由于规模效率值较低从而限制了城市绿色转型综合效率的提升,克服经济发展局限、加大技术投入、发挥地区转型资源独特性优势是低水平地区城市绿色转型提升的重要途径。

第四篇
新发展绩效：长江经济带高质量发展区域差异性的现状探索、作用机理及发展战略影响

第九章　长江经济带经济高质量发展区域差异性的探索分析

第一节　经济高质量发展评价指标体系构建

一、五大新发展理念解析

党的十八届五中全会提出了"创新、协调、绿色、开放、共享"的五大新发展理念,要求全党全国牢固树立和切实贯彻。新发展理念传承了党的发展理论,也开辟了马克思主义发展观的新境界,从质量、效率、公平、可持续等方面深刻揭示了新时代抓发展的基本要求。张占斌(2019)指出新发展理念回答了发展的根本目的、根本动力和根本价值问题,为新时代中国经济发展指明了方向,为更好解决我国当前社会主要矛盾明确了路径。新发展理念以中国经济社会发展的重大实践和理论问题为导向,紧紧扣住中国经济社会的趋势性变化和阶段性特征,对"实现什么样的发展、怎样发展"问题作出新的系统阐释。自五大新发展理念提出以来,我国学者对以新发展理念推动高质量发展进行了广泛深入的研究。彭五堂等(2019)对如何践行新发展理念实现高质量发展进行研究,指出要下大力气解决收入差距问题;充分发挥国有企业的主力军作用;坚持党的全面领导和顶层设计。刘志彪(2018)从制度角度入手,认为高质量发展需要形成符合五大新发展理念的制度结构。李梦欣和任保平(2019)从新发展理念的五个基本维度为切入点,构建了经济新时代中国高质量发展的评价指标体系。程莉和王琴(2020)基于五大新发展理念,分析了经济结构变迁对经济高质量发展的影响。此外,还有很多学者从不同行业角度研究了新发展理念推动高质量发展。新发展理念与全面建成小康社会的遵循原则、目标要求结为一体,集中体现了新发展理念的中国特色社会主义政治经济学的深刻意蕴。

坚持创新发展，着力提高质量效益。创新是引领发展的第一动力，是一个民族的灵魂。创新发展，必然引领发展，并实现持续发展，这其中，不仅为人民"实惠"的增多提供了条件，而且将不断增强人民的获得感和幸福感，尤其不可忽视的是，广大人民群众在创新活动中将不断提升自身的综合素质和现代化水平，这也是创新发展中最好最根本的发展，也是人民群众最本质的获得感和幸福感。顾海良（2016）指出关于创新理念，马克思在对社会经济关系发展问题的探讨中，虽然没有直接使用过"创新"概念，但他对创新的政治经济学意义还是作过多方面的论述。过去存在的一个重大的误区就是将创新等同于"技术创新"。新发展理念在创新问题上，最大的突破是提出全面创新的观点，全面推进理论创新、制度创新、科技创新、文化创新，并且将理论和制度的创新置于更加重要的位置，这是我国发展形势的必然选择，也是我国科技创新的必然选择，体现了我们党在创新问题的认识上达到了一个新的高度。从当前形势来看，坚持创新发展，首先要重点把握好发展动力转换问题。尤其要深入探索推进供给侧改革，善于从供给面的角度去寻找新的增长点，推动"大众创业、万众创新"，鼓励发展"众创、众包、众扶、众筹"，真正让每个有创新意愿的人都有机会、有空间。双传学（2016）研究发现还要特别注意把握新科技革命的机遇，加快推进"互联网＋"行动。贯彻落实好国家大数据战略，推动从"经验主义"向"数据主义"的决策模式转变，以利他分享的大数据思维推动政府数据共享开放，为整个经济社会的发展插上互联网的"翅膀"。

坚持协调发展，着力形成平衡结构。协调是持续健康发展的内在要求。蔡清伟（2016）指出协调发展是邓小平在立志推动改革时期多次强调的发展理念。协调发展，其目的就是为了我国各地区各民族各群体利益的整体发展，就是为了避免陷入"中等收入陷阱"，就是为了解决好收入差距等问题，使发展真正惠及全体人民。全面小康，重在"全面"，"协调发展"同样贵在"全面"二字，要着力解决发展不平衡问题。"唱和如一，宫商协调"。从古代中国的传统智慧，到当代中国协调发展的全新理念，"协调"一词被赋予新的时代内涵。经济和社会发展不平衡，如同一个人一条腿长一条腿短一样，一定会跌跤。张静（2019）研究发现发展要协调，这在任何时候对任何国家都适用。中国广大的幅员，众多的民族，复杂的环境与城乡差别、地区差别、民族差别以及这些差别所产生的叠加效应，使得各种情况千差万别、极其复杂，更加需要解决好发展的均衡性、协调性问题。要大力促进城乡区域协调发展，促进经济社会协调发展，推动物质文明和精神文明协调发展，推动经济建设和国防建设融合发展协调发展，善用"马阵跨阱"推动中国跨越"中等收入陷阱",让"协调"真正成为引领未来发展的强大动力。

坚持绿色发展,着力改善生态环境。绿色是永续发展的必要条件。绿色发展,就其要义来讲,是要解决人与自然和谐共生问题。姜敏(2021)指出绿色发展理念既是对马克思生态思想的继承和发展,又体现了人类命运共同体理念致力于人的发展的内在价值追求,同时也为推进生态文明建设、建设美丽中国提供理论遵循。韩莹莹等(2021)研究发现绿色发展理念强调"人与自然生命共同体""自然生命共同体""良好生态环境是最普惠的民生福祉""绿水青山就是金山银山",体现出人与自然和谐共生意蕴,启示我们要坚持人与自然和谐共生的原则来推动新时代绿色发展。发达国家的发展历史表明,在特定的发展阶段,一般都会经历环境污染问题。改革开放以来,我国创造了经济高速增长的奇迹,但是,粗放型的增长方式在消耗巨量资源的同时,也引发了我国资源约束趋紧、环境污染严重、生态系统退化等一系列问题,生态环境的恶化及其对人民健康的影响已经成为人们的心头之患,成为这个时代突出的痛点。随着经济社会的发展以及环保意识的觉醒,人们对清新空气、干净饮水、安全食品、优美环境的要求日趋强烈。如果说改革开放初期,我们的突出矛盾是解决吃饭问题,在这一过程中对环境问题有所忽略,那么,经过40多年的改革发展,我们的温饱问题已经基本解决,如果仍然还采取过去那种方式,不顾忌生态环境搞建设,就会得不偿失。所以,一定要树立保护生态环境就是保护生产力、改善生态环境就是发展生产力的理念,大力发展绿色循环经济,让绿色生活方式落细、落小、落实、在公众生活的方方面面。

坚持开放发展,着力实现合作共赢。开放是国家繁荣发展的必由之路,封闭只会窒息自己的生机。开放发展,是为了充分汲取和利用世界文明发展成果,让一切可以利用的资源为我国经济社会的发展服务,最大限度地解放和发展生产力,解放和增强社会活力,以先进的物质力量和精神力量提升广大人民群众的生活质量。王小锡(2017)指出开放发展更重要的是促进了人的现代化程度的不断提高,这是人民幸福之本,也是幸福之根。李红松(2017)指出落实"开放"发展理念、实施开放发展战略需要准确把握当代中国的历史方位。横向来讲,需要把握好"开放"发展的整体性;纵向来讲,必须把握好当代中国开放发展的阶段性。具体来讲,落实"开放"发展理念、实施开放发展战略,必须处理好"引进来"和"走出去"的关系;必须坚持平等互利与合作共赢原则,坚决捍卫国家主权和国家安全;必须坚持"文化自信",加强对外文化交流,特别是要做好马克思主义和中国传统文化的传播,增进"历史向世界历史转变"的积极因素。如果说,我国过去的开放注重的是引进来,是接受或融入世界政治经济秩序,在国际舞台上展示自己的形象,那么,随着综合国力的提升,我国对外开放应更多关注走出去,主动参与构建世界政治经济新秩序,搭建国际合作与交流的平台,影响国际规则的制定。近年来,我们大力实施"走出去"战略,取得积极成果。但是,也存在一些比较突出的问题,比如,在国际分工体系中的位次较低,对未来产业结构升级和国民福利改进的拉动力还不足。再比如,在国际经济生活中的话语权缺失,不利于拓展未来国民经济成长空间,等等。为此,进一步完成好对外开放战略布局、加快培育国际经济合作竞争新优势等重大任务,具有十分重要的意义。

坚持共享发展,着力增进人民福祉。共享是中国特色社会主义的本质要求,它内含着发展需要人人参与、人人尽力,发展成果应该人人享有、全面享有。陈界亭(2017)指出共享的发展理念是各国和各国人民共同享受尊严、共同享受发展成果、共同享受安全保障。共享理念,强调共建共享相统一,注重机会公平,保障基本民生,实现全体人民共同迈入全面小康社会等观点,既是马克思主义理论的应有之义,也是中国共产党几代领导人坚持不懈进行探索的理想和目标。不仅是对社会主义本质理论的重要发展,更是对中国特色社会主义经济学理论视野的重要拓展。张彧等(2016)指出共享发展理念作为直接指导第一个"百年目标"实践的政治方针,体现了全面建成小康社会进程中走向共同富裕的重要指导原则。习近平同志强调,要坚持把增进人民福祉、促进人的全面发展、朝着共同富裕方向稳步前进作为经济发展的出发点和落脚点,部署经济工作、制定经济政策、推动经济发展都要牢牢坚持这个根本立场。马克思曾经指出:"人们奋斗所争取的一切,都同他们的利益有关。"①我们必须按照人人参与、人人尽力、人人享有的要求,在不断做大"蛋糕"的同时分好"蛋糕",使人民群众的钱袋子日益鼓起来,让全体人民群众在共建共享中拥有更多获得感。习近平提出共享发展理念,是在关键的时间节点上提出的重要发展理论。共享发展理念是基于对我国发展面临的新环境作出的科学、准确的判断,丰富了马克思主义发展观和中国共产党人的共同富裕思想。共享发展理念的实现,离不开中国共产党的正确领导、中国特色社会主义道路的不断拓展和社会主义初级阶段基本经济制度的保驾护航。

习近平总书记曾指出:"高质量发展就是体现新发展理念的发展。"这一论断明确了高质量发展的动力、目的和价值导向,也深刻揭示了新时代发展的内涵就是要以新发展理念为引领推动高质量发展。新发展理念集发展方向、发展目标、发展方式、发展动力、发展路径等为一体,是改革开放40多年来我国发展经验的

---

① 马克思恩格斯全集:第1卷[M].北京:人民出版社,1956:82.

深刻总结,是党的十八大以来我国发展探索的结晶。五大新发展理念,不仅是"十三五"时期而且也是更长时期我国发展思想的深刻概括,反映着我们党对中国特色社会主义经济社会发展规律的新认识,体现了当代中国马克思主义政治经济学的新成就。

二、长江经济带经济高质量发展评价指标体系

经济高质量增长是经济数量和质量增长的统一,有着丰富的内涵,尽管目前众多学者对于构建其评价指标体系标准不一,但依据习近平提出的"创新、协调、绿色、开放、共享"五大新发展理念,构建经济高质量发展评价指标体系受到了学术界的广泛认可。因此,在现有研究基础上,依据科学性、系统性、实用性及动态性原则,同时考虑数据的可获得性和切实代表性,结合长江经济带地域特点,参考已有学者的研究,从创新发展、协调发展、开放发展、绿色发展及共享发展五个方面共 19 个指标来测度长江经济带经济高质量发展水平,研究其区域内发展差异现状。

(1)创新发展维度。创新是实现经济高质量发展的首要源动力,创新水平是新时代衡量高质量发展的重要标准。主要从创新投入、创新产出及创新环境三方面来衡量创新发展。其中,以科学拨款占财政支出的比重表征创新投入;以发明专利授权数表征创新产出;以普通高等学校数表征创新环境。

(2)协调发展维度。协调发展是经济高质量发展的内生特点,经济高质量发展必须是平衡、充分和协调的发展。主要从区域协调、城乡协调和产业协调三方面来衡量协调发展。其中,以泰尔指数表征区域协调;以城镇化率表征城乡协调;以第三产业增加值占 GDP 比重表征产业协调。

(3)开放发展维度。开放对于经济高质量发展是必由之路,任何一个国家的发展都不是单独的发展,全球经济一体化表明未来的发展必定是开放合作的发展。主要从外贸依存和外资利用来衡量开放发展。其中,以进出口贸易总额占 GDP 比重表征外贸依存;以实际使用外资金额占 GDP 比重表征外资利用。

(4)绿色发展维度。绿色发展是经济高质量发展的普遍形态,对资源的高效利用,对生态环境的保护,同时也是符合人类社会发展的根本利益。主要从环境污染、环境治理和绿化环保三个方面衡量绿色发展。其中,以单位 GDP 工业废水排放量和单位 GDP 工业二氧化硫排放量表征环境污染;以工业固体废物综合利用率和生活垃圾无害化处理率表征环境治理;以建成区绿化覆盖率表征绿化环保。

(5)共享发展维度。经济高质量发展的根本目标是共享,是满足人民日益增长的多样化的生活需求,从而提高人民的生活质量。主要从消费水平、医疗公平、文化教育及就业公平四个方面衡量共享发展。其中,以城镇居民人均可支配收入和农村居民人均可支配收入表征消费水平;以医院、卫生院床位数表征医疗公平;以公共图书馆图书总藏量和普通高等学校在校学生表征文化教育;以城镇登记失业率表征就业公平。

综上,长江经济带经济高质量发展评价指标体系如表 9-1 所示。

表 9-1 长江经济带经济高质量发展评价指标体系

一级指标	二级指标	三级指标	计算公式	单位	性质
创新发展	创新投入	科学拨款占财政支出的比重	科学技术支出/财政支出	%	+
	创新产出	发明专利授权数	发明专利授权数	个	+
	创新环境	普通高等学校数	普通高等学校数	所	+
协调发展	区域协调	泰尔指数	泰尔指数	%	+
	城乡协调	城镇化率	城镇人口/常住总人口	%	+
	产业协调	第三产业增加值占 GDP 比重	第三产业增加值/GDP	%	+
开放发展	外贸依存	进出口贸易总额占 GDP 比重	进出口贸易总额/GDP	%	+
	外资利用	实际使用外资金额/GDP	实际使用外资金额/GDP	%	+
绿色发展	环境污染	单位 GDP 工业废水排放量	工业废水排放量/GDP	%	—
		单位 GDP 工业二氧化硫排放量	工业二氧化硫排放量/GDP	%	—
	环境治理	工业固体废物综合利用率	工业固体废物综合利用率	%	+
		生活垃圾无害化处理率	生活垃圾无害化处理率	%	+
	绿化环保	建成区绿化覆盖率	建成区绿化覆盖率	%	+
共享发展	消费水平	城镇居民人均可支配收入	城镇居民人均可支配收入	元	+
		农村居民人均可支配收入	农村居民人均可支配收入	元	+
	医疗公平	医院、卫生院床位数	医院、卫生院床位数	张	+
	文化教育	公共图书馆图书总藏量	公共图书馆图书总藏量	千册	+
		普通高等学校在校学生	普通高等学校在校学生	人	+
	就业公平	城镇登记失业率	城镇登记失业率	%	—

第二节　长江经济带经济高质量发展水平区域差异性探索分析

一、数据来源及指标权重确定

（1）数据来源

本书选取长江经济带 11 个省市，共 105 个地级市 2010—2019 年的平衡面板数据评估长江经济带地区经济高质量发展差异。数据主要来源于国家统计局、《中国城市统计年鉴》、中国经济与社会发展统计数据库及各省市的统计公报等。其中数据缺失较少的城市采用插值方法进行补齐，样本总量为 1050 个。

（2）熵值法指标权重确定

① 熵值法计算过程

对于经济高质量发展水平的评价，首先要确定评价指标体系中各指标的权重。目前对于权重的确定有主观赋权法和客观赋权法，但相对于主观赋权法带有较强的主观因素，客观赋权法具有较广泛的应用。熵值法是客观赋权法的一种，是用来判断某个指标的离散程度的数学方法，离散程度越大，该指标对综合评价的影响越大。本书依据构建的长江经济带经济高质量评价指标体系，参照许晓冬等(2021)学者的研究运用熵值法计算长江经济带 105 个地级市的创新、协调、开放、绿色及共享的发展指数及经济高质量发展水平综合指数，并通过取均值的方法进一步计算出 11 个省市的相关结果。

熵值法确定指标权重及指数计算步骤为：

首先，用极差法对各个指标做标准化处理，消除各指标量纲方面的差异。

$$x_{ij} \text{为正指标} : y_{ij} = x_{ij} - \min x_{ij} / \max x_{ij} - \min x_{ij} \tag{9-1}$$

$$x_{ij} \text{为逆指标} : y_{ij} = \max x_{ij} - x_{ij} / \max x_{ij} - \min x_{ij} \tag{9-2}$$

其中，i 表示各个省份；j 表示响应子系统各因子的各个测度指标；$\max x_{ij}$ 和 $\min x_{ij}$ 分别表示 x_{ij} 的最大值和最小值；y_{ij} 是对 x_{ij} 原始值无量纲化处理后的值。

其次，对测度指标值 y_{ij} 进行标准化处理：

$$Y_{ij} = y_{ij} \Big/ \sum_{i=1}^{m} y_{ij} \tag{9-3}$$

$m = 11$ 为样本数；定义 e 为响应子系统各指标的信息熵，d_j 为信息效用值，则第 j 项信息熵值为 $e_j = \dfrac{1}{\ln m} \sum_{i=1}^{m} Y_{ij} \ln Y_{ij}$，信息效用值为 $d_j = 1 - e_j$。信息效用值 d_j 越大，则该项经济指标越重要。

再次，计算各个指标 y_{ij} 的权重：

$$w_j = d_j \Big/ \sum w_j y_{ij} \tag{9-4}$$

最后，计算响应子系统中各因子的综合指数：

$$F = \sum w_j y_{ij} \tag{9-5}$$

② 权重计算结果

依据上述熵值法的计算过程，长江经济带经济高质量评价指标体系中的各指标权重如表 9-2 所示。由一级指标来看，绿色发展和共享发展对于经济高质量发展具有相对较重要的影响，其权重最高，分别为 0.313 和 0.303，协调发展（0.182）、创新发展（0.115）和开放发展（0.087）的重要程度依次降低。由二级指标来看，权重排名占据前五位的指标均是绿色发展的指标，这也说明了绿色发展对于长江经济带经济高质量发展的重要性。

表 9-2 指标体系各权重计算结果

一级指标	权重	二级指标	三级指标	权重
创新发展	0.115	创新投入	科学拨款占财政支出的比重	0.054
		创新产出	发明专利授权数	0.025
		创新环境	普通高等学校数	0.036
协调发展	0.182	区域协调	泰尔指数	0.060
		城乡协调	城镇化率	0.062
		产业协调	第三产业增加值占 GDP 比重	0.060
开放发展	0.087	外贸依存	进出口贸易总额占 GDP 比重	0.034
		外资利用	实际使用外资金额占 GDP 比重	0.053

续表

一级指标	权重	二级指标	三级指标	权重
绿色发展	0.313	环境污染	单位 GDP 工业废水排放量	0.062
			单位 GDP 工业二氧化硫排放量	0.063
		环境治理	工业固体废物综合利用率	0.062
			生活垃圾无害化处理率	0.063
		绿化环保	建成区绿化覆盖率	0.063
共享发展	0.303	消费水平	城镇居民人均可支配收入	0.057
			农村居民人均可支配收入	0.055
		医疗公平	医院、卫生院床位数	0.028
		文化教育	公共图书馆图书总藏量	0.041
			普通高等学校在校学生	0.062
		就业公平	城镇登记失业率	0.060

二、各省市经济高质量发展的差异分析

由长江经济带各地级市的经济高质量发展综合指数,计算出 2010—2019 年长江经济带各省市经济高质量发展综合指数,结果及排名如图 9-1 所示。可以发现各省市的经济高质量发展综合指数介于 0.352~0.541 之间,均值 E 为 0.395,标准差 SD 为 0.052,各省份存在一定程度差异。图 9-1 显示,上海市排名第一(0.541),其次是浙江省(0.432)和江苏省(0.421),这些省市在追求经济增长的同时,经济高质量发展也取得不错的成就,其中上海市处于领头羊地位。其余省份经济高质量发展水平逐级递减,位于排名后三位的省份分别是四川省(0.363)、贵州省(0.355)和云南省(0.352)。

借鉴陈景华等(2020)的研究,根据均值和标准差的关系,将经济高质量发展综合指数大于 E+0.5SD,即大于 0.421 的省份划为"领先省份";将综合指数小于 E-0.5SD,即小于 0.369 的省份划为"落后省份";将综合指数大于 0.395,小于 0.421 的省份划为"进步省份";将综合指数小于 0.395,大于 0.369 的省份划为"追赶省份"。表 9-3 为长江经济带四种类型省份的区域分布。

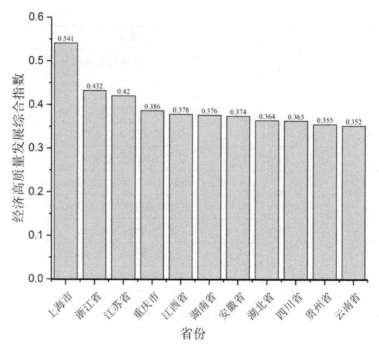

图 9-1　2010—2019 年长江经济带各省市经济高质量发展综合指数及排名

表 9-3　长江经济带经济高质量发展四种类型省市的区域分布

	下游地区	中游地区	上游地区
领先型	上海市 浙江省		
进步型	江苏省		
追赶型	安徽省	湖南省 江西省	重庆市
落后型		湖北省	四川省 云南省 贵州省

　　根据表 9-3，从经济高质量发展四种类型区域分布看，处于领先型的省份有两个，为上海市和浙江省，处于进步型的有一个，为江苏省，均位于长江经济带下游地区；处于追赶型的省市有四个，分别为安徽省、湖南省、江西省和重庆市，其中安徽位于下游地区，湖南和江西位于中游地区，重庆位于上游地区；处于落后

型的省份有四个,分别为湖北省、四川省、云南省和贵州省,其中除湖北省位于中游地区以外,其余省份均位于上游地区。整体来看,上、中、下游地区经济高质量发展类型跨度较大,长江经济带各省市经济高质量发展水平存在较大差异。

三、地理区位视角经济高质量发展的差异分析

根据长江经济带地理位置将其划分为上、中、下游三大区域,依据经济高质量评价指标体系,分别计算出上、中、下游各省市 2010—2019 年的经济高质量发展综合指数和在创新发展、协调发展、开放发展、绿色发展及共享发展这五大维度的发展指数(见表 9-4)。由表 9-4 可知,长江经济带三大区域的高质量总体发展水平差异显著,呈现下游最高(0.442),中游次之(0.373),上游最低(0.364)的空间格局。由创新、协调、开放、绿色和共享五大维度来看,长江经济带下游地区高质量发展在各个维度均要优于中、上游地区;中游地区在创新、绿色以及共享方面均优于上游地区,但上游地区协调高质量发展方面相对于中、下游发展水平略高,说明上游地区发展相对协调。

表 9-4 长江经济带三大区域经济高质量发展指数

地区	创新指数	协调指数	开放指数	绿色指数	共享指数	综合指数
上海市	0.036	0.091	0.048	0.134	0.082	0.541
江苏省	0.010	0.068	0.016	0.142	0.040	0.421
浙江省	0.006	0.067	0.020	0.143	0.043	0.432
安徽省	0.005	0.057	0.005	0.140	0.029	0.374
下游均值	0.014	0.071	0.022	0.139	0.049	0.442
湖北省	0.005	0.057	0.004	0.136	0.030	0.364
湖南省	0.005	0.059	0.003	0.136	0.032	0.376
江西省	0.004	0.058	0.008	0.139	0.030	0.378
中游均值	0.005	0.058	0.005	0.135	0.030	0.373
四川省	0.004	0.052	0.004	0.135	0.028	0.363
云南省	0.004	0.058	0.003	0.122	0.030	0.352
重庆市	0.005	0.056	0.028	0.107	0.030	0.386
贵州省	0.005	0.061	0.003	0.118	0.032	0.355
上游均值	0.004	0.057	0.009	0.121	0.030	0.364

四、城市功能和城市群视角经济高质量发展差异分析

长江经济带地域广阔，城市和城市群众多。当下城市和城市群的发展对于长江经济带经济高质量发展有着重要的影响作用，研究中心城市和城市群的经济高质量发展差异对于分析长江经济带经济高质量发展差异具有重要意义。依据前文测度方法，探索长江经济带各个省市的中心城市、非中心城市及三大国家级城市群的经济高质量发展差异。图 9-2 呈现了不同城市功能和城市群的经济高质量发展指数在 2010—2019 年的变化趋势。

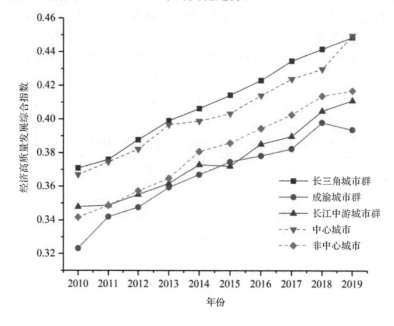

图 9-2　不同城市职能和城市群经济高质量发展综合指数

图 9-2 显示，时间维度上，2010—2019 年，不同城市功能和城市群的经济高质量发展水平均呈上升趋势，这说明随着我国经济的快速发展，不管高质量发展概念提出与否，城市和城市群的经济发展质量在研究期间已经逐渐提高。从城市功能方面来看，中心城市的经济高质量发展水平高于非中心城市，2010—2018 年两者增长趋势大致相同，2018 年开始，中心城市经济高质量发展水平明显上升。从城市群方面来看，整体上经济高质量发展水平由高到低分别为长三角城市群、长江中游城市群及长江上游城市群，这同时也与各城市群所处地理区位的经济高质量发展水平研究趋势一致。在研究期间，长三角城市群的经济高质量

发展水平增长速度相对较快,这一定程度上得益于其良好的经济基础和较强的发展能力;成渝城市群的经济高质量发展水平除了在 2015 年短暂的超过长江中游城市群,其余时期其发展水平均低于长江中游城市群,这表明成渝城市群的发展能力仍有待进一步提高。

第十章 长江经济带经济高质量发展差异性机理分析

研究经济高质量发展机理对于提高经济高质量发展水平有着重大意义。经第九章对长江经济带经济高质量发展差异性现状分析,得到长江经济带上、中、下游三大区域地域特征明显,且经济高质量发展具有显著差异,故本章节探讨三大区域的经济高质量发展差异性机理。

第一节 基于 DPSIR 模型的经济高质量发展机理的理论分析及框架构建

一、经济高质量发展机理的理论分析

经济高质量发展既不同于单纯的经济速度增长又异于经济质量增长,其内涵极其丰富,涉及经济、社会、文化以及生态环境等多个方面,其中多重影响因素相互联系,相互作用,是一个经济健康可持续增长的动态复杂系统。为了理清系统内部作用机理,本书引入"驱动力—压力—状态—影响—响应"(Driving-Pressure-State-Impact-Response,DPSIR)模型。

驱动力—压力—状态—影响—响应模型是一种在环境系统中广泛使用的评价指标体系概念模型,其是作为一种衡量环境及可持续发展的指标体系而开发出来的。该模型将表征一个自然系统的评价指标分为驱动力(Driving)、压力(Pressure)、状态(State)、影响(Impact)和响应(Response)五种类型,存在着驱动力—压力—状态—影响—响应的因果关系链(马荣、孙艳红,2021)。在DPSIR 模型中,除了表明社会发展及环境状态之间大致的相互作用,还表明了环境状态对社会的一些反馈。这些反馈由环境目标和社会为应对不合意的环境

状态变化及由此造成的对人类生存社会环境的不利影响而采取的措施组成(杨良健、曹开军,2020)。在评析生态环境和经济发展方面应用广泛。其中,"驱动力"是造成系统状态变化的潜在因素;"压力"是在驱动力的趋势下造成系统状态变化的直接影响因素;"状态"是指评价区域在上述压力和驱动力的共同作用下所处的状态;"影响"是指系统所处的状态反过来对人类健康和社会经济结构的影响,其又会引起系统的响应,从而进一步转化为系统的驱动因素;"响应"是指为积极提升系统发展而采取的有效对策。DPSIR是一种研究社会生态系统的模型,后被拓展到可持续发展问题研究上,其对系统的研究从驱动力、压力、状态、影响和响应五个维度展开,不同维度之间相互影响与作用,能够探究系统内部各因素发展的相关联系,从而揭示其发展机制(崔瑜等,2021)。经济发展以生态资源、科技创新、城市化等因素为长期驱动力,进而对资源环境和社会发展产生压力,导致生态环境状态和经济结构改变,从而对生态环境和社会生活带来影响,这些影响要求人类针对状态的改变转变经济发展方式,作出高质量发展的响应,经济高质量发展系统这种发展过程恰与DPSIR模型的内涵相契合。

生态资源、科技创新及城市化进程的加快,为经济不断发展提供了长期驱动力,与此同时,随着经济发展水平的不断提高,资源被长期过度消耗,粗放型的科技创新和城市化发展不仅加剧资源消耗,还会因为发展不平衡问题,加大地区之间贫困差异,于是产生资源消耗和贫困差异等压力;经济发展是影响产业结构最重要的因素,传统经济发展方式下经济的快速增长,虽然一定程度上提高了人们的生活消费水平,但伴随着工业化程度加强,严重破坏了产业结构的合理化;由于产业结构的不合理,地区生态资源遭到不合理利用,进一步导致生态环境质量下降,但不可否认的是,经济水平的提高完善了社会经济制度,国家通过国民收入分配和再分配实现了公民在年老、疾病、伤残、失业、生育等方面的社会保障,提高了公民社会生活保障水平;经济发展不能只追求发展速度的增长和经济水平的提高,随着人民日益增长的美好生活需要的不断凸显,以环境为代价的粗放型经济发展方式亟待改变,最终从创新、协调、绿色、开放及共享方面引起高质量发展的响应,实现高效率、公平和可持续的发展。

二、经济高质量发展机理的框架构建

依据前文基于DPSIR模型的经济高质量发展机理分析,给出本部分具体的分析框架(见图10-1),并提出如下研究假设。

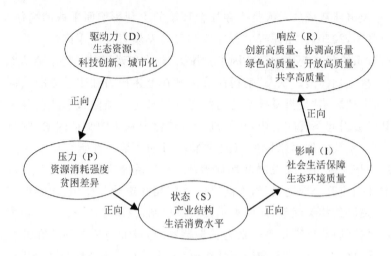

图 10-1　经济高质量发展系统 DPSIR 分析框架

H1："驱动力"对"压力"存在正向作用
H2："压力"对"状态"存在正向作用
H3："状态"对"影响"存在正向作用
H4："影响"对"响应"存在正向作用

第二节　基于 DPSIR 模型的经济高质量发展机理的概念模型及指标体系构建

一、经济高质量发展机理的概念模型构建

本书基于经济高质量发展系统 DPSIR 分析框架，确定其作用机理概念模型（见图 10-2），该概念模型包括 5 个潜在变量（驱动力、压力、状态、影响、响应）和 14 个观测变量（生态资源、科技创新、城市化、资源消耗强度、贫困差异、产业结构、生活消费水平、社会生活保障、生态环境质量、创新高质量、协调高质量、绿色高质量、开放高质量以及共享高质量），可以对经济高质量发展系统内在的作用机理进行探索。而结构方程模型主要是用于分析潜在变量间的因果关系和相关关系的统计方法，是一种验证性方法，故该方法对于研究经济高质量发展系统内在的作用机理具有一定的适用性和有效性。

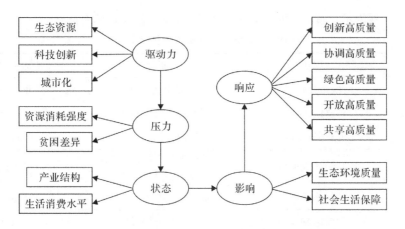

图 10-2　经济高质量发展系统作用机理概念模型

二、经济高质量发展机理的指标体系构建

依据 DPSIR 内涵及经济高质量发展系统作用机理概念模型,构建机理研究指标体系。其中,由于高质量响应部分仍是依据五大新发展理念进行分析,故将长江经济带经济高质量发展评价指标体系作为本部分响应模块的指标,在此不再赘述。具体驱动力、压力、状态和影响模块指标如表 10-1 所示。此外,对于指标的处理同样运用熵值法确定权重。

(1)驱动力:驱动力(D)是指使经济高质量发展系统发生变化的原因,也即发展的驱动因素。依据李虹和邹庆(2018)的研究,自然环境是人类生存的物质基础,长江经济带丰富的生态资源是其经济社会发展的必要条件,采掘业从业人员与年末常住人口之比能够全面准确地衡量经济对自然资源的依赖情况,经济意义上更能度量地区生态资源;徐欣等(2021)的研究表明科技通过提高全要素生产率,驱动产品和服务高质量供给推动经济结构升级,成为长江经济带经济高质量发展的核心驱动力,技术市场成交额一定程度上能够衡量科技创新对经济市场的作用程度,故以技术市场成交额占 GDP 比重表征科技创新;依据袁晓玲等(2019)的研究,城市化进程的加快,从人口、社会、空间及经济方面推动经济质量的增长,故以城市化水平表征城市化进程。

(2)压力:压力(P)是指在经济发展的驱动下,资源消耗和社会发展面临的压力。借鉴胡美娟等(2020)的研究并结合长江经济带经济发展现状,认为经济发展的压力主要来自两方面,一是资源消耗,以单位地区生产总值能耗(等价值)表征;二是贫困差异,地区的经济基础及区位优势不同,经济快速发展会加剧地区之间发展的不平衡，尤其是城乡差距，故以城乡收入差异表征。

表 10-1　经济高质量机理分析指标体系

系统	因子	指标	指标正逆性
驱动力（D）	城市化（D_1）	城市化水平	正指标
	科技创新（D_2）	技术市场成交额/GDP	正指标
	生态资源（D_3）	采掘从业人员/常住人口	正指标
压力（P）	资源消耗强度（P_1）	单位地区生产总值能耗（吨标准煤/万元）	逆指标
	贫困差异（P_2）	城乡收入差异（元/人）	逆指标
状态（S）	产业结构（S_1）	二、三产业增加值之比	正指标
	生活消费水平（S_2）	城镇居民家庭恩格尔系数	正指标
影响（I）	社会生活保障（I_1）	拥有卫生技术人员数/万人	正指标
	生态环境质量（I_2）	污染排放中工业废气排放量（万吨）	正指标
		工业固体废物综合利用率	逆指标

（3）状态：状态（S）是指在资源环境压力和经济社会发展双重作用下，经济高质量发展系统所处的经济和社会发展状态。依据何文海和张永姣（2021）的研究，产业结构是经济社会体系的主要组成部分，优化升级产业结构能有效地提高生产要素的综合配置效率，而产业重点依次转移是产业结构高级化的重要体现，尤其是长江经济带地区上、中、下游存在明显的产业转移趋势，故以二、三产业增加值之比表征经济发展状态；依据佟金萍等（2017）的研究，居民的生活消费水平衡量的是满足人们生存、发展和享受需要方面所达到的程度，是社会发展的重要方面，因此用城镇居民家庭恩格尔系数表征。

（4）影响：影响（I）是指驱动力、压力以及状态对经济高质量发展系统整体的作用和影响程度。依据内涵将影响分为社会生活保障和生态环境质量两个方面。医疗保障是社会生活保障的重要内容，健康是保障民生的基础，故以每万人拥有卫生技术人员数表征社会生活保障；生态环境质量是指生态环境的优劣程度，是人类生存和发展的物质基础，它反映了生态环境对人类生存及社会经济发展的适宜程度，本书从环境污染和环境治理角度衡量，选用污染排放中工业废气排放量和工业固体废物综合利用率进行表征（黄莘绒，2021）。

（5）响应：响应（R）是指为了改善由于驱动力和压力造成的影响，进一步采取的应对措施。基于五大新发展理念，从创新、协调、绿色、开放及共享等方面表征高质量响应。

第三节　长江经济带经济高质量发展差异性的实证分析

一、下游地区经济高质量发展机理分析

从结构方程模型的拟合度检验结果来看(见表 10-2)，$\chi^2/df=2.614$，小于 3，RMSE=0.092，小于 0.1，除 NFI 未达到 0.9 的标准外，GFI、AGFI、CFI 及 IFI 均大于 0.9，AIC=276.098，是可以接受的水平，故总体来看拟合结果，所建的结构方程模型拟合度良好(张妍等，2021)。

表 10-2　长江经济带下游地区结构方程模型拟合度检验

拟合指数	χ^2/df	RMSEA	GFI	AGFI	NFI	CFI	IFI	AIC
理想值	1~3	<0.1	>0.90	>0.90	>0.90	>0.90	>0.90	越小越好
假设模型	2.614	0.092	0.900	0.921	0.884	0.923	0.925	276.098

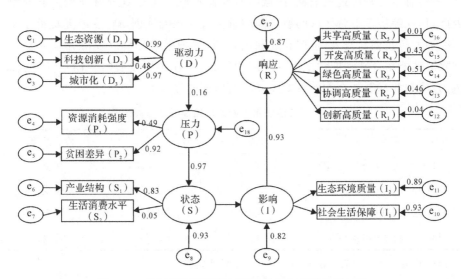

图 10-3　长江经济带下游地区结构方程模型运行结果

经 Amos 运行得到长江经济带下游地区结构方程模型运行结果(见图 10-3)，并由此进一步得到路径假设检验结果(见表 10-3)及关键因素识别结果

（见表10-4）。由表10-3长江经济带下游地区路径假设检验结果可知，长江经济带下游地区经济高质量发展系统的作用机理为"驱动力—压力—状态—影响—响应"的单向链式作用路径；由表10-4长江经济带下游地区关键因素识别结果发现，除"生活消费水平"对"状态"不显著相关，其他各因子检验结果均显著。这表明长江经济带下游地区的经济高质量发展以"生态资源"、"科技创新"和"城市化"作为驱动力，对"资源消耗强度""贫困差异"等方面造成压力，导致"产业结构"状态的改变，对"社会生活保障""生态环境质量"产生影响。从而引起"创新高质量""协调高质量""绿色高质量""开放高质量""共享高质量"的响应。事实上，长江经济带下游区域包括上海、浙江、江苏以及安徽四省市，其中上海是国际经济、金融、贸易、航运、科创中心和全球卓越城市的龙头，浙江、江苏以及安徽同样具有较高的开放水平，总体来讲相对于中、上游区域长江经济带下游地区具有更丰富的资源以及更好的经济基础。在国家政策的大力支持下，长期处于改革开放前沿的下游区域具有相对较高的城市化水平，人力资本的积累、科技创新以及丰富的生态资源都为下游地区经济的高质量发展提供较大的驱动力。此外，下游地区拥有具有全球影响力的先进制造业基地和服务业基地，社会居民拥有较高的生活质量，经济高质量发展水平相对较高，但也因此带来了很多发展问题，主要有生态资源过度消耗、区域内城乡收入差距过大、生态环境质量下降等。因此，长江经济带下游区域的经济高质量发展应该继续创新转变经济发展方式，继续加大科技创新投入，合理高效利用资源，保护生态环境以及协调城乡发展，破除旧动能培育新动能，"坚持在发展中保护，在保护中发展"，从创新、协调、绿色、开放和共享等各个方面来响应经济高质量的发展。

表10-3　长江经济带下游地区路径假设检验结果

研究假设	路径系数	t 值	检验结果
H1：驱动力（D）→压力（P）	0.16*	1.895	接受
H2：压力（P）→状态（S）	0.97***	5.956	接受
H3：状态（S）→影响（I）	0.91***	5.153	接受
H4：影响（I）→响应（R）	0.93**	2.794	接受

注：其中*、**、***表示在10％、5％、1％水平下显著

表 10-4 长江经济带下游地区关键因素识别实证结果

因素	D_1	D_2	D_3	P_1	P_2	S_1	S_2	I_1	I_2	R_1	R_2	R_3	R_4	R_5
系数	0.99	0.48	0.97	0.49	0.92	0.83	0.05	0.97	0.94	0.2	0.67	0.71	0.66	0.08
P	***	***	***	***	***	***	0.11	***	***	***	**	**	**	**
影响	显著	显著	显著	显著	显著	显著	不显著	显著	显著	显著	显著	显著	显著	显著

注:其中**、***表示在5%、1%水平下显著

二、中游地区经济高质量发展机理分析

采用同样的方法对中游地区进行数据分析可知,"状态—影响"是不显著的,故长江经济带中游地区经济高质量发展系统的作用机理为"驱动力—压力—状态"及"影响—响应"的跳跃式作用路径;关键因素识别方面,除了"生活消费水平"对"状态"不显著外,其他各因子检验结果都是显著的。这表明中游地区经济高质量发展虽然跟下游地区具有同样的驱动力,即"生态资源"、"科技创新"以及"城市化"有效促进其经济高质量的发展,但发展路径并不相同。在有效的驱动力下,长江经济带中游地区的经济高质量发展对"资源消耗"以及"贫困差异"等造成压力,但并未通过改变社会发展和"产业结构"状态,对"社会生活保障"以及"生态环境质量"造成影响来引起经济高质量的响应。中游地区地理位置靠近下游,主要包括湖南、湖北以及江西三个省份,其中湖北省武汉市具有相对较强的核心竞争力,最强的对外辐射能力,近年来随着下游地区产业转型升级加快,中游地区接受下游地区产业转移的规模不断扩大,中游地区的经济发展加快。但中游区域的经济高质量发展并未对生态环境质量造成影响,一方面是因为生态环境具有一定程度的自我恢复能力,另一方面则是中游地区经济高质量发展水平程度不高,对生态环境的污染相对下游地区程度较轻,经济高质量发展水平不高同样也是经济高质量发展并未有效提高社会生活保障的原因。对于长江经济带中游地区而言,它是下游地区密集型产业转移的首选,有着"工业围江"的产业布局,产业结构层次较低,导致经济高质量发展水平不高。因此,长江经济带中游地区应积极加速产业转型,进行产业结构升级,优化产业布局,着重从创新高质量、协调高质量、绿色高质量以及共享高质量来促进经济高质量的发展。

三、上游地区经济高质量发展机理分析

同样对长江经济带上游区域进行数据分析可知,"驱动力—压力"及"压力—

状态"不显著,故长江经济带上游地区经济高质量发展系统作用机理为"状态—影响—响应"的中断式作用路径;关键因素识别方面,除"城市化"对"驱动力"不显著及"创新高质量"对"响应"不显著外,其他因素的检验结果都是显著的,这表明上游地区经济高质量发展的路径与中、下游有很大的不同。在"生态资源"、"科技创新"以及"城市化"的驱动下,上游区域的经济发展并没有对"资源消耗强度""贫困差异"等造成压力,也并未改变"产业结构"以及"生活消费水平"的状态,却仍然通过对"社会生活保障""生态环境质量"产生影响来引起经济高质量的响应。长江经济带上游地区主要包括云南、贵州、四川以及重庆四个省市,自然资源禀赋独厚,拥有长江经济带 48% 的水资源总量,但相比于中下游,其经济基础较薄弱,经济发展起步晚,工业发展模式相对传统,经济结构单一,且产业创新不足,经济高质量发展水平较低,也即经济高质量的发展并未引起资源环境和社会生活以及经济结构的改变,究其原因是经济高质量的有效驱动力不足,城市化水平不高,科技创新不够,丰富的自然资源并没有得到高效利用。发展动力决定发展速度、效能和可持续性,关乎全局和未来,因此长江经济带上游地区应该继续着重进行经济建设,逐步提高开放程度,与中、下游区域形成产业融合的同时,积极响应"一带一路"重大战略,培育新型成渝城市群,加强新型城市化建设,加大科技创新投入力度,保证生态环境质量,充分利用良好的生态资源,打造长江经济带改革开放新高地,创造自己的区域特色产业链,形成促进经济高质量发展的有效驱动。

四、区域经济高质量发展系统机理对比分析

综合对比长江经济带上、中、下游三大区域的经济高质量发展系统作用机理(见表 10-5),可以发现:(1)从作用机理路径方面来看,三大区域经济高质量发展作用路径有着很大差别,对下游地区而言,有着"驱动力—压力—状态—影响—响应"的单向链式作用路径;对中游地区而言,有着"驱动力—压力—状态"及"影响—响应"的跳跃式作用路径,"状态—影响"不显著;对上游地区而言,有着"状态—影响—响应"的中断式作用路径,"驱动力—压力"及"压力—状态"不显著。(2)从关键因素识别来看,上、中、下游地区都以"城市化"、"科技创新"以及"生态资源"为经济高质量发展的驱动力,但中、下游地区通过驱动力,对"资源消耗强度"以及"贫困差异"产生压力,导致"产业结构"和"生活消费水平"的状态改变,其中,中、下游地区区别在于下游地区通过对"社会生活保障"以及"生态环境质量"产生影响来引起经济高质量响应,而中游地区"状态"对"影响"不显著;

上游地区则通过驱动力对"社会生活保障"以及"生态环境质量"产生影响引起经济高质量响应。故在下游地区,"资源消耗强度"、"贫困差异"以及"生态环境质量"成为影响经济高质量发展的关键因素;在中游地区,合理规划产业布局,进行产业结构升级则是促进经济高质量发展的重要方式;在上游地区,"生态资源"、"科技创新"以及"城市化"等驱动力对其经济高质量发展水平有着至关重要的影响。

表 10-5 三大区域实证结果对比分析

系统	因子	上游地区	中游地区	下游地区
驱动力(D)	生态资源	显著	显著	显著
	科技创新	显著	显著	显著
	城市化	不显著	显著	显著
压力(P)	资源消耗强度	显著	显著	显著
	贫困差异	显著	显著	显著
	驱动力→压力	不显著	显著	显著
状态(S)	产业结构	显著	显著	显著
	生活消费水平	显著	不显著	不显著
	压力→状态	不显著	显著	显著
影响(I)	社会生活保障	显著	显著	显著
	生态环境质量	显著	显著	显著
	状态→影响	显著	不显著	显著
响应(R)	创新高质量	不显著	显著	显著
	协调高质量	显著	显著	显著
	绿色高质量	显著	显著	显著
	开放高质量	显著	显著	显著
	共享高质量	显著	显著	显著
	影响→响应	显著	显著	显著

第十一章 区域发展战略对长江经济带高质量发展的差异化影响检验及异质性作用机制分析

第一节 区域发展战略对高质量发展影响的理论分析及模型构建

首先从经济高质量发展的特征切入,分析经济高质量发展受到区域战略影响的原因;在此基础上,结合长江经济带发展战略出台的具体相关举措,剖析其如何影响长江经济带的经济高质量发展。

一、区域发展战略对经济高质量发展影响的理论分析

经济高质量发展要求经济发展具有更高效率、更加公平及更可持续,经济发展方式面临多方面的考验,区域战略因地制宜地对地区经济发展做出规划(高国力,2021),因而对地区经济高质量发展产生了重要影响。

其一,地区经济发展效率的提高是多方因素综合作用的结果(Pontes et al.,2018),现阶段建设现代化区域增长极体系对于促进地区经济高效率发展具有重要作用,当下区域战略的实施将优化已有增长极并催生新的增长极。区域增长极的核心功能是聚集经济要素、实现自身快速发展,并带动外围地区增强发展能力,经济越发达其形式和作用越趋于分化和多样化。如城市群增长极,京津冀协同发展重点在于打破行政区划分割壁垒,推动要素有序流动和资源合理配置,探索经济和人口密集地区优化发展的路径和模式,从而有效提升经济发展效率(樊杰等,2021)。当下中国各区域发展战略在实施中因地制宜地展开,通过优化和催生增长极为中国高质量发展注入新动力。

其二,经济发展的公平性主要体现在发展资源的公平分配及发展成果的共享上(Tomislav,2018)。市场机制调节下,经济要素总是向条件更优越的地区集

聚,这导致地区内部经济极化发展,出现马太效应,发展资源极化配置和发展成果分配不均。适时的区域发展战略的调控,有利于限制极化发展的消极作用,提升经济发展的公平性。

其三,经济发展可持续性的要求源于经济发展的延续性。延续性表明经济发展是一代代人共同努力的结果,但经济发展资源对全球任何国家来讲都是有限的,当代人不能因为自己的发展需求而影响甚至破坏后代的发展和福祉,故可持续的经济发展方式是必要的(Jovovic,2017;Tolstykh,2020)。可持续发展是一个具有经济含义的生态概念,生态环境和资源禀赋是任何地区经济发展的基础资源,区域发展战略秉持"绿水青山就是金山银山"的发展理念,统筹经济发展和生态保护,促进生态环境治理、产业和城市布局、文化保护传承相协同的可持续发展,进而推动区域经济高质量发展。

二、长江经济带发展战略对长江经济带高质量发展的影响路径分析

长江经济带发展战略作为中国区域重大发展战略之一,其对长江经济带的高质量发展有着重要影响,结合长江经济带发展战略的实施措施,可以发现主要通过创新驱动、产业集聚、加强区域经济联系、提高公共服务水平及加快绿色发展等五条路径对高质量发展产生深远影响。

路径一,创新驱动培育经济增长新动能,经济持续高效增长离不开高技术创新人才、高端创新平台及活跃的创新环境(任保平等,2021)。长江经济带发展战略以建设若干具有强大带动力的创新型城市和区域创新中心为目标,集聚人才优势,建设创新示范新高地,积极推动大众创业、万众创新,营造良好的创新创业生态,为经济发展增添活力。

路径二,提高产业集聚水平,优化产业结构(Zheng,2020;Dorzhieva,2021)。市场分割的存在导致生产要素流动的成本和壁垒相对较高,劳动力、资本、技术等生产要素在长江经济带地区非均衡分布,促使长江经济带重复建设、产业同构现象严重。长江经济带发展战略明确规定:一方面,清理阻碍要素合理流动的地方性政策法规;另一方面,建立统一的市场准入制度,打破市场分割局面。这两方面措施促进了要素流动,并完善了市场准入制度,为产业集聚水平的提高创造了先决条件,进一步有益于产业转移,优化产业布局,促进区域经济高质量发展。

路径三,加强了区域经济联系,促进区域一体化发展(郑瑞坤,2021)。区域分工是区域经济联系的一种表现形态,长江经济带发展战略通过建立统一的区域协调管理体制和合作机制,使由区域分工带来的经济联系由原先的产品和货

物联系转变为生产和管理的地区协同,联系体同时也由实物转变为以资本、技术、信息为主的要素,深化了地区分工与合作,加强了区域间经济联系,避免了资源浪费,从而大大提高经济增长效率(陈磊等,2021)。

路径四,创新体制机制,提升公共服务整体水平。地区公共服务水平跟人民日益增长的美好生活需要息息相关,是区域高质量发展的重要部分(赵新峰,2021)。长江经济带地区间基本公共服务水平差距明显,长江经济带发展战略提出要推进基本公共服务合作发展,创新合作协调发展的体制机制,从教育、公共文化、医疗卫生及区域社会保障等多方面协同合作发展,推动地区间资源、信息及服务共享,确保公共服务质量的整体提升。

路径五,统筹经济与生态效益,加快绿色发展(李浩,2021)。长江经济带经济的快速增长,造成极大的生态环境压力,实现长江经济带区域高质量发展必须协调好经济发展与生态环境保护问题。生态优先、绿色发展是长江经济带发展战略的基本思路,其明确规定:保护修复长江生态,建立负面清单管理制度和长江生态保护补偿机制,加强环境污染联防联控(孙智君,2020)。鉴于生态环境保护是一项系统工程,故打破行政壁垒有效利用市场机制,更好地发挥政府作用是必要的,从而形成上、中、下游之间联防联治、流域管理统筹协调新机制,更好地统筹经济和生态发展,推动区域高质量发展。

但由于长江经济带区域内发展不平衡,各地区区位优势及战略定位不同(Cox,2019),这些会导致长江经济带发展战略的影响效果产生差异性。首先,区域初始经济发展水平不同会导致国家实施的同一政策具有不同的效果,长江经济带上、中、下游三大区域,区域内部各地区受到区位、资源、劳动力、技术等多重因素的影响,经济发展水平存在区域差异。长江经济带下游地区由于具有较高的开放水平,更丰富的人力资本的积累以及更好的经济基础,因此具有相对较高的经济发展水平;而中下游区域因为其传统产业比较多,经济结构相对单一,经济基础较下游地区薄弱,所以经济发展水平相对较低。因此,长江经济带发展战略对上、中、下游地区经济高质量发展的影响具有一定差异性。

当下中国处于后工业化的高质量发展阶段,城市和城市群是现代化增长体系的主导力量,也是高质量发展的重要动力源,经济活动多向中心城市和城市群集聚,人口和产业占比不断提升。长江经济带地区覆盖多省,中心城市和城市群众多。但一方面,中心城市和非中心城市由于聚集的技术、信息及资源要素不同,导致城市发展能力不同而具有不同功能和地位,从而会使战略影响效果产生差异;另一方面,经济社会发展水平基础的不同,导致不同城市群对战略政策的敏感度和优化资源要素的分布效率不同(陈晓东,2021),从而导致经济高质量发展的能力也会存在差异。

三、研究设计

将长江经济带发展战略的实施看作一次准自然实验,将长江经济带内的地级市定义为实验组,将临近长江经济带其他地区的地级市定义为控制组,结合倾向得分匹配,利用双重差分法评估长江经济带发展战略对经济高质量发展的影响。

由于个体会同时受到时间因素、政策冲击以及其他随机干扰的影响,直接比较个体在政策前后的差异无法反映外生冲击的实际效果,而双重差分法(Difference-In-Difference,DID)常用来识别经济学因果关系和考察外生政策的影响。由于一旦政策实施,我们无法直接观察到政策没有实施的情况,因此,双重差分的基本原理是在一个反事实的研究框架下评估某项政策实施和不实施这两种情况对某一被解释变量所带来的影响(周杨,2022)。若一项政策实施前,所有样本没有明显差异,在该项政策实施之后,这些样本被分为受到政策干预的实验组和未受到政策干预的控制组,将控制组在政策实施前后的变化作为实验组在没有受到政策干预的反事实结果,将实验组真实的变化与控制组代表的无政策干预的由时间带来的变化相减,便可以得到由政策实施而带来的影响,由此对政策进行评价(陈苗,2021)。参考自然实验的逻辑,控制组和处理组的对比分析能够更科学地剥离控制组的自然变化趋势,估计外生冲击对处理组的影响。

双重差分模型的基本思想是在准自然实验的环境中,将全部样本划分为处理组和控制组,其中控制组不受政策影响,而处理组受到政策干预。两组在政策冲击之前可以完全相同也可以存在差异,但组间差异需要满足平行趋势假定,这是第一重差分;两组在政策发生作用之后新出现的差异,即第二重差分;两重差分的过程可以消除个体不随时间变化的异质性以及随时间变化的增量,最终得到政策的净效应。

基于此,本书构建两个虚拟变量:一是实验组和控制组虚拟变量,实验组为位于长江经济带地区内的城市,定义为1;控制组为临近长江经济带地区的城市,定义为0。二是政策时间虚拟变量,2014年及以后年份定义为1,之前年份定义为0。同时为了确保数据的质量和可得性,本书研究筛选了符合以下标准的样本城市:(1)样本不包括不同政治制度的地区,如香港、澳门及台湾;(2)样本不包括研究期间数据不完整或存在缺失的城市,如铜仁和毕节(样本详见表11-1)。

表 11-1　实验组和控制组的样本城市

	省份	城　市
实验组	上海(1)	上海
	江苏(12)	南京,无锡,徐州,常州,苏州,南通,连云港,淮安,扬州,镇江,泰州,宿迁
	浙江(11)	舟山,杭州,嘉兴,温州,宁波,绍兴,湖州,丽水,台州,金华,衢州
	安徽(16)	合肥、宿州、淮北、亳州、阜阳、蚌埠、淮南、滁州、六安、马鞍山、安庆、芜湖、铜陵、宣城、池州、黄山
	湖南(13)	长沙、株洲、湘潭、衡阳、昭阳、岳阳、常德、张家界、益阳、娄底、永州、怀化、郴州
	湖北(12)	武汉、黄石、十堰、宜昌、襄阳、鄂州、荆门、孝感、荆州、黄冈、咸宁、随州
	江西(11)	南昌、九江、景德镇、萍乡、新余、鹰潭、赣州、宜春、上饶、吉安、抚州
	重庆(1)	重庆
	四川(18)	成都、绵阳、自贡、攀枝花、泸州、德阳、广元、遂宁、内江、乐山、资阳、宜宾、南充、达州、雅安、广安、巴中、眉山
	云南(6)	昆明、曲靖、玉溪、保山、丽江、临沧
	贵州(4)	贵阳、遵义、六盘水、安顺
控制组	北京(1)	北京
	河北(11)	石家庄、邯郸、邢台、保定、张家口、承德、唐山、秦皇岛、沧州、衡水、廊坊
	山西(11)	太原、大同、朔州、忻州、阳泉、吕梁、晋坊、长治、晋城、临汾、运城
	福建(9)	福州,厦门,漳州,泉州,莆田,三明,南平,龙岩,宁德
	山东(16)	济南,青岛,淄博,枣庄,东营,烟台,潍坊,济宁,泰安,威海,日照,临沂,德州,聊城,滨州,菏泽
	河南(17)	郑州市、开封市、洛阳市、平顶山市、焦作市、鹤壁市、新乡市、安阳市、濮阳市、许昌市、漯河市、三门峡市、南阳市、商丘市、信阳市、周口市、驻马店市
	广东(17)	广州,韶关,深圳,珠海,汕头,佛山,荆门,湛江,茂名,肇庆,惠州,梅州,汕尾,河源,阳江,清远,东莞,中山,潮州,揭阳,云浮
	广西(14)	南宁、柳州、桂林、梧州、北海、防城港、钦州、桂阳、玉林、百色、贺州、河池、来宾、崇左
	甘肃(12)	兰州,嘉峪关,金昌,白银,天水,武威,张掖,平凉,酒泉,庆阳,定西,陇南
	青海	西宁

四、PSM-DID 模型构建、变量与数据

（1）模型构建

Difference-In-Difference（DID）可以有效排除所选择的样本期内其他一些潜在因素对研究结果的干扰，同时能够很大程度上避免内生性问题，在估计处理效应研究中，DID 是最经典的计量方法之一。但是若实验组和控制组不能满足共同趋势的假设，DID 估计结果就是有偏的，且由于各个城市间存在的异质性较大，直接进行差分难以避免一些选择性偏误问题。因此，针对上述问题，在进行DID 估计之前，为消除样本选择偏差（Rosenbaum & Rubin，1983），先用倾向得分匹配（PSM）方法对样本处理，尽可能为实验组匹配出各方面特征相似的控制组，并对实验组和控制组是否满足平行趋势进行验证（马妍妍，2021），通过 PSM-DID 方法有效评估长江经济带发展战略对经济高质量发展的影响及影响效应存在的差异性。

根据上述分析，本书基于 DID 方法的基准模型设置如下：

$$\ln Quality = \alpha_0 + \alpha_1 treat_t \times year_i + \alpha_2 X_{i,t} + \delta_i + \mu_t + \varepsilon_{i,t} \tag{11-1}$$

其中，i 和 t 分别表示年份和城市；$\ln Quality$ 测量经济高质量发展水平；$treat_i$ 为个体分组虚拟变量，$year$ 为时间分组虚拟变量，系数 α_0 能捕捉到长江经济带发展战略对区域高质量发展影响的净效应；$X_{i,t}$ 表示一系列控制变量；δ_i 和 μ_t 分别表示时间固定效应、个体固定效应；$\varepsilon_{i,t}$ 是误差项。

（2）变量与数据

被解释变量为依据经济高质量发展评价指标体系，计算出的长江经济带105 个各地级市经济高质量发展综合指数。解释变量为个体分组虚拟变量和时间虚拟变量的交互项 $treat \times year$ 为核心解释变量。控制变量是为了排除其他因素对解释变量的影响。在现有文献对经济高质量发展的影响因素研究基础上，结合长江经济带沿海开放以及区位资源优势等特征，本书选择以下因素作为控制变量：

① 科技创新（Innovation）。科学技术支出费用是科技创新的支撑和基础，加大科技研发投入可以提高区域的创新水平（吴传清、邓明亮，2019），目前我国地区科学技术支出的多寡主要还是取决于国家财政性支持力度大小，因此以财政性科学技术支出来衡量科技创新。

② 出口开放程度（Open）。一个地区的出口贸易可以衡量地区的出口开放程度，工业企业可以通过出口贸易促进经济要素有序自由流动、资源高效配置以

及市场深度融合（王徐广、范红忠，2008），因长江经济带各省市沿长江黄金水道分布，具有一定出口贸易的地理优势，故选取工业企业出口交货值占总工业企业总销售值之比衡量出口开放程度。

③ 产业结构（Indstructure）。产业结构高级化以产业结构合理化为基础，象征产业结构不断得到优化（李超，2019），故以第三产业增加值与第二产业增加值之比度量产业结构。

④ 资源禀赋（Resource）。本书采用采掘业从业人员与年末常住人口之比来衡量地区资源禀赋情况，原因在于资源禀赋更为重要的意义在于其为社会经济发展提供所需要的自然资源，采掘业包括煤炭、石油、天然气在内的多种与自然资源直接关联的细分行业，采掘业从业人员与年末常住人口之比能够全面准确地衡量经济对自然资源的依赖情况，经济意义上更能度量地区资源禀赋状况（李虹、邹庆，2018）。

⑤ 人力资本（Hcaptial）。研发人员是受过高等教育且具备专业知识的高级人才，研发人员占比较好地衡量了从初始劳动向高素质人才过渡的人力资本积累程度（谷军健、赵玉林，2021），因此使用研发人员全时当量占城镇单位就业总人口比重来表征人力资本。

⑥ 教育投入（Education）。教育投入分为财政性教育投入和非财政性教育投入，由于非财政性教育投入较难测度且全国各个省份情况变化各异，故以国家财政性教育经费表征教育投入（唐礼智、李雨佳，2020）。

本部分主要采用 2010—2019 年 219 个样本城市的平衡面板数据评估长江经济带发展战略对经济高质量发展的影响及其差异性，其中 105 个地级市位于长江经济带内，114 个城市位于长江经济带邻近省市。数据主要来源于仍为国家统计局、《中国城市统计年鉴》、中国经济与社会发展统计数据库。其中数据缺失较少的城市采用插值方法进行补齐，样本总量为 2190 个。均对各变量进行标准化处理，根据研究需要对 Mar 和 Gov 做对数处理。

第二节　区域发展战略对长江经济带高质量发展的
影响效应检验

一、倾向得分匹配(PSM)

（1）平衡性检验

为减少样本城市异质性的影响,消除选择性偏误问题,利用 PSM 模型对未实施长江经济带发展战略的城市进行匹配。运用三种匹配方法对样本进行 PSM 处理,以保证 DID 估计的准确性。图 11-1 中(a)～(c)分别表示卡尺半径匹配、卡尺最近邻匹配及核匹配前后影响区域高质量发展的控制变量平衡图,由图 11-1 可以看出,影响区域高质量发展的控制变量在匹配后均有所改善,在实验组和控制组中的差异减小,标准化偏差均小于 10%,表明匹配后的实验组和控制组的控制变量分布具有很好的一致性。此外平衡性测试是 PSM 模型是否成功的标准,经验证,在上述三种匹配模式下,各控制变量在匹配后 P 值均大于 0.1(详见附录 2),表明匹配后的实验组和控制组不存在系统差异,PSM 模型匹配成功,样本选择性偏误问题得以避免,长江经济带发展战略的实施可以被视为一次随机准自然实验。

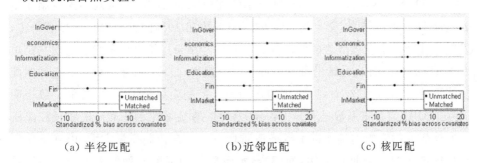

|（a）半径匹配　　　　　　　（b）近邻匹配　　　　　　　（c）核匹配|

图 11-1　基于三种匹配模式的倾向得分匹配平衡图

（2）共同支撑域检验

在 PSM 匹配成功的基础上,进一步对匹配质量进行检验。PSM 方法只有在共同支撑域才是有效的,因此需要进一步检验实验组和控制组的倾向得分分布区间能在多大程度上重合(即共同支撑域),以表明两组样本是不是可比的(李卫兵,2020)。图 11-2 显示,三种匹配方法后的实验组和对照组均是基本对称的,实验组均存在控制组作为对照样本,表明 PSM 后虽损失了部分样本,但仍满足共同支撑域条件。

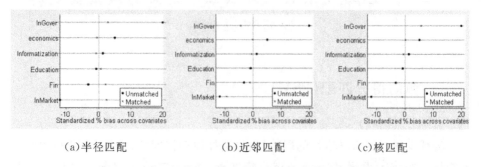

(a)半径匹配　　　　　　　(b)近邻匹配　　　　　　　(c)核匹配

图 11-2　基于三种匹配模式的倾向得分的共同取值范围

二、长江经济带发展战略对高质量发展影响效应的实证检验

通过前文 PSM 处理,可知 PSM 处理是有效的,故可以运用匹配后的样本数据对模型(11-1)进行估计。在长江经济带发展战略对区域高质量影响效应的基准回归中,为保证结果的稳健性,仍进行三种匹配模式下的 PSM-DID 回归(表 11-2),同时为了进行进一步对比分析,在表 11-2 中还列出了未匹配的 DID 回归结果(列(2)~列(3))。

表 11-2 中,列(2)和列(3)分别显示匹配前未加入控制变量及加入控制变量的基准 DID 回归结果,交互项 DID 的回归系数在 10% 的置信水平上显著为正,说明长江经济带发展战略的实施促进了长江经济带经济高质量发展。但是简单的 DID 回归存在偏误,结论可能不可靠。因此列(4)~(6)进一步给出三种匹配模式下的 PSM-DID 估计结果,可知在均加入控制变量的情况下,结果一致表明交互项 DID 的回归系数显著为正(至少在 5% 的显著性水平下),证实长江经济带发展战略的实施的确促进了经济高质量发展。在控制变量方面,以基于比较经典的核匹配 DID 回归为例,列(3)显示政府干预程度显著促进了经济高质量发展,可能是因为政府的引导性干预在高质量发展的转型时期作用突出,高质量发展内涵丰富,仅凭市场和自发机制难以实现,政府适时的政策规制对于包括生态资本保护在内的各方面发展均存在促进效应,同时与本书回归结论相对应。教育水平显著阻碍了经济高质量发展,原因可能是因为长江经济带各省市高等教育发展不平衡不充分的问题突出,教育水平参差不齐,教育水平的失衡问题对地区高质量发展产生负面作用。

表 11-2　基准回归结果

变量	未匹配 DID		PSM-DID		
			核匹配	半径匹配	近邻匹配
DID	0.012*	0.016**	0.019***	0.019**	0.025**
	(1.82)	(2.36)	(2.76)	(2.77)	(2.50)
控制变量	不控制	控制	控制	控制	控制
_cons	−1.059***	−0.913***	−0.907*	−0.905***	−0.964***
	(−206.41)	(−25.33)	(−22.69)	(−22.63)	(−13.89)
个体效应	Y	Y	Y	Y	Y
时间效应	Y	Y	Y	Y	Y
R^2	0.368	0.380	0.380	0.382	0.371
N	2190	2190	2,157	2,152	1,137

注:(1)括号中为 t 值(2)*、**、***分别表示在10%、5%、1%的水平下显著。

三、稳健性检验

以上基准回归结果表明,长江经济带发展战略对经济高质量发展产生了促进作用。但上述实证结果的可信度取决于估计的有效性,接下来本书将通过三种方法对研究的稳健性进行检验。

(1)平行趋势检验

倍差法的前提假设就是,在政策事件发生之前,实验组和对照组的变化趋势应是一致的。故参考 Roth(2019)的研究方法,对实验组和对照组的变化趋势进行进一步的研究。实证模型如下:

$$\ln Quality = \beta_k \sum_{k \geqslant -3}^{5+} treat_t \times year_{2014+k} + \gamma X_{i,t} + \delta_i + \mu_t + \varepsilon_{i,t} \quad (11-2)$$

其中, $year_i$ 为年度虚拟变量,当年观测值为 1,其他年份观测值为 0,其他变量同模型(11-1)。本书检验了 2014 年长江经济带发展战略提出之前 3 年的直至样本最后一年的趋势变化(见图 11-3)。从图 11-3 的分析结果可以看出,剔除政策实施前一年即 2013 年作为基准期后,2014 年以前政策效应值在 0 左右浮动,表明在长江经济带发展战略实施前,实验组和对照组的变化趋势是一致的,不存在显著差异。而 2014 年以后的结果显示,政策效果尽管存在滞后,但 2016 年以后实验组和对照组出现显著差异,样本通过了平行趋势检验。

(2)安慰剂检验

本书采取从样本随机抽取实验组的方法对研究结果进行安慰剂检验。样本

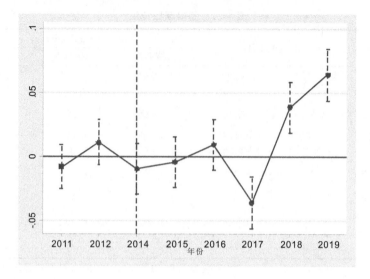

图 11-3　平行趋势检验结果

共包含 219 个地级市，其中 105 个城市位于长江经济带地区内。据此，首先从 219 个样本城市内随机抽取 105 个城市，将其设定为"伪处理组"即长江经济带发展战略实施的地区，将剩余的地区设定为"伪对照组"，从而构建安慰剂检验的虚拟变量及安慰剂检验交互项。由于"伪"处理组是随机生成的，因此安慰剂检验交互项应该不会对模型因变量产生显著影响。也就是说，如果没有其他政策或者随机因素的影响，安慰剂交互项的系数不会显著偏离零点，反之，如果估计系数在统计上显著偏离零则表明基准回归结果存在偏误。检验中仍对样本进行 PSM-DID 回归（核匹配），同时，为了避免其他小概率事件对估计结果的干扰，重复 400 次上述过程进行回归分析。

　　图 11-4 为安慰剂检验结果，其中，上方曲线是估计系数的核密度函数曲线，下方散点则表示与估计系数相对应的 P 值，右侧垂线（虚线）为基准回归中长江经济带发展战略对经济高质量发展的影响效应（0.019），水平虚线是显著性水平 0.1。可以看出，安慰剂检验中估计系数呈现正态分布，均值接近于 0，P 值均大于或等于 0.1，这表明基准回归不是偶然得到的，因而不太可能受到其他政策或随机因素的影响。同时，长江经济带发展战略的影响效应值（0.019）落在随机抽样分布图的尾端，综合来看，长江经济带发展战略对经济高质量发展的作用真实有效。

　　（3）更换指标

　　为了避免构建指标体系测量经济高质量发展水平具有主观性，本书通过更换绿色全要素生产率为经济高质量发展的代理变量进行 PSM-DID 估计，运用

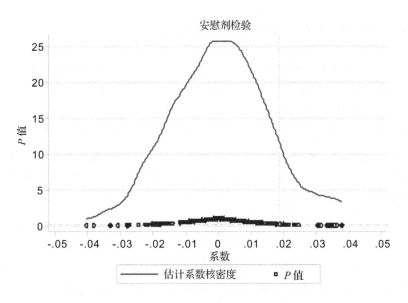

图 11-4　随机分配处理组的估计系数核密度和 P 值

核匹配方式的 PSM-DID 估计结果如表 11-2 所示。其中，绿色全要素生产率是采用 MAXDEA 软件，运用 EBM 模型估计得到，投入指标包括劳动力资本存量和用电量，实际 GDP 为期望产出，雾霾污染和二氧化硫排放等为非期望产出（计算过程见附录 3）。由表 11-2 可知，核匹配模式的绿色全要素生产率回归，列（2）显示，在考虑控制变量情况下，交互项系数均显著为正，这说明基准回归结果对区域高质量发展的代理变量不敏感，具有稳健性。

第三节　区域发展战略对长江经济带高质量发展的差异化影响分析

前文已经证实了长江经济带发展战略的实施对长江经济带经济高质量发展具有促进作用，但长江经济带地域广阔，覆盖上、中、下游三个地区，各地区内部各个城市的城市功能和地位也不尽相同，且城市群众多。是否长江经济带发展战略对地理区位不同的地区、功能不同的城市及不同城市群的经济高质量发展的影响存在差异呢？为此，本书采用三重差分模型，在核匹配的基础上（计算程序见附录 4），进一步深入研究长江经济带发展战略对经济高质量发展的差异性影响。具体从地理区位、城市功能及城市群三个视角进行考察。

一、基于地理区位视角的差异化影响分析

长江经济带发展战略对长江经济带经济高质量发展有着促进作用，但是由于历史、政策及资源禀赋等各种因素影响，长江经济带内部各区域的经济社会水平等基础条件和在区域政策中的定位都存在显著差异，可能会导致长江经济带发展战略对不同地理区位地区产生差异化影响。依据区位条件将长江经济带划分为上、中、下游三大地区，本书用虚拟变量表示上、中、下游三大区域，构建以下三重差分模型考察长江经济带发展战略对长江经济带不同地理区位产生的差异化影响效应。

$$\ln Quality = \phi_0 + \phi_1 loca \times treat_i \times time_t + \phi_2 treat_i \times time_t + \phi_3 loca \times treat_i + \phi_4 loca \times time_t + \phi_5 X_{i,t} + \delta_i + \mu_t + \varepsilon_{i,t} \tag{11-3}$$

其中，$loca$ 是区位虚拟变量，包括长江经济带上游地区（up）、长江经济带中游地区（$medium$）和长江经济带下游地区（$down$）。其余变量同模型（11-1）。重点关注的是三个变量交乘项系数 ϕ_1，其代表不同地理区位的战略影响效应。

表 11-3　基于地理区位视角的三重差分检验结果

	(1)	(2)	(3)
$Up \times treat \times time$	0.014 (0.95)		
$Medium \times treat \times time$		0.036*** (6.8)	
$Down \times treat \times time$			0.032*** (6.2)
控制变量	控制	控制	控制
个体效应	控制	控制	控制
时间效应	控制	控制	控制
R^2	0.707	0.564	0.594
N	2173	2173	2173

注：(1)括号中为 t 值(2)*、**、***分别表示在10%、5%、1%的水平下显著。

表 11-3 显示，长江经济带上、中、下游三大地区的回归结果具有显著差异。考虑控制变量影响的情况下，下游地区交互项的系数在 1% 的显著性水平下为 0.032，中游地区交互项的系数在 1% 的显著性水平下为 0.036，下游地区和中游地区的交互项系数显著为正，说明长江经济带发展战略对下、中游地区经济高质

量发展产生了积极的促进作用,且中游地区交互项的系数大于下游,这是因为下游和中游区域初始基础情况的不同,导致国家实施的同一战略具有不同的效果,根据边际效应递减规律的基本经济学原理,经济发展水平越发达的下游地区,基础设施会越完善,人力资本积累更丰富,科技发展水平相对较高,区域内经济政策会越完备,因此相对于下游地区,长江经济带发展战略对于经济不那么发达的中游地区而言不是"锦上添花",而是"雪中送炭",会对其经济高质量产生相对较明显的带动作用。考虑控制变量影响情况下,上游地区交互项的回归系数(0.014),系数为正但却不显著,说明长江经济带发展战略虽然对上游地区产生了促进作用,但并不显著。可能的原因在于,长江经济带发展战略的实施效果往往受到后续配套措施及地方政府对战略执行经验的影响,上游地区多处于相对边缘地区如云南和贵州,经济基础相对薄弱,产业结构合理度比较低,发展经验不足,受到战略政策倾斜的企业很容易对政策产生依赖,从而缺乏自主创新和市场竞争能力,市场驱动力不足,导致陷入"政策陷阱",对经济发展促进作用并不明显,但是聊胜于无。

二、基于城市功能视角的差异化影响分析

城市是区域增长极的主导形式,我国城镇化发展取得巨大成就,但城市质量参差不齐,城市功能也不尽相同。国家集中优势资源布局中心城市建设,不仅可以通过大城市的溢出效应辐射带动周边地区发展,还可以平衡区域经济发展差距。由于中心城市功能的多样化,不同于各省份的非中心城市,长江经济带发展战略会从多个层面影响其高质量发展。本书构建中心城市虚拟变量,运用三重差分模型考察长江经济带发展战略基于城市功能差异产生的差异性影响。

$$\ln Quality = \beta_0 + \beta_1 Central \times treat_t \times time_i + \beta_2 treat_t \times time_i + \beta_3 Central \times treat_t + \beta_4 Central \times time_i + \beta_5 X_{i,t} + \delta_i + \mu_t + \varepsilon_{i,t} \tag{11-4}$$

其中,$Central$ 是城市虚拟变量,如果样本城市为中心城市则取值为1,否则取值为0,其余变量同模型(11-1)。重点关注系数为三个变量交乘项系数 β_1,其代表不同功能城市的战略影响效应。

在表 11-4 中,列(1)和列(2)显示,不管是否考虑控制变量,$Central \times treat \times time$ 的系数均显著为正,这说明长江经济带发展战略的影响下,与省份内非中心城市相比,中心城市实现了更好的高质量发展。这一方面是由于,地理位置、交通条件、发展定位及资源环境和经济承载能力的差异,处于省份中心地位的城市相对于非中心城市,总是有着较强的自身发展能力;另一方面,长江经济

带发展战略推动新型城镇化建设,中心城市处在"优势集中"的空间位置,在经济发展、生态环境资源保护及与周边地区发展联系方面均有所加快,促使中心城市的高质量发展水平显著提升。

三、基于城市群视角的差异化影响分析

双重差分法的重要假设是控制组和实验组具有相同的时间趋势,而当控制组和实验组的时间趋势不同时,则无法得到一致的实验估计量,需要进一步改进双重差分估计量。当选择的控制组和实验组时间趋势不同时,则可以采用三重差分法进行改进。三重差分是在双重差分基础上的一种变形,它除了对时间效应和组别效应进行控制之外,还增加了一组新的差异来源(郭文博,2019)。在双重差分基础上,建立三重差分模型可以进一步研究政策影响的异质性差异,更好地评估政策效应。

城市群作为现代化区域增长极体系中的建设重点,是以若干城市为主要支撑平台的空间经济组织形态,是区域经济发展的重要载体,不同城市群在促进经济高效集约发展的能力不同,城市群发展能力和发展环境的差异可能会导致同一区域发展战略产生差异化效果。长江经济带地区包含三个国家级城市群,分别是长三角城市群、长江中游城市群及成渝城市群。基于国家级城市群视角,本书用虚拟变量表示三个城市群,构建下文中的三重差分模型考察长江经济带发展战略对不同城市群高质量发展产生的差异性影响。

$$\ln Quality = \gamma_0 + \gamma_1 Ua \times treat_t \times time_i + \gamma_2 treat_t \times time_i + \gamma_3 Ua \times treat_t + \gamma_4 Ua \times time_i + \gamma_5 X_{i,t} + \delta_i + \mu_t + \varepsilon_{i,t}$$

$$(11-5)$$

其中,Ua 是城市群虚拟变量,包括长三角城市群($Delta$)、长江中游城市群($Middle$)及成渝城市群(CC),其余变量同模型(11-1)。重点关注的是三个变量交乘项系数 γ_1,其代表不同城市群的战略影响效应。

表 11-4 显示,均考虑控制变量的情况下,列(3)和(4),$Delta \times treat \times time$ 和 $Middle \times treat \times time$ 的系数显著为正,这说明长江经济带发展战略促进了长三角城市群和长江中游城市群的高质量发展,列(5)显 $CC \times treat \times time$ 的系数为负但不显著,这说明长江经济带发展战略并未对成渝城市群的高质量发展产生正向影响。长三角和长江中游城市群由于历史原因和地理位置,具有较好的基础设施建设和产业经济基础,在长江经济带发展战略的规划指导下,由行政区域分割带来城市间的市场封锁、准入壁垒等问题有所缓解,城市群中各城市之间要素自由流动、资源高效配置、基础设施对接、产业关联配套、公共服务均等,

且由于环境规制力度加大,资源环境综合承载力增强,城市群的高质量发展水平得到提升。而成渝城市群处于长江经济带上游,无论是在经济基础和资源组合效率方面,还是地方政府对战略执行经验方面,都跟长三角城市群和长江中游城市群相差甚远,因此在研究期间内长江经济带发展战略并未对其有显著促进作用。

表 11-4　基于城市功能和城市群视角的三重差分检验结果

变量	City status		Urban agglomeration		
	(1)	(2)	(3)	(4)	(5)
$Delta \times treat \times time$			0.010** (2.48)		
$Middle \times treat \times time$				0.007* (1.91)	
$CC \times treat \times time$					−0.0005 (−0.13)
$Central \times treat \times time$	0.043*** (9.45)	0.039*** (8.5)			
Controls	N	Y	Y	Y	Y
个体效应	Y	Y	Y	Y	Y
时间效应	Y	Y	Y	Y	Y
R^2	0.7122	0.7182	0.6864	0.7236	0.7077
N	2,173	2173	2,173	2,173	2,173

注:(1)括号中为 t 值(2)* 、** 、*** 分别表示在 10%、5%、1%的水平下显著。

第四节　区域发展战略对长江经济带经济高质量发展影响的异质性作用机制分析

一、双向固定效应模型介绍

既然长江经济带发展战略对经济高质量发展产生了促进作用,且对长江经济带上、中、下游三大地区产生了不同的影响效果,那么长江经济带发展战略是通过什么途径发挥作用的? 对上、中、下游作用机制又有什么异同? 就成为值得进一步探讨的问题。为了探讨长江经济带发展战略的作用机制,本书分别将原来模型(11-1)中的六个控制变量依次作为被解释变量，地区虚拟变量和时间虚拟变量的交互项 $Treated_{i,t} \times Time_{i,t}$ 作为解释变量，控制个体和时间效应，对全样本和三大区域的分样本进行回归，从而识别长江经济带发展战略对于不同样本下控制变量的影响方式和程度，进而结合前文双重差分实证结果和区域差异性影响分析结果，探究其内在的作用机制。

$$\ln X_{i,t} = \alpha_0 + \alpha_1 treat_t \times year_i + \delta_i + \mu_t + \varepsilon_{i,t} \tag{11-6}$$

其中，i 和 t 分别表示年份和城市；$treat$ 为个体分组虚拟变量，$year$ 为时间分组虚拟变量，系数 α_0 反映了长江经济带发展战略对各个样本中各控制变量的影响；$X_{i,t}$ 表示一系列控制变量；δ_i 和 μ_t 分别表示时间固定效应、个体固定效应；$\varepsilon_{i,t}$ 是误差项。

二、长江经济带发展战略的作用机制进行分样本识别

表11-5 中的系数反映了长江经济带发展战略对各个样本中各控制变量的影响。从全样本回归结果来看，长江经济带发展战略对科技创新、出口开放程度和资源禀赋有显著的提升作用，对教育投入有显著的负向作用，对产业结构作用为负，对人力资本作用为正，但均不显著。从上游回归结果看，长江经济带发展战略对科技创新和人力资本有显著的促进作用，对产业结构和教育投入有显著的负向作用，对出口开放程度和资源禀赋作用不显著。从中游回归结果看，长江经济带发展战略对科技创新、产业结构及教育投入有显著的促进作用，对出口开放程度、资源禀赋及人力资本作用不显著。从下游的回归结果来看，长江经济带发展战略对科技创新、出口开放程度及资源禀赋有显著的促进作用，对产业结构有显著的负向作用，对人力资本及教育程度作用不显著。因此，由长江经济带发展战略对各控制变量的作用，并结合回归结果显示的各控制变量对经济高质量的影响，得到长江经济带发展战略对长江经济带整体和三大区域经济高质量发展的作用机制(图 11-5)。

表 11-5　机制分析回归结果

lnInnovation	open	Indstructure	Resource	Hcaptial	lnEducation	
全样本	0.368***	0.075**	−0.057	0.00008*	0.0002	−0.243***
	(0.075)	(0.030)	(0.069)	(0.00004)	(0.0006)	(0.073)
上游	0.267***	0.002	−0.125**	0.00004	0.001***	−0.129*
	(0.070)	(0.053)	(0.053)	(0.00007)	(0.0006)	(0.071)
中游	0.635***	−0.066	0.246**	0.0001	−0.061	0.003***
	(0.091)	(0.047)	(0.124)	(0.00009)	(0.074)	(0.0008)
下游	0.373***	0.093**	−0.146**	0.0001*	0.002	−0.546
	(0.091)	(0.035).	(0.060)	(0.000)	(0.000)	(0.099)
个体效应	控制	控制	控制	控制	控制	控制
时间效应	控制	控制	控制	控制	控制	控制

注：(1)回归结果并未考虑其他控制变量，因为政策冲击足够外生的情况下，运用双重差分方法，不考虑其他控制变量的情况，估计结果也是可信的。(2)括号内为标准误差。(3)*、**、***分别代表10％、5％、1％的显著性水平。

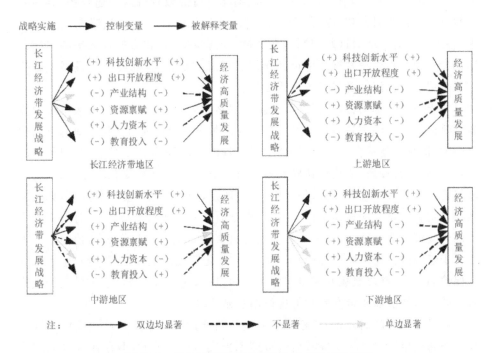

图 11-5　长江经济带发展战略分样本作用机制图

对于长江经济带整体而言，长江经济带发展战略通过科技创新、出口开放程度及资源禀赋促进其经济高质量发展，而教育投入阻碍了经济高质量发展。长江经济带发展战略强调增强自主创新与提高核心竞争力,通过加强对长江经济带的创新扶持,集聚人才优势,并且互联网及人工智能大数据等新一轮科技革命的到来,迅速提高了全要素生产率,致使经济效益不断增加,同时随着科技创新技术的不断提升,驱动产品和服务高质量供给,促进了经济高质量发展;长江经济带正成为一条瞩目的开放带,长江经济带发展战略提出的构建"东西双向,海陆统筹"的开放新格局为沿江省市更高水平对外开放提供了良好平台,区域充分把握住自由贸易试验区建设、长江经济带与"一带一路"建设深度融合的机遇,以高水平开放推动长江经济带高质量发展,进而引领经济高质量发展。长江经济带发展战略着重对长江经济带的生态进行修复,"共抓大保护,不搞大开发",并不断完善保护修复机制,为经济高质量发展水平的提高提供了不可或缺的基础资源,借助长江的区位优势和丰富的水资源等资源禀赋,长江经济带的经济发展质量不断提升;但同时,长江经济带各省市高等教育发展不平衡不充分的问题突出,作为高等教育财力资源的教育投入也存在分配不均衡的问题,相对来讲上海的财力资源较为富集,浙江、江西、安徽、湖北四省的教育投入增速较快,其他省市教育费用都相对薄弱(李廷洲等,2021),若长江经济带发展战略在实施过程中,各地方政府不能对这些问题精准把握,合理解决,各省市教育水平的失衡问题仍会对经济高质量发展产生负作用。但总体来看,长江经济带发展战略确实显著促进了长江经济带经济高质量发展。

对于下游地区而言,长江经济带发展战略通过科技创新、出口开放程度及资源禀赋促进了其经济高质量发展。长江经济带发展战略提出建设上海为创新示范高地,优化创新平台,加之下游地区科研基础较好,科研人员能力强,科研设施完备,科研效益较高,科技创新极大地促进了其经济高质量发展;下游地区具有较好的出口开放基础和优势,相对中、上游地区,加大开放力度更见成效,如上海推动自贸区建设并探索建设自贸港,安徽全面开放空间新布局,力图打造更高质量的开放型经济新体系,均为下游地区经济高质量的发展提供了强劲动力。虽然由于经济的快速发展,下游地区环境存在一定程度的破坏,但随着对生态修复和保护的重视,资源禀赋发挥出比较积极的促进效应,因此长江经济带发展战略对下游地区经济高质量发展的促进作用是显著的。

对于中游地区而言,长江经济带发展战略通过科技创新和产业结构促进了其经济高质量发展。尽管中游地区整体创新实力低于下游,但存在较大的发展空间,随着长江经济带发展战略科技创新政策的倾斜,科技创新显著提升了地区经济发展质量;长江经济带发展战略对长江经济带区域内协调问题极其重视,由于长江经济带产业同构化问题突出,其中产业协调最为关键。依据产业转移梯度原理,下游地区较为发达,资本和技术型产业密集,处于工业化加速阶段且具有劳动力优势的中游地区通过积极承接长三角发达地区转出的相关产业,积累资本和技术,进一步完善和升级产业结构,因此在科技创新提高和产业结构优化的双重作用下,相比于下游地区,长江经济带发展战略对中游地区的促进作用更为显著。

对于上游地区而言,长江经济带发展战略通过科技创新促进了其经济高质量发展,但通过产业结构和教育投入阻碍了其经济高质量发展。长江经济带发展战略对上游地区经济高质量发展的促进作用是不显著的,这可能原因在于上游地区各方面的发展基础都比较薄弱。产业结构方面,上游地区多为传统制造业,劳动力和资源型产业密集,由于产业结构的长期和动态性,反而现阶段在长江经济带发展战略实施后对其经济高质量发展起到负面作用。教育投入方面,上游地区虽受到长江经济带发展战略的扶持,但由于地理位置等多重因素的影响,高等教育规模和质量在短时间内难以得到快速提升,较低的教育水平在一段时期内会对其经济高质量发展产生负向影响。尽管上游地区科技创新的提高促进了经济高质量发展,但科技创新成果实现市场转化不足,若科学技术的提升不能与当地企业和产业深入融合,因地制宜地发挥作用,那么对经济发展质量的促进作用将是有限的,故总体来说,长江经济带发展战略并未显著促进上游地区经济高质量发展。

此外,不难看出,人力资本对长江经济带区域经济高质量发展未形成显著影响路径,依据程俊杰和陈柳(2021)的研究,人力资源错配现象在长江经济带广泛发生,故人力资源配置效率的低下导致了人力资本对经济高质量发展的影响不显著。

第五篇
长江经济带绿色高质量发展的研究结论与建议

第十二章　研究结论与政策建议

在习近平生态文明思想这一新发展理念指导下,深入学习领会习近平关于推进长江经济带发展的重要讲话精神,对长江经济带城市(群)绿色转型这一新发展行为及高质量发展这一新发展绩效进行深入研究。

城市绿色转型是社会经济高质量发展的有效抓手,长江经济带城市绿色转型能力提升和效率提高是系统和动态的过程,既需要多主体共同参与,也需要基于转型要素空间分布差异,按照特有的原则进行。因此,本书以城市绿色转型系统构建为基础,以能力评价和效率测度为手段,从城市绿色转型影响要素入手,利用 DEMATEL-ISM-MICMAC 模型进行要素识别和系统重建,进而以长江经济带 110 个城市及 7 个城市群为研究对象,通过多种综合测度方法对城市绿色转型能力测度的有效性进行比较及分析,利用区域不平衡指数、动态变动指数及探索性空间分析方法揭示其空间差异及发展状况,并进一步利用三阶段 DEA 模型对城市绿色转型效率进行测度分析,得出结论并依据实证结果提出城市绿色转型能力提升和效率提高的策略。

高质量发展是城市绿色转型的导向和结果,本书从区域发展战略影响角度出发,以"创新、协调、绿色、开发、共享"新发展理念为依据,运用区域经济学、产业经济学、制度经济学、新经济地理学等理论,构建经济高质量发展评价指标体系,主要研究长江经济带经济高质量发展差异性,包括发展现状差异性、机理差异性和区域战略因素差异性影响效应。首先对长江经济带经济高质量发展差异现状进行探索;然后运用结构方程模型,结合 DPSIR 模型对长江经济带的上、中、下游地区的经济高质量发展机理差异进行研究,基于 PSM-DID 和三重差分法探讨了区域战略因素对长江经济带的影响效应并对其影响效应的差异性进行了检验。在此基础上,进一步研究了长江经济带发展战略对长江经济带的上、中、下游地区的经济高质量发展影响的异质性作用机制。最后,为推动长江经济带绿色高质量发展提出了对策建议。

第一节　结论与建议

一、长江经济带绿色高质量发展的相关结论

1.城市绿色转型影响要素系统由绿色资源配置、基础设施建设、环境治理效果、绿色技术创新、产业结构分布、企业盈利能力、公众文明素养等 17 个关键要素构成,该系统自上而下呈现出 4 级 3 阶的多层递阶结构分布状况。其中,绿色生活能力位于根源致因阶,是城市绿色转型的最根源影响要素;产业结构分布、资源消耗节控、绿色需求潜力、绿色技术创新、环境规制力度、环境治理效果等位于过渡致因阶,在整个系统中承担着中介过渡作用;绿色资源配置及基础设施建设位于表层致因阶,是影响碳中和目标下城市绿色转型最直接的外部因素。

2.2010—2020 年长江经济带整体绿色转型能力平稳增长,但增幅较为缓慢。其中,长三角城市群始终保持高转型能力发展,长江中游及成渝城市群的城市绿色转型能力增长较为稳定,且与整体能力增长趋势较为接近,三峡及滇中城市群起始能力值较高但波动较大,黔中及川滇黔城市群起始能力值较低但增速最快,城市群的能力均值排名为"长三角＞黔中＞长江中游＞成渝＞川滇黔＞滇中＞三峡城市群"。

3.各城市群的能力短板模式存在明显差异且处于不断变化之中,企业—产业是各城市群绿色转型能力主体维度的主要短板模式。其中,企业的转型能力是各城市群绿色转型能力提升的首要短板,产业的转型能力是长江中游、成渝、黔中、滇中及川滇黔城市群的第二短板,而政府及居民的转型能力对长三角城市群、三峡城市群及川滇黔城市群整体能力的影响在不断增强。各城市群绿色转型关键要素的障碍作用动态变化且存在差异,绿色技术创新、数字经济水平、社会和谐保障、基础设施建设、公众文明素养及企业盈利能力等是制约长江经济带各城市群绿色转型能力提升普遍存在的障碍要素,绿色技术创新始终位于各城市群绿色转型能力关键要素障碍度首位,数字经济水平也始终位于前五位。

4.2010—2020 年长江经济带城市绿色转型能力的区域不平衡指数呈"增长—下降—增长"的"N"型波动趋势;从能力的动态变动指数来看,整体动态变动程度不高,动态变动指数较高的城市群多位于中西部城市群,变动幅度较大的

城市也多位于黔中、成渝等西部城市群;长江经济带城市绿色转型能力存在空间聚集现象,但空间聚集性在 2020 年有所下降,高值地区主要分布于长三角城市群且聚集规模不断向内陆城市扩大,低值地区数量不断减少但城市变动较大,主要分布于地形复杂且经济较为落后的城市群边缘城市,但高—低值地区聚集模式较少。

5. 在未考虑环境及随机扰动影响时,长江经济带城市绿色转型综合效率未达到效率前沿面的主要原因在于其纯技术效率较低;外部环境和随机扰动因素对城市绿色转型效率存在显著影响,消费水平通过对固定资产投资和全年用电量的影响促进城市绿色转型提升,科技基础能促进城市绿色转型效率提升,而开放程度不能直接促进城市绿色转型效率提升;控制环境变量及随机扰动影响后,长江经济带城市绿色转型各方面效率的平均值均位于 0.9 以上,调整前后处于效率前沿面的城市数量不变,但随州、遂宁、巴中、湖州、景德镇等城市转变为效率前沿面。此外,城市绿色转型效率的空间分布由第一阶段的省会城市"零星分布"转变为第三阶段的东中西片状分布,整体向均衡性发展,效率高水平地区主要分布于各城市群省会中心城市及其周边城市,较低水平地区则主要位于贵阳、荆州、昭通等中西部城市。

6. 从长江经济带经济高质量差异性现状描述来看,长江经济带九省二市的经济高质量发展水平存在一定差异,经济高质量发展综合指数介于 0.352~0.541 之间,上海市排名第一(0.541),其次是浙江省(0.432)和江苏省(0.421),其中上海市处于领头羊地位,位于排名后三位的省份分别是四川省(0.363)、贵州省(0.355)和云南省(0.352);长江经济带三大区域的高质量总体发展水平差异显著,呈现下游最高(0.442),中游次之(0.373),上游最低(0.364)的空间格局,且在五大新发展理念层面发展指数存在较大差异;2010—2019 年,不同城市职能的城市和城市群的经济高质量发展水平均呈上升趋势,其中,中心城市的经济高质量发展水平高于非中心城市,整体看城市群经济高质量发展水平由高到低分别为长三角城市群、长江中游城市群及长江上游城市群。

7. 从长江经济带经济高质量发展机理差异性研究来看,长江经济带下游地区经济高质量发展系统的作用机理为"驱动力—压力—状态—影响—响应"的单向链式作用路径;其经济高质量发展水平相对较高,除"生活消费水平"对"状态"不显著外,系统中各要素效果显著,压力反应良好,状态及时调整,经济高质量发展各方面也积极响应,其中"资源消耗强度"、"城乡贫困差异"以及"生态环境质量"对经济高质量发展有着显著影响,成为长江经济带下游经济高质量发展不可忽略的关键因素。长江经济带中游地区经济高质量发展系统的作用机理为"驱动力—压力—状态"及"影响—响应"的跳跃式作用路径；经济高质量发展以"生态资源"、"科技创新"以及"城市化"为驱动力促进长江经济带中游地区的经济高质量发展，通过对"生态资源"和"贫困差异"产生压力，导致产业结构状态改变来引起经济高质量发展的响应，产业结构成为中游地区长江经济带经济高质量发展的重要影响因素。长江经济带上游地区经济高质量发展系统作用机理为"状态—影响—响应"的中断式作用路径；长江经济带上游地区以"生态资源"、"科技创新"以及"城市化"为驱动力，通过对"社会生活保障"以及"生态环境质量"造成影响引起经济高质量响应。其与中、下游的明显区别就是驱动力不足，因此加快新型城市化建设，加大科技创新投入力度，保证生态环境质量，充分利用良好的生态资源对于上游地区经济高质量发展至关重要。

8. 从区域战略对长江经济带经济高质量发展差异性研究来看，在排除选择性偏误的前提下，长江经济带发展战略的实施促进了长江经济带地区经济高质量发展，影响效应为 1.9%（核匹配）；并通过了三种稳健性检验；进一步运用三重差分法的影响差异性检验表明，长江经济带发展战略对经济高质量发展的影响在地理区位、城市功能和城市群维度均表现出丰富差异：首先，长江经济带发展战略对长江经济带中、下游地区经济高质量发展存在显著的促进作用，对下游地区的作用效应为 3.2%，对中游地区的作用效应为 3.6%，可见对中游地区的促进作用大于下游地区，长江经济带发展战略的实施相对于对下游地区经济高质量发展的"锦上添花"，对中游地区更是"雪中送炭"；而对上游地区经济高质量发展虽有不显著的促进作用，但是总体来说仍存在积极影响，聊胜于无。其次，相比于长江经济带地区内非中心城市，发展战略更好地促进了中心城市的高质量发展；长江经济带发展战略显著促进长三角城市群和长江中游城市群高质量发展，影响效应分别为 1% 和 0.7%，但是对成渝城市群高质量并未存在积极影响。

9. 对长江经济带发展战略的作用机制进行分样本识别发现，长江经济带发展战略主要通过科技创新、开放程度、资源禀赋、产业结构及教育投入对经济高质量发展产生显著影响，其中科技创新对各区域均起到促进作用，但资源禀赋、开放程度、产业结构及教育投入对各区域产生了差异化影响。具体而言，对于长江经济带整体，长江经济带发展战略通过科技创新、出口开放程度及资源禀赋促进其经济高质量发展，而通过教育投入阻碍了经济高质量发展；对于下游地区，长江经济带发展战略通过科技创新、出口开放程度及资源禀赋促进其经济高质量发展；对于中游地区，长江经济带发展战略通过科技创新和产业结构促进了其经济高质量发展；对于上游地区，长江经济带发展战略通过科技创新促进了其经济高质量发展,但通过产业结构和教育投入阻碍了其经济高质量发展。而长江经济带发展战略并未通过人力资本对长江经济带经济高质量发展产生显著影响。

二、提升长江经济带绿色高质量发展的政策建议

1.加强生态环境法治,健全资源总量管理制度。政府应加强环境治理的正向激励作用,正确引导各类经济主体参与生态环境治理活动。政府是城市绿色转型制度的安排者,应首先加强法治建设,做到有法可依,而与生态文明建设相关的法律法规具有特殊性,应不断与时俱进,在法律上突出生态文明的重要性,从而确保城市绿色转型在实践中有法可依。此外,长江经济带各城市群均面临着严峻的能源、水资源等资源短缺问题,应健全战略性资源总量管理制度,应对资源利用进行严格管控,以节约高效的资源利用方式实现经济社会的持续发展。

2.开展绿色技术创新活动,建立绿色经营管理模式。绿色技术创新是城市绿色转型的首要障碍要素,而企业是绿色技术创新的主要推动者,应通过宣传教育和政策引导,鼓励企业大力开展绿色产品开发与清洁技术创新研究,加快构建从生产到治理全过程的绿色技术体系。此外,企业还应积极建立绿色经营管理模式,将环境管理及绿色化深入到营销、技术及生产等部门。

3.利用绿色金融推动绿色产业发展。目前,包括长三角城市群在内的大部分地区的绿色产业还处于发展初期,但在政策支持、市场需求及企业绿色技术创新的共同作用下,绿色产业势必会进一步发展壮大。绿色产业存在高风险、投资回报周期长等特点,需要利用绿色信贷、绿色保险等绿色金融服务提供融资支持。绿色金融在金融服务的核算和决策等环节中纳入环境要素,能够帮助产业降低能耗、节约资源,促使企业转变粗放经营方式,避免陷入先污染后治理、再污染再治理的恶性循环。此外,绿色金融关注绿色化新兴产业的发展,能够给企业进行绿色技术创新提供更多融资支持,壮大绿色高科技水平的公司发展,从而进一步推动绿色产业发展。

4.加强绿色责任教育,引导居民绿色消费。实现碳达峰、碳中和是推进全面绿色转型的重大战略决策,而居民作为城市绿色转型的重要参与者,应主动加强绿色责任教育,从而促进全社会绿色文明水平的提升。还应借助全媒体传播及民间组织力量,多方位普及绿色责任知识,进一步加强公民绿色责任教育。绿色消费及绿色生活方式是城市绿色转型的重要引擎,居民应积极践行"光盘"行动及绿色出行等绿色行为,主动进行垃圾分类,反对过度包装,并减少非必要的消

费。此外，绿色消费理念的树立应从小抓起，将中华民族勤俭节约的传统美德融入教育与生活之中，强化生态保护与资源节约意识，让绿色低碳深入到日常生活的方方面面。

5.长江经济带城市绿色转型的实现需充分利用城市群间的协同作用，应加强城市群间的交流与合作，发挥各自优势，弥补自身短板，进而实现优势互补。同时，各城市群应强化城市空间聚集效应，保证中心城市的资源结构优化与城市群内转型要素的高效配置。其中，长三角、长江中游及成渝等3个国家级城市群应充分利用自身区位优势及政策支持条件，大力发展绿色新兴产业，拉动绿色经济发展，在完成自身绿色转型的同时支援落后城市群的绿色转型；而三峡、黔中、滇中及川滇黔等4个辅助性城市群应加强社会经济发展，优化产业及能源结构，促进产业绿色转型，借鉴成功转型经验弥补短板，探索出一条生态、经济、社会协同发展的绿色之路。

6.长江经济带下游地区作为长江经济带内部地区具有更丰富的资源以及更好经济基础的地区，随着其经济高质量发展水平的不断提高，出现了生态资源过度消耗、区域内城乡收入差距过大、生态环境质量下降等发展问题。因此下游地区应该创新转变发展方式，推动经济结构由要素和投资驱动向创新驱动转变；坚持生态优先绿色发展，坚持新发展理念，把修复长江经济带环境放在压倒性位置，通过环境治理来保障高水平生态环境，实现经济发展与生态保护的协调；同时应兼顾缩小贫富差距，实现发展成果由人民共享的"共享高质量"。产业结构层次较低成为困扰长江经济带中游地区经济高质量发展的最重要的因素。因此中游地区应该加速产业转型优化产业布局，同时加大创新力度促进产品升级，提升产品和服务质量，增加供给侧高端消费需求供给，从而优化和升级产业结构。长江经济带上游地区由于其传统的工业模式以及相对较弱的经济基础，其经济高质量发展有效驱动力明显不足，因此为了解决其经济高质量发展动力不足的问题，应该继续大力发展经济，推进新型城市化建设，培育成渝新型城市群，利用上游地区自然资源以及特有景观，开发旅游业以及新兴产业，形成具有地区特色的新型产业链，为经济发展注入新活力。

7.促进长江经济带协调一体化发展，增强城市间联动作用，扩大对外开放。在长江经济带内部各区域、各省份以及各个城市之间经济发展水平均存在不同程度的差异，三大区域经济高质量发展的路径各不相同，因此要加强区域间的人文交流和商业互动，实现区域联动发展。相对发达的上游地区要率先实现产业创新发展，充分发挥大城市以及沿海发达城市的辐射作用，带动周边城市的发展；相对落后的中上游地区要利用自身优势，补足短板，充分融入区域协调发展之中。与此同时,长江经济带作为我国经济高质量发展的主力军,应该积极参与"一带一路"沿线建设,扩大对外开放领域,优化开放结构,积极参与国际经济合作,进而提升国际竞争力

8. 区域重大发展战略规划指导区域发展,长江经济带发展战略对于促进长江经济带经济高质量发展有重要影响。从长江经济带发展战略的有效性看,坚持实施区域重大发展战略能有效促进地区经济高质量发展,带动国内大循环。因而应积极落实区域发展战略,促进我国区域经济高质量发展,坚持优化国土空间开发格局,发挥重大区域发展战略对区域经济高质量发展的促进作用,从而形成以内循环为主的经济发展新格局,进而促使中国尽早由中等收入国家迈向发达国家行列。

9. 从长江经济带发展战略影响效应的差异性来看,首先,长江经济带发展战略在长江经济带上、中、下游区域实施时应各有侧重,以发挥战略的良好效果。对于下游地区,大力保护和修复长江生态,为长江经济带经济高质量发展提供更丰富的生态资源,实现可持续高效的经济发展;对于中游地区,着重进行科技创新发展,积累资本和技术,为经济发展注入新活力;对于上游地区,应增强各方面发展基础,依据地区优势建设特色产业,为市场添活力,不断增强市场驱动力。其次,不同城市和城市群在重大区域发展战略的规划下对经济高质量发展的贡献不同。因此,一方面重大区域发展战略应加强对区域内中心城市和城市群的建设,积极打造中心城市和城市群为新的增长极,促进区域经济高质量发展;另一方面,引导中心城市和城市群发挥对腹地城市的带动作用,从而通过溢出效应提升整个区域的经济高质量发展水平。

第二节　展望

本书的研究还存在以下几点不足与展望:

1. 城市绿色转型的研究范围广泛,其影响要素、动力来源、运行机制、能力评价、效率测度、提升路径等均可构成城市绿色转型的研究方向,本书基于研究目的及篇幅限制,并未充分考虑城市绿色转型的动力来源及运行机制等内容;其次,在城市绿色转型能力评价中,受相关数据发布时滞性及部分年份数据缺失,只能选取相对完整且具有代表性的指标进行测度,从而导致城市绿色转型能力测度指标的全面性及针对性有一定程度的削弱,也给测算结果带来了一定偏差;

最后，在城市绿色转型效率测度中，受精力及篇幅等客观因素影响，仅考虑了城市绿色转型效率的静态变动，未能考虑城市绿色转型效率的动态变动状况。

2.对于未来城市绿色转型的研究展望，首先，城市绿色转型是一个复杂系统，其研究方法也应是多样的，因而可进一步借助数据挖掘、扎根理论等文本挖掘方法弥补指标数据缺失方面的不足；其次，可进一步利用演化博弈及系统仿真等模型探索城市绿色转型的运行机制、提升路径等内容。本书侧重于对城市绿色转型的能力提升及效率测度等外在表现进行分析，而运行机制及提升路径等是城市绿色转型的内在核心。因此，未来应在完善城市绿色转型能力评价指标体系的基础上，强化对城市绿色转型运行机制、提升路径等方面的研究，从而拓展和深化城市绿色转型研究框架及分析深度。

3.在研究中构建指标体系时，由于 DPSIR 模型内涵和高质量发展概念比较丰富，且基于数据的可获得性及自身研究水平的局限性，构建的指标体系具有一定主观性，在指标的选择上有待进一步完善。

4.在研究国家战略政策因素对长江经济带高质量发展差异性影响时，受基础理论知识和掌握方法有限的影响，并未探讨国家战略政策对长江经济带经济高质量发展差异性影响的作用机制，这也是后续研究重点关注的方向。

参考文献

[1]Ciotti M，Ciccozzi M，Terrinoni A，et al. The COVID-19 Pandemic[J]. Critical Reviews in Clinical Laboratory Sciences，2020，57(06)：365-388.

[2]赵峥.亚太城市绿色发展报告——建设面向 2023 年的美好城市家园[M].北京:中国社会科学出版社,2016.

[3]关成华,韩晶.2019 中国绿色发展指数报告——区域比较[M].北京:经济日报出版社,2020.

[4]张永生,巢清尘,陈迎,等.中国碳中和:引领全球气候治理和绿色转型[J].国际经济评论,2021(03):9-26,4.

[5]周冯琦,尚勇敏.碳中和目标下中国城市绿色转型的内涵特征与实现路径[J].社会科学,2022(01):51-61.

[6]庄贵阳,魏鸣昕.城市引领碳达峰、碳中和的理论和路径[J].中国人口·资源与环境,2021,31(09):114-121.

[7]吴传清,黄磊,文传浩.长江经济带技术创新效率及其影响因素研究[J].中国软科学,2017(05):160-170.

[8]王振.长三角地区经济发展报告(2019—2020)[M].北京:社会科学文献出版社,2021.

[9]张宁,杨志华.欧美国家"绿色新政"比较视域下的我国绿色转型研究[J].南京林业大学学报(人文社会科学版),2020,20(06):60-68.

[10]Stark D，Bruszt L. Postscocialist Pathways：Transforming Politics and Property in East Central Europe[M]. Cambridge：Cambridge University Press，1998.

[11]朱铁臻.城市转型与创新[J].城市,2006(06):3-5.

[12]魏后凯.论中国城市转型战略[J].城市与区域规划研究,2011(01):1-19.

[13]李程骅.中国城市转型研究[M].北京：人民出版社,2013.

[14]丛晓男,刘治彦.中国城市经济转型升级：概念辨析及政策含义[J].城市,2014(11)：30-33.

[15]理查德·瑞吉斯特.生态城市：重建与自然平衡的城市(修订版)[M].王如松,于占杰,译.北京：社会科学文献出版社,2010.

[16]马世骏,王如松.社会—经济—自然复合生态系统[J].生态学报,1984(01)：1-9.

[17]秦东钦.基于生态城市构建的资源型城市可持续发展研究[D].青岛：中国海洋大学,2011.

[18]Cortinovis C, Geneletti D. A Framework to Explore the Effects of Urban Planning Decisions on Regulating Ecosystem Services in Cities[J]. Ecosystem Services, 2019, 38：1-13.

[19]徐丽婷,姚士谋,陈爽,等.高质量发展下的生态城市评价——以长江三角洲城市群为例[J].地理科学,2019,39(08)：1228-1237.

[20]李胭胭.京津冀生态型城市群空间结构研究[D].北京：北京交通大学,2021.

[21]Li Y. Low-Carbon City in China[J]. Sustainable Cities and Society,2013,9：62-66.

[22]Gehrsitz M. The Effect of Low Emission Zones on Air Pollution and Infant Health[J]. Journal of Environmental Economics and Management, 2017, 83：121-144.

[23]周枕戈,庄贵阳,陈迎.低碳城市建设评价：理论基础、分析框架与政策启示[J].中国人口·资源与环境,2018,28(06)：160-169.

[24]Crawford J, French W. A Low-Carbon Future：Spatial Planning's Role in Enhancing Technological Innovation in the Built Environment[J]. Energy Policy,2018(36)：4575-4579.

[25]张丽君,李宁,秦耀辰,等.基于 DPSIR 模型的中国城市低碳发展水平评价及空间分异[J].世界地理研究,2019,28(03)：85-94.

[26]徐佳,崔静波.低碳城市和企业绿色技术创新[J].中国工业经济,2020(12)：178-196.

[27]佘硕,王巧,张阿城.技术创新、产业结构与城市绿色全要素生产率——基于国家低碳城市试点的影响渠道检验[J].经济与管理研究,2020,41(08)：44-61.

[28]赵平平.重庆市低碳城市建设水平评价与分析[D].武汉：中南财经政法大学,2021.

[29]胡鸿涛.低碳城市试点政策对能源生产率的影响研究[D].长春:吉林大学,2022.

[30]韩庆利,王军.关于循环经济3R原则优先顺序的理论探讨[J].环境保护科学,2006(02):59-62.

[31]陆学,陈兴鹏.循环经济理论研究综述[J].中国人口·资源与环境,2014,24(12):204-208.

[32]李智超.循环型城市建设的基本内容与重点任务[J].国家治理,2021(40):13-16.

[33]范逢春.建设循环型城市对城市治理提出的新要求[J].国家治理,2021(40):8-12.

[34]Cohen B. The Smartest Cities in the World 2015:Methodology[J]. Fast Company,2014,11(20):2014.

[35]严波.包头市智慧城市评价体系研究[D].包头:内蒙古科技大学,2017.

[36]滕媛媛.智慧型城市(镇)空间形态发展影响因素研究[D].天津:河北工业大学,2017.

[37]Silva B N,Khan M,Han K. Towards Sustainable Smart Cities:A Review of Trends,Architectures,Ccomponents,and Open Challenges in Smart Cities[J]. Sustainable Cities and Society,2018,38:697-713.

[38]周小敏,李连友.智慧城市建设能否成为经济增长新动能?[J].经济经纬,2020,37(06):10-17.

[39]王敏,李亚非,马树才.智慧城市建设是否促进了产业结构升级[J].财经科学,2020(12):56-71.

[40]张节,李千惠.智慧城市建设对城市科技创新能力的影响[J].科技进步与对策,2020,37(22):38-44.

[41]何天祥,廖杰,魏晓.城市生态文明综合评价指标体系的构建[J].经济地理,2011,31(11):1897-1900.

[42]陈诗一.中国各地区低碳经济转型进程评估[J].经济研究,2012,47(08):32-44.

[43]胡鞍钢,周绍杰.绿色发展:功能界定、机制分析与发展战略[J].中国人口·资源与环境,2014,24(01):14-20.

[44]佟贺丰,杨阳,王静宜,等.中国绿色经济发展展望——基于系统动力学模型的情景分析[J].中国软科学,2015(06):20-34.

[45]Satbyul Estella Kim,HoKim,Yeora Chae. A New Approach to Measuring

Green Growth：Application to the OECD and Korea[J]．Futures，2014，63：37-48．

[46]Ehresman，T．Okereke，C．Environmental Justice and Conceptions of the Green Economy[J]．International Environmental Agreements Politics Law and Economics，2015(15)：13-27．

[47]Sueyoshi T．Damages to Return with a Possible Occurrence of Eco-Technology Innovation Measured by DEA Environmental Assessment[J]．Journal of Economic Structures，2017，6(01)：1-14．

[48]熊曦，张陶，段宜嘉，等．长江中游城市群绿色化发展水平测度及其差异[J]．经济地理，2019，39(12)：96-102．

[49]D'Amato D．，Korhonen J．，Toppinen A．Circular，Green，and Bio Economy：How Do Companies in Land-Use Intensive Sectors Align with Sustainability Concepts？[J]．Ecological Economics，2019，158(04)：116-133．

[50]Shah I．H．，Dong L．，Park H．S．Tracking Urban Sustainability Transition：An Eco-Efficiency Analysis on Eco-Industrial Development in Ulsan，Korea[J]．Journal of Cleaner Production，2020，262：121-136．

[51]Calzada-Infante L，Lopez-Narbona A M，Nunez-Elvira A，et al．Assessing the Efficiency of Sustainable Cities Using an Empirical Approach[J]．Sustainability，2020，12(07)：18-26．

[52]胡子明，李俊莉．中国绿色发展研究现状及趋势分析[J]．经济研究导刊，2020(08)：3-4＋18．

[53]余倩倩．长三角地区产业结构绿色转型升级评价研究[D]．南京：南京邮电大学，2020．

[54]高翠娟，孙明明．我国资源型城市的绿色转型——基于CNKI的系统性文献综述[J]．唐山学院学报，2022，35(04)：91-97＋108．

[55]张旭．我国区域绿色发展评价及影响因素研究[D]．石家庄：河北经贸大学，2022．

[56]黄建欢，吕海龙，王良健．金融发展影响区域绿色发展的机理——基于生态效率和空间计量的研究[J]．地理研究，2014(03)：532-545．

[57]杨志江，文超祥．中国绿色发展效率的评价与区域差异[J]．经济地理，2017，37(03)：10-18．

[58]刘阳，秦曼．中国东部沿海四大城市群绿色效率的综合测度与比较[J]．中国人口·资源与环境，2019，29(03)：11-20．

[59]周亮,车磊,周成虎.中国城市绿色发展效率时空演变特征及影响因素[J].地理学报,2019,74(10):2027-2044.

[60]刘杨,杨建梁,梁媛.中国城市群绿色发展效率评价及均衡特征[J].经济地理,2019,39(02):110-117.

[61]Kofi E. B. Institutional Quality, Green Innovation and Energy Efficiency [J]. Energy Policy, 2019, 135: 11-21.

[62]Omrani H, Shafaat K, Alizadeh A. Integrated Data Envelopment Analysis and Cooperative Game for Evaluating Energy Efficiency of Transportation Sector: A Case of Iran[J]. Annals of Operations Research, 2019, 274(1-2):471-499.

[63]陈斌,李拓.财政分权和环境规制促进了中国绿色技术创新吗?[J].统计研究,2020,37(06):27-39.

[64]Song M, Zhao X, Shang Y, et al. Realization of Green Transition Based on the Anti - Driving Mechanism: An Analysis of Environmental Regulation from the Perspective of Resource Dependence in China[J]. The Science of the Total Environment, 2020, 698(01): 1-12

[65]Trinks A, Mulder M, Scholtens B. An Efficiency Perspective on Carbon Emissions and Financial Performance[J]. Ecological Economics, 2020, 175: 106-122.

[66]Xing Y, Rizwana Y, Jamal H, et al. The Repercussions of Financial Development and Corruption on Energy Efficiency and Ecological Footprint: Evidence from BRICS and Next 11 Countries[J]. Energy, 2021,223(05): 120-133.

[67]王冠,张凯,刘静.不同规制工具对绿色发展效率的影响及机制研究[J].生态经济,2021,37(01):130-135.

[68]Cai Wei, Jiang Zhigang, Liu Conghu, Wang Yan. Special Issue on Green Technologies for Production Processes[J]. Processes,2021,9(06):1022.

[69]夏春芳.基于DEA-Tobit模型的新疆各地州绿色经济发展效率研究[D].喀什:喀什大学,2022.

[70]Bilgaev A, Dong S, Li F, et al. Assessment of the Current Eco-Socio-Economic Situation of the Baikal Region (Russia) from the Perspective of the Green Economy Development[J]. Sustainability,2020,12(09):3767.

[71]Godlewska J, Sidorczuk - Pietraszko E. Taxonomic Assessment of

Transition to the Green Economy in Polish Regions[J]. Sustainability, 2019,11(18):5098.

[72]罗宣,金瑶瑶,王翠翠.转型升级下资源型城市绿色发展效率研究——以中部地区为例[J].西南交通大学学报（社会科学版）,2017,18(06):77-83.

[73]张华,丰超,时如义.绿色发展：政府与公众力量[J].山西财经大学学报, 2017(11):15-28.

[74]杨键军,杨学刚,武其甫,等.成长型资源城市绿色转型研究[J].技术经济, 2019,38(10):95-103.

[75]谭卫华,舒银燕.新金融发展与工业绿色转型——基于系统 GMM 模型的实证分析[J].经济地理,2020,40(11):149-157.

[76]李佐军.中国绿色转型发展报告[M].北京：中共中央党校出版社,2012.

[77]孙毅,景普秋.资源型区域绿色转型模式及其路径研究[J].中国软科学, 2012(12):152-161.

[78]Silvio V. , Dario F. C. ,Gianluca C. , et al. Indicators of Environmental Loading and Sustainability of Urban Systems. An Emergy - Based Environmental Footprint[J]. Ecological Indicators,2018,94：82-99.

[79]Sylvia Y. H,JeongwooL,Tao Z, et al. Shrinking Cities and Resource-Based Economy：The Economic Restructuring in China's Mining Cities [J]. Cities,2017,60：75-83.

[80]李虹,邹庆.环境规制、资源禀赋与城市产业转型研究——基于资源型城市与非资源型城市的对比分析[J].经济研究,2018,53(11):182-198.

[81]叶雪洁,吕莉,王晓蕾.经济地质学视角下的资源型城市产业转型路径研究——以淮南市为例[J].中国软科学,2018(02):186-192.

[82]曾贤刚,段存儒.煤炭资源枯竭型城市绿色转型绩效评价与区域差异研究[J].中国人口·资源与环境,2018,28(07):127-135.

[83]丁兆罡,段传庆,洪天求.城市绿色转型效果评价研究——以安徽省淮南市为例[J].运筹与管理,2019,28(12):162-169.

[84]王多多.土地集约利用对城镇化绿色转型效率的影响及空间差异[D].天津：天津工业大学,2019.

[85]车磊.中国资源型城市绿色转型发展的时空格局、影响因素和路径选择[D].兰州：西北师范大学,2019.

[86]孙晓华,郑辉,于润群等.资源型城市转型升级：压力测算与方向选择[J].中国人口·资源与环境,2020,30(04):54-62.

［87］Liu B，Wang J. M，Jing Z. R，et al. Measurement of Sustainable Transformation Capability of Resource‐Based Cities Based on Fuzzy Membership Function：A Case Study of Shanxi Province，China［J］. Resources Policy，2020，68：10-19.

［88］姚德文，张晖明.上海产业结构优化升级的障碍和对策分析［J］.上海经济研究，2008（03）：52-58.

［89］Tomlinson R. From Exclusion to Inclusion：Rethinking Johannesburg's Central City［J］. Environment and Planning A，1999，31（09）：1655-1678.

［90］Olazabal M.，Pascual U. Use of Fuzzy Cognitive Maps to Study Urban Resilience and Transformation［J］. Environmental Innovation and Societal Transitions，2016，18：18-40.

［91］Siregar，Juki. The Influence of Human Quality Index and Supporting Facilities through Electrical Supply in HumbangHasundutan Regency［J］. International Journal of Advanced Engineering Research and Science 5，2018，5（07）：264209.

［92］Wu Q，Wang W. C. Environmental Measurement and Cluster Analysis of Manufacturing Transformation and Upgrading：An Empirical Study in Eastern Coastal Cities in China［J］. Journal of Coastal Research，2019，94（09）：867-872.

［93］Turok I. Cities as Platforms for Progress：Local Drivers of Rwanda's Success［J］. Local Economy，2019，34（03）：221-227.

［94］Pavel S，Jucu I S. Urban Transformation and Cultural Evolution of Post-socialist European Cities. The Case of Timisoara（Romania）：from 'Little Vienna'urban Icon to European Capital of Culture（ECoC2021）［J］. City，Culture and Society，2020，20：100296.

［95］He M，Chen Y，Van Marrewijk C. The Effects of Urban Transformation on Productivity Spillovers in China［J］. Economic Modelling，2021，95：473-488.

［96］C. M. Hall. Leisure and Tourism Landscapes：Social and Cultural Geographies：C. Aitchison，N. E. Macleod，S. J. Shaw，Routledge，London and New York［J］. Tourism Management，2004，25（06）：811-812.

［97］Landry M D，Jaglal S，Wodchis W P，et al. Analysis of Factors Affecting Demand for Rehabilitation Services in Ontario，Canada：A Health-Policy

Perspective[J]. Disability and rehabilitation，2008，30(24)：1837-1847.

[98]Boug P，Cappelen Å，Eika T. Exchange Rate Pass-Through in a Small Open Economy：The Importance of The Distribution Sector[J]. Open Economies Review，2013，24(05)：853-879.

[99]Nykamp H. A Transition to Green Buildings in Norway [J]. Environmental Innovation and Societal Transitions，2017,24：83-93.

[100]Ge J. Q，Gareth P，Tony C. et al. From Oil Wealth to Green Growth-An EempiricalAgent-Based Model of Recession，Migration and Sustainable Urban Transition[J]. Environmental Modelling and Software，2018，107(09)：110-140

[101]Sjøtun S G. The Role of Engineers in the Greening of the South-Western Norwegian Maritime Industry：Practices，Agency and Social Fields[J]. Geoforum，2020，113：111-120.

[102]惠利，陈锐钒，黄斌.新结构经济学视角下资源型城市高质量发展研究——以德国鲁尔区的产业转型与战略选择为例[J].宏观质量研究，2020，08(05)：100-113.

[103]Pichler M.，Krenmayr N.，Schneider E，et al. EU Industrial Policy：Between Modernization and Transformation of the Automotive Industry[J]. Environmental Innovation and Societal Transitions，2021，38：140-152.

[104]Kitheka B M，Baldwin E D，Powell R B. Grey to Green：Tracing the Path to Environmental Transformation and Regeneration of a Major Industrial City[J]. Cities，2021，108：102987.

[105]李志青.坚持绿色发展理念实现全面绿色转型[J].中国生态文明，2020(06)：57-59.

[106]张旭，庞顺新.成熟资源型城市绿色转型仿真研究[J].科技与管理，2019，21(03)：45-55.

[107]Olazabal M，Pascual U. Urban Low-Carbon Transitions：Cognitive Barriers and Opportunities[J]. Journal of Cleaner Production，2015，109：336-346.

[108]Sorman A H，García-Muros X，Pizarro-Irizar C，etal. Lost (and found) in Transition：Expert Stakeholder Insights on Low-Carbon Energy Transitions in Spain [J]. Energy Research & Social Science，2020，64：101414.

[109]Bagheri M,Alivand M S,AlikaramiM,etal. Developing a Multiple-Criteria Decision Analysis for Green Economy Transition: A Canadian Case Study[J]. Economic Systems Research,2019,31(04):617-641.

[110]Nurse A,North P. A Place For Climate in a Time of Capitalist Crisis? A Case Study of Low-Carbon Urban Policy Making in Liverpool, England [J]. Town Planning Review,2020,91(02):155-178.

[111]宋典,宋培,陈喆.环境规制下中国工业绿色转型的技术路径选择:自主创新或技术外取？[J].商业研究,2020(02):101-110.

[112]朱东波.环境规制、技术创新与中国工业结构绿色转型[J].工业技术经济,2020,39(10):57-64.

[113]Musgrave, R. A. The Theory of Public Finance : A Studly in Public Economy [M]. New York:McGraw-Hill,1960.

[114]李小奕.地方财政支出效率与制造业绿色转型升级[J].财经问题研究,2021(09):75-82.

[115]林毅夫.新结构经济学——反思经济发展与政策的理论框架[M].北京:北京大学出版社,2012.

[116]Croix. D. L. D. Delavallade, Public Investment and Corruption With Failing Institutions [J]. Economics of Governance, 2009,10(03) : 187-219.

[117]李烨,潘伟恒,龙梦琦.资源型产业绿色转型升级的驱动因素[J].技术经济,2016,35(04):65-69+119.

[118]张娟.资源型城市环境规制的经济增长效应及其传导机制——基于创新补偿与产业结构升级的双重视角[J].中国人口·资源与环境,2017,27(10):39-46.

[119]仇方道,张春丽,郭梦梦,等.中国再生性资源型城市创新能力与工业转型耦合协调分析[J].地理科学,2020,40(07):1092-1103.

[120]李志强.经济发达地区产业绿色转型及创新启示——评《产业转型的地方实践——苏南工业园区的生态文明建设》[J].中国名城,2018(03):91-94.

[121]关伟,刘璐.产业视角下的鞍山市绿色转型绩效分析[J].辽宁科技大学学报,2013,36(06):612-617.

[122] Håvard H. Where Are Urban Energy Transitions Governed? Conceptualizing the Complex Governance Arrangements for Low-carbon Mobility in Europe[J].Cities,2015,54: 4-10.

[123]Markard J, Rosenbloom D. Political Conflict and Climate Policy: the

European Emissions Trading System as a Trojan Horse for the Low-carbon Transition? [J]. Climate Policy,2020,20(09):1092-1111.

[124]朱斌,胡志强,姚琴琴.基于灰熵决策模型的绿色产业发展评价分析——以福建省为例[J].物流工程与管理,2014,36(01):136-138+157.

[125]连晓宇.区域中心城市绿色转型绩效评价[D].大连:大连理工大学,2016.

[126]王一婷.基于 RAGA-PPC 模型的资源型城市绿色转型评价[D].成都:成都理工大学,2019.

[127]刘学敏,张生玲.中国企业绿色转型:目标模式、面临障碍与对策[J].中国人口·资源与环境,2015,25(06):1-4.

[128]Affolderbach J, Krueger R. "Just" Ecopreneurs:Re-Conceptualising Green Transitions and Entrepreneurship[J]. Local Environment,2017,22(04):1-14.

[129]Eric K B. Investing in a Green Transition[J]. Ecological Economics,2018,153:218-236.

[130]Hötte K. How to Accelerate Green Technology Diffusion? Directed Technological Change in the Presence of Coevolving Absorptive Capacity[J]. Energy Economics,2020,85:104565.

[131]任相伟,孙丽文.低碳视域下中国企业绿色转型动因及路径研究——基于扎根理论的多案例探索性研究[J].软科学,2020,34(12):111-115+121.

[132]解学梅,韩宇航.本土制造业企业如何在绿色创新中实现"华丽转型"?——基于注意力基础观的多案例研究[J].管理世界,2022,38(03):76-106.

[133]杨岚,周亚虹.环境规制与城市制造业转型升级——基于产业结构绿色转型和企业技术升级双视角分析[J].系统工程理论与实践,2022,42(06):1616-1631.

[134]于法稳,林珊."双碳"目标下企业绿色转型发展的促进策略[J].改革,2022(02):144-155.

[135]沈晓悦,赵雪莱,李萱,等.推进我国消费绿色转型的战略框架与政策思路[J].经济研究参考,2014(26):13-25.

[136]Horsbøl A. Co-Creating Green Transition:How Municipality Employees Negotiate Their Professional Identities as Agents of Citizen Involvement in a Cross-Local Setting[J]. Environmental Communication,2018,12

(05):1-14.

[137]夏丹.消费者行为对制造企业绿色转型的作用机理研究——基于政府监管视角[J].商业经济研究,2019(15):181-184.

[138]王宇,王勇,任勇,等.中国绿色转型测度与绿色消费贡献研究[J].中国环境管理,2020,12(01):37-42.

[139]Terzi A . Crafting an Effective Narrative on the Green Transition[J]. Energy Policy,2020,147:111883.

[140]宁杨.碳中和碳达峰背景下绿色发展对我国居民消费的影响[J].商业经济研究,2022(05):62-65.

[141]张志勇.绿色发展背景下低碳消费的国际借鉴及对策研究——以山东省为例[J].商业经济研究,2018(11):62-64.

[142]湛泳,汪莹.绿色消费研究综述[J].湘潭大学学报(哲学社会科学版),2018,42(06):46-48.

[143]李岩,赖玥,马改芝.绿色发展视角下生产与消费行为转化的机制研究[J].南京工业大学学报(社会科学版),2020,19(03):85-93+112.

[144]付伟,杨丽,罗明灿.我国绿色消费路径依赖探析[J].西南林业大学学报(社会科学),2020,4(06):57-62.

[145]陈奕奕.绿色发展背景下居民环境敏感度对家庭绿色消费的影响机制[J].商业经济研究,2021(07):65-69.

[146]郑婧伶,徐炳全.绿色发展理念下我国绿色消费的应然路径[J].商业经济研究,2020(23):61-63.

[147]Edward B. The Policy Challenges for Green Economy and Sustainable Economic Development [J]. Natural Resources Forum,2011,35(03):233-245.

[148]Yuming L. Weijia G. Effects Of Energy Conservation and Emission Reduction on Energy Efficiency Retrofit for Existing Residence:A Case From China[J].Energy and Buildings . 2013(61):61-72.

[149]Lorek S, Spangenberg J H. Sustainable Consumption Within a Sustainable Economy – Beyond Green Growth and Green Economies[J]. Journal of Cleaner Production,2014,63:33-44.

[150]卢洪友,许文立.北欧经济"深绿色"革命的经验及启示[J].人民论坛·学术前沿,2015(03):84-94.

[151]毕茜,于连超.环境税的企业绿色投资效应研究——基于面板分位数回归

的实证研究[J].中国人口·资源与环境,2016,26(03):76-82.

[152]范庆泉,周县华,张同斌.动态环境税外部性、污染累积路径与长期经济增长——兼论环境税的开征时点选择问题[J].经济研究,2016,51(08):116-128.

[153]吕薇.营造有利于绿色发展的体制机制和政策环境[N].中国经济时报,2016-06-01(005).

[154]于连超,张卫国,毕茜.环境税对企业绿色转型的倒逼效应研究[J].中国人口·资源与环境,2019,29(07):112-120.

[155]Feng Z, Chen W. Environmental Regulation, Green Innovation, and Industrial Green Development: An Empirical Analysis Based on the Spatial Durbin Model[J]. Sustainability, 2018, 10(01): 223.

[156]Ramanathan R, Black A, Nath P, et al. Impact of Environmental Regulations on Innovation and Performance in the UK Industrial Sector [J]. Management Decision, 2010, 48(10):1493-1513.

[157]Lee J, Veloso F M, Hounshell D A. Linking Induced Technological Change, and Environmental Regulation: Evidence from Patenting in the US Auto Industry[J]. Research policy, 2011, 40(09): 1240-1252.

[158]张成,陆旸,郭路,等.环境规制强度和生产技术进步[J].经济研究,2011,46(02):113-124.

[159]陈超凡.中国工业绿色全要素生产率及其影响因素[J].统计研究,2016,33(03):27-39.

[160]Bosch S, Schmidt M. Is the Post-Fossil Era Necessarily Post-Capitalistic? —The Robustness and Capabilities of Green Capitalism[J]. Ecological Economics, 2019, 161(07): 270-279.

[161]李永友,沈坤荣.我国污染控制政策的减排效果——基于省际工业污染数据的实证分析[J].管理世界,2008(07):7-17.

[162]Acemoglu, D, P. Aghion, L. Bursztyn, et al. The Environment and Directed Technical Change[J]. American Economic Review,2012,102(01):131-166.

[163]黄清煌,高明.中国环境规制工具的节能减排效果研究[J].科研管理,2016,37(06):19-27.

[164]郭进.环境规制对绿色技术创新的影响——"波特效应"的中国证据[J].财贸经济,2019,40(03):147-160.

[165]高萍,王小红.财政投入、环境规制与绿色技术创新效率——基于2008—

2015 年规模以上工业企业数据的实证[J]. 生态经济, 2018, 34(04): 93-99.

[166]Zhai X. Q, An Y. F. Analyzing Influencing Factors of Green Transformation in China's Manufacturing Industry under Environmental Regulation: A Structural Equation Model[J]. Journal of Cleaner Production, 2020, 251: 119-130.

[167]黄志平. 碳排放权交易有利于碳减排吗？——基于双重差分法的研究[J]. 干旱区资源与环境, 2018, 32(09): 32-36.

[168]李治国, 王杰. 中国碳排放权交易的空间减排效应: 准自然实验与政策溢出[J]. 中国人口·资源与环境, 2021, 31(01): 26-36.

[169]Mathews J A, Reinert E S. Renewables, Manufacturing and Green Growth: Energy Strategies Based on Capturing Increasing Returns[J]. Futures, 2014, 61: 13-22.

[170]Dulal H B, Dulal R, Yadav P K. Delivering Green Economy in Asia: The Role of Fiscal Instruments[J]. Futures, 2015, 73: 61-77.

[171]Soundarrajan P, Vivek N. Green Finance for Sustainable Green Economic Growth in India[J]. Agricultural Economics. 2016, 62(01): 35-44.

[172]Kemec A, Senol P, Yalcin O. Practice of Urban Transformation in Terms of Financial and Economic Cycles: A Case Study of Isparta in Turkey[J]. IOP Conference Series: Materials Science and Engineering. IOP Publishing, 2019, 471(09): 092050.

[173]韩科振. 绿色金融发展与绿色技术创新效率关系研究——基于空间溢出视角的实证分析[J]. 价格理论与实践, 2020(04): 144-147+178.

[174]杨志安, 杨枫. 金融资源错配、创新战略与制造业绿色转型——基于财政分权视角[J]. 财会通讯, 2022(04): 49-54.

[175]袁华锡, 刘耀彬, 封亦代. 金融集聚如何影响绿色发展效率？——基于时空双固定的 SPDM 与 PTR 模型的实证分析[J]. 中国管理科学, 2019, 27(11): 61-75.

[176]王馨, 王营. 绿色信贷政策增进绿色创新研究[J]. 管理世界, 2021, 37(06): 173-188+11.

[177]陈国进, 丁赛杰, 赵向琴, 蒋晓宇. 中国绿色金融政策、融资成本与企业绿色转型——基于央行担保品政策视角[J]. 金融研究, 2021(12): 75-95.

[178]王营, 冯佳浩. 绿色债券促进企业绿色创新研究[J]. 金融研究, 2022(06):

171-188.

[179]文书洋,张琳,刘锡良.我们为什么需要绿色金融？——从全球经验事实到基于经济增长框架的理论解释[J].金融研究,2021(12):20-37.

[180]Hart S L, Dowell G. A Natural-resource-based View of the Firm: Fifteen Years After[J]. Journal of Management,2011(05):586-1014.

[181]Herrmann C, Kare S. Sustainable Production, Life Cycle Engineering and Management[M]. Berlin: Springer,2012.

[182]Jouvet P A, De Perthuis C. Green Growth: From Intention to Implementation[J]. International Economics, 2013, 134: 29-55.

[183]Wong C W Y, Lai K, Shang K C, et al. Green Operations and the Moderating Role of Environmental Management Capability of Suppliers on Manufacturing Firm Performance [J]. International Journal of Production Economics,2012,140(01):283-294.

[184]Wong S K S. Environmental Requirements, Knowledge Sharing and Green Innovation: Empirical Evidence from the Electronics Industry in China[J]. Business Strategy and the Environment,2013,22(05):321-338.

[185]李怡娜,叶飞. 高层管理支持、环保创新实践与企业绩效——资源承诺的调节作用[J]. 管理评论, 2013, 25(01): 120-127.

[186]Samad G , Manzoor R . Green Growth: Important Determinants[J]. Singapore Economic Review, 2015, 60(02):1550014.1-1550014.15.

[187]王兵,刘光天.节能减排与中国绿色经济增长——基于全要素生产率的视角[J].中国工业经济,2015(05):57-69.

[188]谢雄标,吴越,严良.数字化背景下企业绿色发展路径及政策建议[J].生态经济,2015,31(11):88-91.

[189]何小钢.能源约束、绿色技术创新与可持续增长——理论模型与经验证据[J].中南财经政法大学学报,2015(04):30-38.

[190]Shao S, Luan R, Yang Z, et al. Does Directed Technological Change Get Greener: Empirical Evidence from Shanghai's Industrial Green Development Transformation[J]. Ecological Indicators, 2016, 69: 758-770.

[191]孙才志,王雪利,王嵩.环境约束下中国技术进步偏向测度及其空间效应分析[J].经济地理,2018,38(09):38-46.

[192]宋维佳,杜泓钰.自主研发、技术溢出与我国绿色技术创新[J].财经问题研究,2017(08):98-105.

[193]Artmann M., Inostroza L., Fan P. Urban Sprawl, Compact Urban Development and Green Cities. How Much Do We Know, How Much Do We Agree? [J]. Ecological Indicators, 2019, 96(01): 3-9.

[194]Tong H, Wang Y, Xu J. Green Transformation in China: Structures of Endowment, Investment, and Employment[J]. Structural Change and Economic Dynamics, 2020, 54: 173-185.

[195]Han D. R., Li T. C., Feng S. S. Does Renewable Energy Consumption Successfully Promote the Green Transformation of China's Industry? [J]. Energies, 2020, 13(01): 229.

[196]邓慧慧,杨露鑫.雾霾治理、地方竞争与工业绿色转型[J].中国工业经济, 2019(10):118-136.

[197]Xie, Qijun. The Effects of Environmental Regulation, Cooperation and Green Innovation on Regional Green Growth[J]. Journal of Marketing and Consumer Research ,2018,47: 23-33.

[198]杨浩昌,李廉水,张发明.高技术产业集聚与绿色技术创新绩效[J].科研管理,2020,41(09):99-112.

[199]赵娜.绿色信贷是否促进了区域绿色技术创新?——基于地区绿色专利数据[J].经济问题,2021(06):33-39.

[200]邵帅,范美婷,杨莉莉.经济结构调整、绿色技术进步与中国低碳转型发展——基于总体技术前沿和空间溢出效应视角的经验考察[J].管理世界,2022,38(02):46-69.

[201]宋德勇,朱文博,丁海.企业数字化能否促进绿色技术创新?——基于重污染行业上市公司的考察[J].财经研究,2022,48(04):34-48.

[202]Lopez R, Thomas V, Wang Y. The Quality of Growth[M]. Washington DC, USA: The World Bank, 2000.

[203]Barro R J. Quantity and Quality of Economic Growth[J]. Working Papers Central Bank of Chile,2002,5(02):17-36.

[204]钞小静,惠康.中国经济增长质量的测度[J].数量经济技术经济研究, 2009,26(06):75-86.

[205]丘艳娟.新时代高质量发展的政治经济学解读[J].南昌大学学报(人文社会科学版),2020,51(05):57-63.

[206]周文,李思思.高质量发展的政治经济学阐释[J].政治经济学评论,2019, 10(04):43-60.

[207]Mlachila M，René T，Tapsoba S J A．A Quality of Growth Index for Developing Countries：A Proposal[J]．Social Indicators Research，2017，134(02)：128-133.

[208]宋国恺.新时代高质量发展的社会学研究[J].中国特色社会主义研究，2018(05)：60-68.

[209]袁晓玲,李彩娟,李朝鹏.中国经济高质量发展研究现状、困惑与展望[J].西安交通大学学报(社会科学版),2019,39(06):30-38.

[210]孙祁祥,周新发.科技创新与经济高质量发展[J].北京大学学报(哲学社会科学版),2020,57(03):140-149.

[211]赵剑波,史丹,邓洲.高质量发展的内涵研究[J].经济与管理研究,2019,40(11):15-31.

[212]杨伟民.贯彻中央经济工作会议精神推动高质量发展[J].宏观经济管理,2018(02):13-17.

[213]Solow R．M．A Contribution to the Theory of Economic Growth[J]．Quarterly Journal of Economics，1956,70(01)：65-94.

[214]Jorgensen D W，Griliches Z．The Explanation of Productivity Change[J]．Review of Economic Studies，1967，34(03)：56-62.

[215]陈诗一,陈登科.雾霾污染、政府治理与经济高质量发展[J].经济研究,2018(02):20-34.

[216]刘思明,张世瑾,朱惠东.国家创新驱动力测度及其经济高质量发展效应研究[J].数量经济技术经济研究,2019,36(04):3-23.

[217]吴传清,邓明亮.科技创新、对外开放与长江经济带高质量发展[J].科技进步与对策,2019,36(03):33-41.

[218]汪宗顺,郑军,汪发元.产业结构、金融规模与经济高质量发展——基于长江经济带11省市的实证[J].统计与决策,2019,35(19):121-124.

[219]魏敏,李书昊.新时代中国经济高质量发展水平的测度研究[J].数量经济技术经济研究,2018(11):3-20.

[220]马茹,罗晖,王宏伟,等.中国区域经济高质量发展评价指标体系及测度研究[J].中国软科学,2019(07)：60-67.

[221]张军扩,侯永志,刘培林,等.高质量发展的目标要求和战略路径[J].管理世界,2019,35(07):1-7.

[222]李金昌,史龙梅,徐蔼婷.高质量发展评价指标体系探讨[J].统计研究,2019,36(01):4-14.

[223]袁晓玲,王军,张江洋.高质量发展下城市效率评价——来自19个副省级及以上城市的经验研究[J].城市发展研究,2020,27(06):62-70.

[224]张江洋,袁晓玲,王军.高质量发展下城市投入产出指标体系重构研究[J].北京工业大学学报(社会科学版),2020,20(05):58-67.

[225]赵涛,张智,梁上坤.数字经济、创业活跃度与高质量发展——来自中国城市的经验证据[J].管理世界,2020,36(10):65-76.

[226]任保显.中国省域经济高质量发展水平测度及实现路径——基于使用价值的微观视角[J].中国软科学,2020(10):175-183.

[227]张侠,高文武.经济高质量发展的测评与差异性分析[J].经济问题探索,2020(04):1-12.

[228]师博,张冰瑶.全国地级以上城市经济高质量发展测度与分析[J].社会科学研究,2019(03):19-27.

[229]王伟.中国经济高质量发展的测度与评估[J].华东经济管理,2020,34(06):1-9.

[230]陈梦根,徐滢,周元任.新发展理念下经济高质量发展的统计评价与地区比较——基于改进的TOPSIS综合评价模型[J].统计学报,2020,1(02):1-14.

[231]吴志军,梁晴.中国经济高质量发展的测度、比较与战略路径[J].当代财经,2020(04):17-26.

[232]段秀芳,沈敬轩.粤港澳大湾区城市高质量发展评价及空间结构特征分析[J].统计与信息论坛,2021,36(05):35-44.

[233]王元亮.中国东中西部城市群高质量发展评价及比较研究[J].区域经济评论,2021(06):148-156.

[234]孙艺璇,程钰,刘娜.中国经济高质量发展时空演变及其科技创新驱动机制[J].资源科学,2021,43(01):82-93.

[235]张昌兵,王晓慧,顾志兰.金融集聚对经济高质量发展影响的实证检验——基于2005~2019年省际面板数据[J].工业技术经济,2021,40(02):99-109.

[236]Julia W. Skill Intensity in Foreign Trade and Economic Growth[J]. Empirica,2005,32(01):117-144.

[237]江三良,侯缓缓.人力资本结构优化与地区经济高质量增长[J].南京审计大学学报,2021,18(01):90-100.

[238]张宝友,黄妍,杨玉香,等.质量基础设施如何影响我国经济高质量发展

[J].经济问题探索,2021(02):13-30.

[239]李光龙,范贤贤.财政支出、科技创新与经济高质量发展——基于长江经济带 108 个城市的实证检验[J].上海经济研究,2019(10):46-60.

[240]任保平,文丰安.新时代中国高质量发展的判断标准、决定因素与实现途径[J].改革,2018(04):5-16.

[241]彭定赟,朱孟庭.经济高质量发展影响因素的优先序分析及其测度研究[J].生态经济,2020,36(12):50-76.

[242]葛和平,吴福象.数字经济赋能经济高质量发展:理论机制与经验证据[J].南京社会科学,2021(01):24-33.

[243]范立东,刘丰硕.企业家精神对东北地区经济高质量影响的实证分析[J].工业技术经济,2021,40(02):119-129.

[244]贺大兴,王静.营商环境与经济高质量发展:指标体系与实证研究[J].上海对外经贸大学学报,2020,27(06):51-62.

[245]徐铭,沈洋,周鹏飞.数字普惠金融对经济高质量发展的影响研究[J].资源开发与市场,2021,37(09):1080-1085.

[246]胡雪萍,许佩.FDI 质量特征对中国经济高质量发展的影响研究[J].国际贸易问题,2020(10):31-50.

[247]景维民,王瑶,莫龙炯.教育人力资本结构、技术转型升级与地区经济高质量发展[J].宏观质量研究,2019,7(04):18-32.

[248]张治栋,廖常文.全要素生产率与经济高质量发展——基于政府干预视角[J].软科学,2019,33(12):29-35.

[249]李志洋,朱启荣.中国经济高质量发展水平的时空特征及其影响因素[J].统计与决策,2022,38(06):95-99.

[250]孙培蕾,郭泽华.经济高质量发展空间差异与影响因素分析[J].统计与决策,2021,37(16):123-125.

[251]张乃丽,李宗显.中国经济发展质量的时空格局与收敛性研究[J].山东大学学报(哲学社会科学版),2021(02):140-150.

[252]程晶晶,夏永祥.基于新发展理念的我国省域经济高质量发展水平测度与比较[J].工业技术经济,2021,40(06):153-160.

[253]肖德,于凡.中国城市群经济高质量发展测算及差异比较分析[J].宏观质量研究,2021,9(03):86-98.

[254]方若楠,吕延方,崔兴华.中国八大综合经济区高质量发展测度及差异比较[J].经济问题探索,2021(02):111-120.

[255]唐娟,秦放鸣,唐莎.中国经济高质量发展水平测度与差异分析[J].统计与决策,2020,36(15):5-8.

[256]潘桔,郑红玲.区域经济高质量发展水平的测度与差异分析[J].统计与决策,2020,36(23):102-106.

[257]唐晓彬,王亚男,唐孝文.中国省域经济高质量发展评价研究[J].科研管理,2020,41(11):44-55.

[258]陈晓雪,时大红.我国30个省市社会经济高质量发展的综合评价及差异性研究[J].济南大学学报(社会科学版),2019,29(04):100-113+159-160.

[259]任阳军,田泽,梁栋,等.生产性服务业集聚、空间溢出与经济高质量发展[J].系统工程,2022,40(02):49-59.

[260]贺健,张红梅.数字普惠金融对经济高质量发展的地区差异影响研究——基于系统GMM及门槛效应的检验[J].金融理论与实践,2020(07):26-32.

[261]董宁,胡伟.区域差异视角下消费和产业"双升级"对经济发展质量的影响[J].商业经济研究,2021(15):189-192.

[262]李富有,沙春枝.民间金融对经济高质量发展影响的空间差异研究[J].统计与信息论坛,2020,35(11):68-76.

[263]汪侠,徐晓红.长江经济带经济高质量发展的时空演变与区域差距[J].经济地理,2020,40(03):5-15.

[264]杨仁发,杨超.长江经济带高质量发展测度及时空演变[J].华中师范大学学报(自然科学版),2019,53(05):631-642.

[265]余奕杉,高兴民,卫平.生产性服务业集聚对城市群经济高质量发展的影响——以长江经济带三大城市群为例[J].城市问题,2020(07):56-65.

[266]吴新中,邓明亮.技术创新、空间溢出与长江经济带工业绿色全要素生产率[J].科技进步与对策,2018,35(17):50-58.

[267]黄庆华,时培豪,胡江峰.产业集聚与经济高质量发展:长江经济带107个地级市例证[J].改革,2020(01):87-99.

[268]周清香,何爱平.环境规制对长江经济带高质量发展的影响研究[J].经济问题探索,2021(01):13-24.

[269]付晓东,王静田,崔晓雨.新中国成立以来的区域经济政策实践与理论研究[J].区域经济评论,2019(04):8-24.

[270]张景波.城市经济高质量发展的空间差异及收敛性研究[D].大连:东北财经大学,2019.

[271]Romer P M. Increasing Returns and Long-Run Growth[J]. Journal of Political Economy，1986，94(05)：1002-1037.

[272]Lucas Jr R E. On The Mechanics of Economic Development[J]. Journal of Monetary Economics，1988，22(01)：3-42.

[273]Rodrik D，Subramanian A，Trebbi F. Institutions Rule：The Primacy of Institutions over Geography and Integration in Economic Development [J]. Journal of Economic Growth，2004，9(02)：131-165.

[274]Kim E，Kim K. Impacts of Regional Development Strategies on Growth and Equity of Korea：A Multiregional CGE Model[J]. The Annals of Regional Science，2002，36(01)：165-180.

[275]Del Campo C，Monteiro C M F，Soares J O. The European Regional Policy and The Socio-Economic Diversity of European Regions：A Multivariate Analysis[J]. European Journal of Operational Research，2008，187(02)：600-612.

[276]Rodríguez-Pose A. Do Institutions Matter for Regional Development？ [J]. Regional studies，2013，47(07)：1034-1047.

[277]Cotella G，Brovarone E V. The Italian National Strategy for Inner Areas：A Place-Based Approach to Regional Development[J]. Dilemmas of Regional and Local Development. Routledge，2020：50-71.

[278]刘生龙,王亚华,胡鞍钢.西部大开发成效与中国区域经济收敛[J].经济研究,2009,44(09):94-105.

[279]夏飞,曹鑫,赵锋.基于双重差分模型的西部地区"资源诅咒"现象的实证研究[J].中国软科学,2014(09):127-135.

[280]胡浩然.区域振兴战略能提高企业的全要素生产率吗？[J].当代经济研究,2020(04):78-91.

[281]Zhuo C，Deng F. How does China's Western Development Strategy Affect Regional Green Economic Efficiency？[J]. Science of the Total Environment，2020，707：135939.

[282]贾彦宁.东北振兴战略的政策评估及提升路径研究：基于PSM-DID方法的经验估计[J].经济问题探索,2018(12):41-53.

[283]邓健,王新宇.区域发展战略对我国地区能源效率的影响：以东北振兴和西部大开发战略为例[J].中国软科学,2015(10):146-154.

[284]王郁,赵一航.区域协同发展政策能否提高公共服务供给效率？——以京

津冀地区为例的研究[J].中国人口·资源与环境,2020,30(08):100-109.

[285]金晶,陈多长,黄忠华,等.撤县设区对房地产市场影响的实证研究[J].地理科学,2021,41(03):473-480.

[286]李标,张航,吴贾.实施长江经济带发展战略能降低污染排放强度吗?[J].中国人口·资源与环境,2021,31(01):134-144.

[287]陈磊,胡立君,何芳.长江经济带发展战略对产业集聚的影响[J].中南财经政法大学学报,2021(01):77-89.

[288]黄文,张羽瑶.区域一体化战略影响了中国城市经济高质量发展吗?——基于长江经济带城市群的实证考察[J].产业经济研究,2019(06):14-26.

[289]牛文元.可持续发展理论的内涵认知——纪念联合国里约环发大会20周年[J].中国人口·资源与环境,2012,22(05):9-14.

[290]唐自勤.社会经济发展下我国可持续发展战略研究——基于马克思主义生态思想的启示[J].知识经济,2017(12):34-36.

[291]丁任重.经济增长:资源、环境和极限问题的理论争论与人类面临的选择[J].经济学家,2005(04):11-19.

[292]王培然.中国西北城市经济绿色转型研究[D].兰州:兰州大学,2020.

[293]贺恒信,曹文强.系统科学理论发展的分析及对我们的启示[J].科学·经济·社会,1993(02):66-70.

[294]郭华东,王力哲,陈方,等.科学大数据与数字地球[J].科学通报,2014,59(12):1047-1054.

[295]高吉喜.区域生态学核心理论探究[J].科学通报,2018,63(08):693-700.

[296]张晨.我国资源型城市绿色转型复合系统研究[D].天津:南开大学,2010.

[297]董昕,杨开忠.中国城市经济学研究的"十三五"回顾与"十四五"展望[J].城市发展研究,2021,28(08):63-69.

[298]赵红军,尹伯成.城市经济学的理论演变与新发展[J].社会科学,2007(11):4-13.

[299]马洪福,郝寿义.国外区域和城市经济学实证研究进展及其对中国的启示[J].现代财经(天津财经大学学报),2018,38(03):53-66.

[300]李天健,侯景新.城市经济学发展五十年:综合性回顾[J].国外社会科学,2015(03):39-50.

[301]Davis D R,Dingel J I. A Spatial Knowledge Economy[J]. American Economic Review,2019,109(01):153-70.

[302]何雄浪.空间经济学及其新发展:新经济地理学[J].西南民族大学学报(人

文社会科学版),2021,42(01):88-97.

[303]成肖.新经济地理学视角下的中国地方政府税收竞争研究[D].重庆:重庆大学,2018.

[304]丁嘉铖.产业聚集、科技创新与经济增长——基于新经济地理学模型的分析[J].河北经贸大学学报,2021,42(01):79-89.

[305]张世秋.环境经济学研究:历史、现状与展望[J].南京工业大学学报(社会科学版),2018,17(01):71-77.

[306]于珊.国外环境经济学研究进展综述[J].经济视角,2021,40(03):9-17.

[307]马尔桑·莱兹尼茨基,亚历山德拉·莱华多斯卡,刘琦.可持续发展语境下的当代城市概念:人文和自然科学视角[J].南京工业大学学报(社会科学版),2019,18(04):1-7+111.

[308]庞顺新.成熟资源型城市绿色转型的系统动力学仿真研究[D].大连:大连理工大学,2019.

[309]陈晓雪,冯健.城市地域概念辨析及研究进展综述[J].城市发展研究,2020,27(12):62-69.

[310]张梦,李志红,黄宝荣,等.绿色城市发展理念的产生、演变及其内涵特征辨析[J].生态经济,2016,32(05):205-210.

[311]杜海龙,李迅,李冰.绿色生态城市理论探索与系统模型构建[J].城市发展研究,2020,27(10):1-8+140.

[312]李迅,董珂,谭静,等.绿色城市理论与实践探索[J].城市发展研究,2018,25(07):7-17.

[313]方创琳.中国城市群研究取得的重要进展与未来发展方向[J].地理学报,2014,69(08):1130-1144.

[314]姚士谋,陈振光,叶高斌,等.中国城市群基本概念的再认知[J].城市观察,2015(01):73-82.

[315]肖金成,李娟,马燕坤.京津冀城市群的功能定位与合作[J].经济研究参考,2015(02):15-28.

[316]李海超,王美东.高技术产业对城市群经济增长的带动作用研究[J].科学学研究,2019,37(06):1006-1012.

[317]方创琳.新发展格局下的中国城市群与都市圈建设[J].经济地理,2021,41(04):1-7.

[318]吴福象,刘志彪.城市化群落驱动经济增长的机制研究——来自长三角16个城市的经验证据[J].经济研究,2008,43(11):126-136.

[319]马燕坤,肖金成.都市区、都市圈与城市群的概念界定及其比较分析[J].经济与管理,2020,34(01):18-26.

[320]丁任重,许渤胤,张航.城市群能带动区域经济增长吗? ——基于7个国家级城市群的实证分析[J].经济地理,2021,41(05):37-45.

[321]刘纯彬,张晨.资源型城市绿色转型内涵的理论探讨[J].中国人口·资源与环境,2009,19(05):6-10.

[322]Wang X, Zhang M, Nathwani J, et al. Measuring Environmental Efficiency Through the Lens of Technology Heterogeneity:AComparative Study Between China and The G20[J]. Sustainability, 2019, 11(02): 461.

[323]陆小成.中国城市绿色转型:内涵阐释与主体选择[J].唐山学院学报,2013,26(04):48-51.

[324]De Jesus A, Mendonça S. Lost in Transition? Drivers and Barriers in The Eco-Innovation Road to The Circular Economy[J]. Ecological Economics, 2018, 145: 75-89.

[325]付金朋.沿海城市群绿色转型效率测度与实现机制研究[D].大连:大连理工大学,2019.

[326]李佐军.中国绿色转型发展报告[M].北京:中共中央党校出版社,2012.

[327]Wanner, Thomas. The New 'Passive Revolution' of the Green Economy and Growth Discourse:Maintaining the 'Sustainable Development' of Neoliberal Capitalism[J]. New Political Economy,2015,20(01):21-41.

[328]肖宏伟,李佐军,王海芹.中国绿色转型发展评价指标体系研究[J].当代经济管理,2013,35(08):24-30.

[329]侯纯光,任建兰,程钰,等.中国绿色化进程空间格局动态演变及其驱动机制[J].地理科学,2018,38(10):1589-1596.

[330]付金朋,武春友.城市绿色转型与发展进程溯及[J].改革,2016(11):99-108.

[331]Zelda A. Elum, VuyoMjimba. Green Economy Transition and the Sustainability of the Nigerian Aquaculture Industry:Policy Perspectives and the way forward[J]. African Journal of Science, Technology, Innovation and Development,2016,8(03): 309-319.

[332]束锡红,陈祎.生态文明视阈下西北区域环境变迁与绿色转型发展[J].西北大学学报(哲学社会科学版),2020,50(06):127-134.

[333]李俐佳,王雪华.中国沿海城市绿色转型能力评价研究——以大连市为例

[J].科技与管理,2017,19(06):11-17.

[334]武春友,付帼,吕晓菲,等.中国省域绿色转型能力空间关系格局及其演变特征研究[J].科技与管理,2018,20(04):1-7.

[335]张岩,董锐,吴佩佩.以科技创新为引领的中国区域绿色转型能力提升研究[J].科学管理研究,2017,35(05):60-63.

[336]宋旭,刘全齐,于成学,等.新型城市群绿色转型能力测度与评价研究[J].环境与可持续发展,2020,45(05):109-113.

[337]习近平关于全面建成小康社会论述摘编[M].北京:中央文献出版社,2016.

[338]习近平关于社会主义生态文明建设论述摘编[M].北京:中央文献出版社,2017.

[339]习近平谈治国理政(第3卷)[M].北京:外文出版社,2020.

[340]习近平.在深入推动长江经济带发展座谈会上的讲话[J].社会主义论坛,2019(10):5.

[341]习近平.让中华民族母亲河永葆生机活力[J].中国环境监察,2016(Z1):4.

[342]新华社.习近平在全面推动长江经济带发展座谈会上强调贯彻落实党的十九届五中全会精神推动长江经济带高质量发展[J].思想政治工作研究,2020(12):9

[343]绿色发展,构筑长江上游生态屏障(新气象新作为)[N].人民日报,2022-6-9.

[344]马榕璠,杨峻岭.全面理解习近平人与自然和谐共生理论的科学内涵[J].思想政治教育研究,2021,37(05):12-17.

[345]康崇.习近平关于人与自然和谐共生的理论及价值研究[D].石家庄:河北大学,2019.

[346]吴晶.牢固树立绿水青山就是金山银山理念 打造青山常在绿水长流空气常新美丽中国[N].人民日报,2020-04-04(001).

[347]习近平.共同构建人与自然生命共同体[N].人民日报,2021-04-23(002).

[348]吴坚."绿水青山就是金山银山"理念与习近平生态文明思想的关系探索[J].湖州师范学院学报,2021,43(01):1-6.

[349]吴舜泽.深刻理解"绿水青山就是金山银山"发展理念的科学内涵[J].党建,2020(05):18-20.

[350]习近平.干在实处 走在前列——推进浙江新发展的实践与思考[M].北京:中共中央党校出版社,2006:198.

[351]任铃,王伟.共同体视域下的"两山论"及其实现方式[J].思想政治教育研

究,2019,35(05):44-48.

[352]谭文华.论习近平生态文明思想的基本内涵及时代价值[J].社会主义研究,2019(05):1-8.

[353]习近平.推动我国生态文明思想问答[M].杭州:浙江人民出版社,2019:66.

[354]刘磊.五大发展理念之"绿色"发展理念的哲学探究[J].课程教育研究,2017(30):223-224.

[355]张云飞.坚持用最严格制度最严密法治保护生态环境[J].先锋,2018(09):12-15.

[356]习近平.推动我国生态文明建设迈上新台阶[J].当代党员,2019(04):4-10.

[357]黑晓卉.习近平生态文明思想研究[D].西安:西安理工大学,2019.

[358]廖茂林.共谋全球生态文明建设之路的理论认知及实践路径[J].企业经济,2020,39(07):131-137.

[359]吴晓华.深入学习领会习近平总书记战略思想以长江经济带发展推动经济高质量发展[J].宏观经济管理,2018(06):8-11.

[360]吴晓华,罗蓉,王继源.长江经济带"生态优先、绿色发展"的思考与建议[J].长江技术经济,2018,2(01):1-7.

[361]秦尊文.长江怎么"大保护"[J].决策与信息,2016(03):86-90.

[362]李干杰.以习近平新时代中国特色社会主义思想为指导奋力开创新时代生态环境保护新局面[J].环境保护,2018,46(05):7-19.

[363]黄娟,石秀秀.推动长江经济带实现生态优先绿色发展[J].中国环境监察,2021(01):44-46.

[364]黄磊,吴传清.长江经济带生态环境绩效评估及其提升方略[J].改革,2018(07):116-126.

[365]张莹,潘家华."十四五"时期长江经济带生态文明建设目标、任务及路径选择[J].企业经济,2020,39(08):5-14.

[366]陈文玲.一带一路与长江经济带战略构想内涵与战略意义——兼论重庆在两大战略中的定位[J].中国流通经济,2016,30(07):5-16.

[367]任盈盈."一带一路"沿线国家绿色发展效率评价及其与技术创新的互动关系研究[D].青岛:山东科技大学,2020.

[368]陶永亮,赵婷.大国开放路径及影响研究——兼论"一带一路"和长江经济带战略对空间经济绩效的影响[J].经济问题探索,2018(08):1-8.

[369]龙泽美,王超.双循环新发展格局下长江经济带实现高质量发展的路径研

究[J].法制与经济,2021,30(12):115-119.

[370]成长春,何婷.以长江经济带发展推动经济高质量发展[J].红旗文稿,2019(16):22-24.

[371]吴传清,黄磊.长江经济带绿色发展的难点与推进路径研究[J].南开学报(哲学社会科学版),2017(03):50-61.

[372]罗来军,文丰安.长江经济带高质量发展的战略选择[J].改革,2018(06):13-25.

[373]肖金成,刘通.长江经济带:实现生态优先绿色发展的战略对策[J].西部论坛,2017,27(01):39-42.

[374]李海生,王丽婧,张泽乾,等.长江生态环境协同治理的理论思考与实践[J].环境工程技术学报,2021,11(03):409-417.

[375]胡婕.重庆在长江经济带绿色发展中的示范作用研究[J].中国国情国力,2021(05):17-21.

[376]张静晓,候丹丹,彭劲松,等."十四五"时期长江经济带发展的重点、难点及建议[J].企业经济,2020,39(08):15-24.

[377]杨荫凯.长江经济带建设的重庆定位与策略[J].改革,2014(06):17-20.

[378]刘思利.长江经济带战略转变背景下重庆市生态行政研究[D].重庆:重庆大学,2016.

[379]金凤君,张海荣.长江经济带交通体系建设与重庆的通道战略[J].西部论坛,2017,27(02):30-38.

[380]龚晓菊,孙梦雪,冯华玮.湖北在长江经济带中的定位及发展新战略——基于SWOT的分析[J].商业经济研究,2015(36):143-145.

[381]段学军,虞孝感,邹辉.长江经济带开发构想与发展态势[J].长江流域资源与环境,2015,24(10):1621-1629.

[382]吴萍.长江经济带水生态文明建设评价与对策研究[D].武汉:武汉大学,2017.

[383]黄娟.协调发展理念下长江经济带绿色发展思考——借鉴莱茵河流域绿色协调发展经验[J].企业经济,2018,37(02):5-10.

[384]王佳宁,罗重谱.政策演进、省际操作及其趋势研判——长江经济带战略实施三周年的总体评价[J].南京社会科学,2017(04):1-11+19.

[385]赵小飞.加快改革发展,增强综合实力——浅论南京在长江经济带中的地位与作用[J].江苏经济探讨,1994(10):18.

[386]张惠远,张强,刘淑芳.新时代生态文明建设要点与战略架构解析[J].环境

保护,2017,45(22):28-31.

[387]马勇,朱建庄.绿色人居视角下区域经济-生态-居住耦合关系研究——以长江经济带 110 个城市为例[J].生态经济,2018,34(05):143-147.

[388]张瑾华,陈强远.碳中和目标下中国制造业绿色转型路径分析[J].企业经济,2021,40(08):36-43.

[389]刘满平.我国实现"碳中和"目标的意义、基础、挑战与政策着力点[J].价格理论与实践,2021(02):8-13.

[390]李煜华,袁亚雯.碳中和目标下制造业绿色转型机制研究——基于 ISM-MICMAC 模型[J].管理现代化,2021,41(06):100-104.

[391]曾伟.关于城市居民绿色消费行为影响因素的研究[J].财富时代,2020(07):101-102.

[392]冯学钢,周成.区域反季旅游概念、特征与影响因素识别[J].东北师大学报(哲学社会科学版),2016(03):35-41.

[393]翁异静,邓群钊,杜磊.复杂系统视角下的地方政府行政编制规模影响因素系统分析——基于 DEMATEL-ISM 集成方法[J].数学的实践与认识,2015,45(23):110-119.

[394]赵希男,肖彤.基于模糊 DEMATEL-ISM 方法的员工绿色行为影响因素研究[J].科技管理研究,2021,41(05):195-204.

[395]李旭辉,孙燕.高校大学生创新创业能力关键影响因素识别及提升策略研究[J].教育发展研究,2019,39(Z1):109-117.

[396] Gabus A, Fontela E. World Problems, An Invitation to Further Thought within the Framework of DEMATEL[J]. Battelle Geneva Research Centre,Geneva, Switzerland, 1972,1(08):110-118.

[397]Kacprzyk J. Group Decision Making with AFuzzy Linguistic Majority [J]. Fuzzy Sets and Systems, 1986, 18(02): 105-118.

[398]刘慧,王孟钧,MiroslawJ. Skibniewski.基于解释结构模型的建设工程创新关键成功因素分析[J].科技管理研究,2016,36(03):20-26.

[399]宋娜,周旭瑶,唐亦博,等.基于 DEMATEL-ISM-MICMAC 法的康养旅游资源评价指标体系研究[J].生态经济,2020,36(05):128-134.

[400]刘世庆,林凌,胡洹,等.流域经济与政区经济协同发展探索——川滇黔三省八市州共建长江源头航运中心[J].西南金融,2014(06):7-9.

[401]饶一鸣,李昌晋,李浩民.城镇化—自然生态系统协调发展水平及其对城乡收入差距的影响——基于长江上游成渝、黔中、滇中城市群的比较研究

[J].生态经济,2020,36(06):77-82＋88.

[402]张茂榆,冯豪.城市群政策助推经济高质量发展的机制研究——基于四个国家级城市群的经验证据[J].经济问题探索,2021(09):87-102.

[403]田时中,丁雨洁.长三角城市群绿色化测量及影响因素分析——基于26城市面板数据熵值—Tobit模型实证[J].经济地理,2019,39(09):94-103.

[404]张含朔,程钰,孙艺璇.中国城市群绿色发展时空演变与障碍因素分析[J].湖南师范大学自然科学学报,2020,43(04):9-16.

[405]李裕伟.多边形法矿产储量估计[J].地质与勘探,2013,49(04):630-633.

[406]邱本花.河南省城市旅游竞争力综合评价模型的应用研究[J].河南教育学院学报(自然科学版),2015,24(01):39-42.

[407]方琰,卞显红.长江三角洲旅游资源地区差异对旅游经济的影响研究[J].旅游论坛,2015,8(01):53-60.

[408]王成,龙卓奇,樊荣荣.重庆市江津区乡村生产空间系统适应性评价及障碍因素分析[J].地理研究,2020,39(07):1609-1624.

[409]王泽宇,卢雪凤,孙才志,等.中国海洋经济重心演变及影响因素[J].经济地理,2017,37(05):12-19.

[410]耿鹏.长三角城市群生态文明建设水平综合测度与优化研究[D].上海:上海工程技术大学,2021.

[411]刘晖.中国的人才空间集聚格局及形成机制[D].北京:首都经济贸易大学,2018.

[412]李国平,王春杨.我国省域创新产出的空间特征和时空演化——基于探索性空间数据分析的实证[J].地理研究,2012,31(01):95-106.

[413]翁异静,卓莹莹,黄扬飞.长江经济带城市群绿色发展空间分布及障碍因子分析[J].林业经济,2022,44(03):37-49.

[414]翁异静,汪夏彤,陈思静.浙江三大城市群绿色发展效率时空分异及影响机理[J].应用生态学报,2022,33(02):509-516.

[415]Fried,H.O.,Lovell,C.A.K.,Schmidt S.S. et al. Accounting for Environmental Effects and Statistical Noise in Data Envelopment Analysis[J].Journal of Productivity Analysis,2002,17:157-174.

[416]罗登跃.三阶段DEA模型管理无效率估计注记[J].统计研究,2012,29(04):104-107.

[417]陈俊龙,唐秋.基于三阶段DEA-Malmquist方法的中国共享制造高质量发展效率测度研究[J].工业技术经济,2022,41(03):106-115.

[418]张占斌.深刻理解新发展理念的丰富内涵[J].前线,2019(10):4-7.

[419]彭五堂,余斌.经济高质量发展问题的三级追问[J].理论探索,2019(03):14-20.

[420]刘志彪.进入高质量发展阶段江苏的制度创新与富民问题[J].现代经济探讨,2018(09):1-7.

[421]李梦欣,任保平.新时代中国高质量发展的综合评价及其路径选择[J].财经科学,2019(05):26-40.

[422]程莉,王琴.经济结构变迁对经济高质量发展的影响:重庆市例证[J].统计与决策,2020,36(01):96-100.

[423]顾海良.新发展理念与当代中国马克思主义经济学的意蕴[J].中国高校社会科学,2016(01):4-7.

[424]双传学.论新发展理念的理论升华与实践指向[J].南京社会科学,2016(04):1-4+23.

[425]蔡清伟.改革开放以来党对五大发展理念的阐释与丰富[J].理论导刊,2016(05):49-53.

[426]张静.中国共产党新发展理念研究[D].西安:西安科技大学,2019.

[427]姜敏.绿色发展理念的理论蕴涵与当代价值[J].桂林师范高等专科学校学报,2021,35(01):12-16.

[428]韩莹莹,刘希刚.新时代绿色发展理念的人与自然和谐共生蕴涵[J].中共南京市委党校学报,2021(05):20-24.

[429]王小锡.五大发展理念的伦理蕴涵[J].思想理论教育,2017(02):36-39.

[430]李红松.五大发展理念之"开放"发展理念探析[J].系统科学学报,2017,25(02):97-101.

[431]陈界亭.新发展理念的时代回应[J].红旗文稿,2017(11):13-14.

[432]张彧,陆卫明.论共享发展理念的基础与蕴涵[J].探索,2016(04):5-10.

[433]许晓冬,刘金晶.基于熵值-PLS的营商环境建设动态及影响因素分析[J].商业研究,2021(04):10-16.

[434]陈景华,陈姚,陈敏敏.中国经济高质量发展水平、区域差异及分布动态演进[J].数量经济技术经济研究,2020,37(12):108-126.

[435]马荣,孙艳红.基于DPSIR框架的黄河流域旅游生态安全动态评价研究[J].生态经济,2021,37(12):145-151+162.

[436]杨良健,曹开军.基于DPSIR模型的伊犁河谷旅游生态安全评价及动态预警分析[J].生态经济,2020,36(11):111-117.

[437]崔瑜,刘文新,蔡瑜,等.中国农村绿色化发展效率收敛了吗——基于1997—2017 年的实证分析[J].农业技术经济,2021(02):72-87.

[438]徐欣,董洪超.城市群金融集聚对科技创新的非对称溢出效应研究[J].经济问题探索,2021(04):80-91.

[439]胡美娟,李在军,丁正山,等.泛长三角城市资源环境压力演化特征及门槛效应[J].地理科学,2020,40(05):701-709.

[440]何文海,张永姣.环境规制、产业结构调整与经济高质量发展——基于长江经济带11 省市 PVAR 模型的分析[J].统计与信息论坛,2021,36(04):38-43.

[441]佟金萍,陈国栋,杨足膺,等.居民消费水平对生活碳排放的门槛效应研究[J].干旱区资源与环境,2017,31(01):21-29.

[442]黄莘绒,管卫华,陈明星,等.长三角城市群城镇化与生态环境质量优化研究[J].地理科学,2021,41(01):64-73.

[443]张妍,刘建国,徐虹.贫困地区居民对旅游扶贫满意度评价实证研究[J].经济地理,2021,41(05):223-231.

[444]Pontes J. P. Pais J. The Role of Infrastructure Efficiency in Economic Development—The Case of Underused Highways in Europe[J]. Journal of Infrastructure, Policy and Development 2018，2：248-257.

[445]樊杰,赵艳楠.面向现代化的中国区域发展格局:科学内涵与战略重点[J].经济地理,2021,41(01):1-9.

[446] Tomislav K. The Concept of Sustainable Development：From Its Beginning to The Contemporary Issues[J]. Zagreb International Review of Economics & Business 2018,1：67-94.

[447]Jovovic R, Draskovic M, Delibasic M, et al. The Concept of Sustainable Regional Development - Institutional Aspects, Policies and Prospects [J]. Journal of International Studies，2017，10(01):255-266.

[448]Tolstykh T, Gamidullaeva L, Shmeleva N, et al. Regional Development in Russia：An Ecosystem Approach to Territorial Sustainability Assessment[J]. Sustainability, 2020, 12(16)：6424.

[449]任保平,朱晓萌.新时代我国区域经济高质量发展转型和政策调整研究[J].财经问题研究,2021(04):3-10.

[450]Zheng Q, Jiang G, Yang Y, et al. Does Spatial Equilibrium of Factor Allocation Inevitably Bring About High Benefits for Regional Development?

An Empirical Study of The Beijing-Tianjin-Hebei Region，China[J].
Habitat International，2020，95：102066.

[451]Dorzhieva E，Dugina E，Belomestnov V，et al. Cluster Policy as A Tool for Implementing Regional Development Strategy［C］. SHS Web of Conferences，EDP Sciences，2021，101：02015.

[452]郑瑞坤,汪纯.长三角高质量发展的空间动态演变与一体化趋势[J].华东经济管理,2021,35(04):20-33.

[453]陈磊,胡立君,何芳.长江经济带发展战略对区域经济联系的影响研究：基于双重差分法的实证检验[J].经济经纬,2021,38(02):23-32.

[454]赵新峰,王鑫.雄安新区高质量公共服务体系何以实现——合作网络视角的分析建构[J].甘肃行政学院学报,2021(03):82-92＋127.

[455]李浩.以创新驱动、绿色转型聚力长江经济带高质量发展——《长江经济带创新驱动与绿色转型发展研究》评介[J].华中师范大学学报（自然科学版）,2021,55(03):505-506.

[456]孙智君,李萌.新时代中国共产党的长江经济带发展战略研究[J].重庆社会科学,2020(12):28-44.

[457]Cox K. Urban and Regional Development Policy：Its History and Its Differences［M］Regional Economic Development and History. Routledge，2019.

[458]陈晓东.构建区域经济发展新格局的若干重大问题[J].区域经济评论,2021(04):39-48.

[459]周杨.绿色信贷对我国商业银行成本效率的影响[D].杭州:浙江大学,2022.

[460]陈苗.环境规制对中国经济绿色增长的影响研究[D].长春:吉林大学,2021.

[461]Rosenbaum P R, Rubin D B. The Central Role of The Propensity Score in Observational Studies for Causal Effects[J]. Biometrika，1983，70（01）：41-55.

[462]马妍妍.绿色信贷政策对企业出口的影响[D].北京:对外经济贸易大学,2021.

[463]王徐广,范红忠.潜在市场规模、出口开放度和各地区对 FDI 的吸引力[J].南方经济,2008(12):22-29.

[464]李超.外商投资、产业结构与城乡收入差距：基于状态空间模型分析[J].

贵州财经大学学报,2019(01):55-62.

[465]谷军健,赵玉林.中国如何走出科技创新困境?:基于科技创新与人力资本协同发展的新视角[J].科学学研究,2021,39(01):129-138.

[466]唐礼智,李雨佳.教育投入、人力资本与技能溢价[J].南京社会科学,2020(02):18-26.

[467]李卫兵,王鹏.提高排污费会抑制 FDI 流入吗?——基于 PSM-DID 方法的估计[J].西安交通大学学报(社会科学版),2020,40(03):91-100.

[468]Roth J. Pretest With Caution: Event-Study Estimates after Testing for Parallel Trends[J]. American Economic Review: Insights, 2022, 4(3): 305-22.

[469]郭文博.整合能力、母国效应与中国企业跨国并购绩效研究[D].北京:北京邮电大学,2019.

[470]李廷洲,杨文杰,李婉颖.长江经济带高等教育资源优化配置研究[J].中国高教研究,2021(02):30-35.

[471]程俊杰,陈柳.长江经济带产业发展的结构协调与要素协同[J].改革,2021(03):79-93.

附　录

附录 1

表 1　2010—2020 年长江经济带城市绿色转型能力评价值

城市	2010	2011	2012	2013	2014	2015	2016	2017	2018	2019	2020
上海	0.615	0.581	0.59	0.599	0.599	0.592	0.572	0.587	0.589	0.593	0.572
南京	0.459	0.466	0.488	0.495	0.501	0.488	0.491	0.479	0.500	0.514	0.499
无锡	0.460	0.454	0.468	0.471	0.452	0.449	0.436	0.416	0.422	0.440	0.432
徐州	0.396	0.407	0.411	0.419	0.419	0.419	0.413	0.403	0.406	0.414	0.412
常州	0.410	0.420	0.448	0.455	0.439	0.431	0.429	0.411	0.414	0.417	0.416
苏州	0.476	0.472	0.497	0.506	0.495	0.489	0.48	0.472	0.487	0.499	0.497
南通	0.424	0.427	0.437	0.447	0.444	0.449	0.455	0.438	0.448	0.433	0.43
连云港	0.406	0.387	0.403	0.405	0.400	0.405	0.397	0.393	0.394	0.408	0.395
淮安	0.365	0.381	0.402	0.400	0.404	0.402	0.409	0.404	0.405	0.409	0.401
盐城	0.385	0.383	0.392	0.391	0.401	0.409	0.406	0.395	0.400	0.400	0.397
扬州	0.420	0.416	0.426	0.429	0.423	0.424	0.432	0.417	0.420	0.421	0.413
镇江	0.424	0.412	0.438	0.442	0.441	0.440	0.440	0.414	0.431	0.421	0.409
泰州	0.403	0.400	0.416	0.415	0.409	0.416	0.424	0.412	0.412	0.414	0.409
宿迁	0.394	0.396	0.406	0.411	0.415	0.414	0.407	0.389	0.393	0.398	0.398
杭州	0.490	0.494	0.519	0.508	0.502	0.501	0.520	0.502	0.511	0.523	0.509
宁波	0.446	0.443	0.461	0.472	0.457	0.444	0.456	0.444	0.447	0.454	0.447
温州	0.404	0.410	0.440	0.449	0.450	0.440	0.439	0.428	0.437	0.433	0.422
嘉兴	0.429	0.423	0.432	0.440	0.436	0.426	0.434	0.408	0.423	0.421	0.433

续表

城市	2010	2011	2012	2013	2014	2015	2016	2017	2018	2019	2020
湖州	0.421	0.419	0.428	0.437	0.432	0.425	0.433	0.416	0.423	0.417	0.411
绍兴	0.425	0.421	0.435	0.440	0.437	0.430	0.438	0.414	0.421	0.419	0.414
金华	0.423	0.422	0.434	0.437	0.432	0.422	0.421	0.407	0.411	0.414	0.416
衢州	0.398	0.398	0.401	0.394	0.394	0.388	0.385	0.391	0.386	0.393	0.382
舟山	0.408	0.407	0.421	0.420	0.423	0.415	0.429	0.417	0.420	0.428	0.408
台州	0.428	0.417	0.431	0.423	0.434	0.425	0.429	0.415	0.424	0.423	0.414
丽水	0.410	0.389	0.418	0.412	0.412	0.406	0.415	0.394	0.403	0.402	0.394
合肥	0.449	0.435	0.448	0.451	0.455	0.462	0.476	0.451	0.467	0.461	0.474
芜湖	0.436	0.416	0.434	0.432	0.435	0.426	0.428	0.409	0.412	0.413	0.406
蚌埠	0.386	0.398	0.415	0.415	0.425	0.413	0.418	0.410	0.418	0.406	0.403
淮南	0.381	0.398	0.408	0.393	0.389	0.386	0.393	0.389	0.394	0.402	0.393
马鞍山	0.397	0.397	0.411	0.408	0.398	0.400	0.406	0.383	0.391	0.393	0.386
淮北	0.406	0.411	0.415	0.415	0.414	0.399	0.404	0.398	0.400	0.394	0.400
铜陵	0.397	0.390	0.400	0.406	0.411	0.410	0.415	0.395	0.384	0.371	0.385
安庆	0.396	0.396	0.413	0.418	0.408	0.403	0.412	0.397	0.402	0.401	0.399
黄山	0.399	0.395	0.416	0.419	0.417	0.414	0.425	0.408	0.417	0.416	0.407
滁州	0.386	0.406	0.411	0.417	0.415	0.414	0.415	0.409	0.412	0.424	0.405
阜阳	0.389	0.394	0.400	0.405	0.408	0.405	0.412	0.396	0.427	0.415	0.418
宿州	0.385	0.384	0.385	0.39	0.402	0.399	0.409	0.415	0.417	0.419	0.410
六安	0.398	0.405	0.401	0.413	0.401	0.401	0.409	0.407	0.414	0.409	0.397
亳州	0.409	0.408	0.420	0.424	0.417	0.417	0.420	0.404	0.419	0.425	0.422
池州	0.402	0.401	0.407	0.413	0.411	0.412	0.417	0.408	0.401	0.407	0.397
宣城	0.396	0.406	0.400	0.405	0.416	0.423	0.422	0.409	0.413	0.407	0.407
南昌	0.421	0.426	0.446	0.424	0.443	0.438	0.447	0.449	0.452	0.449	0.445
景德镇	0.396	0.391	0.397	0.396	0.390	0.393	0.406	0.390	0.401	0.409	0.394
萍乡	0.397	0.393	0.392	0.392	0.388	0.387	0.402	0.393	0.410	0.411	0.394
九江	0.419	0.405	0.406	0.402	0.402	0.392	0.412	0.386	0.391	0.409	0.396

城市	2010	2011	2012	2013	2014	2015	2016	2017	2018	2019	2020
新余	0.405	0.400	0.406	0.400	0.402	0.396	0.405	0.390	0.397	0.404	0.359
鹰潭	0.390	0.392	0.404	0.409	0.404	0.404	0.414	0.408	0.405	0.419	0.404
赣州	0.392	0.369	0.374	0.370	0.381	0.376	0.392	0.400	0.424	0.425	0.409
吉安	0.394	0.392	0.399	0.404	0.417	0.416	0.425	0.399	0.408	0.415	0.405
宜春	0.400	0.397	0.406	0.404	0.402	0.389	0.390	0.385	0.401	0.409	0.396
抚州	0.408	0.395	0.422	0.422	0.421	0.418	0.438	0.424	0.430	0.428	0.411
上饶	0.406	0.400	0.405	0.404	0.401	0.398	0.412	0.386	0.395	0.410	0.386
武汉	0.478	0.476	0.498	0.497	0.511	0.502	0.498	0.504	0.489	0.496	0.480
黄石	0.369	0.376	0.389	0.388	0.393	0.386	0.401	0.386	0.388	0.393	0.393
十堰	0.386	0.391	0.389	0.384	0.391	0.378	0.387	0.383	0.395	0.398	0.390
宜昌	0.390	0.390	0.392	0.392	0.401	0.383	0.402	0.381	0.388	0.382	0.372
襄阳	0.388	0.398	0.401	0.405	0.413	0.391	0.390	0.392	0.402	0.411	0.412
鄂州	0.390	0.400	0.406	0.402	0.394	0.386	0.387	0.393	0.393	0.418	0.406
荆门	0.366	0.382	0.379	0.388	0.390	0.387	0.394	0.382	0.389	0.384	0.381
孝感	0.393	0.391	0.407	0.395	0.384	0.384	0.389	0.383	0.388	0.393	0.383
荆州	0.397	0.377	0.38	0.356	0.380	0.357	0.395	0.381	0.387	0.392	0.385
黄冈	0.374	0.389	0.382	0.379	0.402	0.384	0.391	0.383	0.385	0.391	0.395
咸宁	0.391	0.387	0.394	0.391	0.395	0.386	0.401	0.394	0.391	0.395	0.388
随州	0.390	0.400	0.402	0.403	0.407	0.394	0.397	0.390	0.389	0.391	0.389
长沙	0.441	0.443	0.459	0.452	0.461	0.447	0.462	0.455	0.454	0.460	0.458
株洲	0.399	0.399	0.411	0.400	0.413	0.392	0.403	0.394	0.403	0.407	0.389
湘潭	0.388	0.386	0.405	0.400	0.404	0.400	0.404	0.396	0.405	0.410	0.402
衡阳	0.388	0.394	0.386	0.381	0.380	0.386	0.394	0.389	0.388	0.403	0.394
邵阳	0.380	0.383	0.385	0.376	0.382	0.381	0.395	0.385	0.397	0.398	0.389
岳阳	0.378	0.392	0.393	0.385	0.386	0.381	0.382	0.381	0.383	0.390	0.383
常德	0.389	0.393	0.397	0.398	0.398	0.396	0.404	0.400	0.404	0.410	0.396
张家界	0.385	0.378	0.391	0.382	0.395	0.391	0.402	0.400	0.402	0.396	0.395

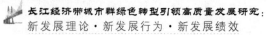

续表

城市	2010	2011	2012	2013	2014	2015	2016	2017	2018	2019	2020
益阳	0.374	0.385	0.397	0.387	0.393	0.383	0.403	0.392	0.400	0.403	0.396
郴州市	0.364	0.376	0.387	0.390	0.397	0.396	0.399	0.386	0.389	0.392	0.389
永州	0.386	0.388	0.381	0.388	0.390	0.394	0.400	0.391	0.395	0.409	0.404
怀化	0.367	0.350	0.378	0.374	0.378	0.370	0.392	0.396	0.404	0.405	0.397
娄底	0.364	0.368	0.393	0.372	0.364	0.363	0.381	0.380	0.392	0.388	0.379
重庆	0.425	0.464	0.481	0.488	0.499	0.508	0.481	0.466	0.456	0.469	0.468
成都	0.469	0.478	0.495	0.515	0.501	0.513	0.541	0.537	0.552	0.558	0.553
自贡	0.388	0.412	0.414	0.415	0.399	0.406	0.405	0.386	0.402	0.415	0.404
攀枝花	0.370	0.374	0.375	0.383	0.375	0.368	0.360	0.349	0.367	0.352	0.361
泸州	0.375	0.385	0.391	0.395	0.401	0.395	0.403	0.39	0.395	0.403	0.400
德阳	0.388	0.393	0.412	0.407	0.407	0.405	0.393	0.383	0.393	0.402	0.391
绵阳	0.386	0.393	0.402	0.405	0.408	0.400	0.408	0.402	0.397	0.406	0.400
广元	0.369	0.409	0.402	0.406	0.406	0.397	0.402	0.395	0.410	0.397	0.394
遂宁	0.393	0.409	0.420	0.417	0.414	0.414	0.421	0.389	0.382	0.401	0.393
内江	0.390	0.379	0.386	0.383	0.388	0.390	0.378	0.380	0.373	0.388	0.39
乐山	0.364	0.376	0.390	0.387	0.384	0.376	0.364	0.362	0.400	0.376	0.368
南充	0.403	0.399	0.413	0.402	0.402	0.403	0.401	0.385	0.388	0.400	0.390
眉山	0.365	0.391	0.398	0.389	0.393	0.406	0.377	0.392	0.397	0.396	0.387
宜宾	0.358	0.385	0.394	0.398	0.383	0.373	0.399	0.371	0.409	0.408	0.402
广安	0.407	0.412	0.418	0.400	0.399	0.410	0.407	0.405	0.386	0.407	0.399
达州	0.381	0.372	0.376	0.400	0.384	0.375	0.391	0.382	0.409	0.410	0.411
雅安	0.392	0.359	0.414	0.396	0.409	0.397	0.400	0.398	0.367	0.399	0.400
巴中	0.410	0.408	0.418	0.405	0.404	0.403	0.391	0.382	0.394	0.400	0.385
资阳	0.392	0.392	0.399	0.401	0.398	0.400	0.394	0.383	0.423	0.401	0.397
贵阳	0.408	0.407	0.428	0.431	0.437	0.428	0.432	0.399	0.356	0.420	0.411
六盘水	0.380	0.358	0.365	0.349	0.368	0.372	0.373	0.335	0.401	0.367	0.362
遵义	0.384	0.391	0.404	0.405	0.413	0.407	0.420	0.406	0.397	0.407	0.382

城市	2010	2011	2012	2013	2014	2015	2016	2017	2018	2019	2020
安顺	0.372	0.375	0.372	0.376	0.398	0.410	0.416	0.389	0.393	0.395	0.400
铜仁	0.374	0.365	0.372	0.363	0.400	0.401	0.416	0.385	0.385	0.381	0.382
毕节	0.365	0.370	0.378	0.380	0.388	0.395	0.396	0.379	0.427	0.389	0.381
昆明	0.429	0.404	0.434	0.446	0.430	0.420	0.436	0.427	0.387	0.431	0.417
曲靖	0.380	0.385	0.389	0.387	0.375	0.381	0.393	0.369	0.376	0.400	0.387
玉溪	0.392	0.376	0.373	0.373	0.381	0.388	0.381	0.371	0.416	0.391	0.378
保山	0.398	0.376	0.382	0.383	0.386	0.388	0.398	0.405	0.381	0.412	0.402
昭通	0.397	0.379	0.379	0.374	0.383	0.379	0.377	0.378	0.411	0.391	0.393
丽江	0.417	0.411	0.401	0.406	0.405	0.407	0.408	0.409	0.402	0.414	0.404
普洱	0.383	0.374	0.407	0.403	0.400	0.399	0.404	0.392	0.409	0.391	0.393
临沧	0.400	0.384	0.389	0.390	0.391	0.381	0.402	0.400	0.403	0.406	0.404

附录 2

表 2　半径匹配下平衡性测试结果

Variable	Unmatched Matched	Mean		%bias	%reduct |bias|	t-test		$V(T)/V(C)$
		Treated	Control			t	$p>\|t\|$	
Fin	U	0.0832	0.0829	0.6		0.13	0.897	0.80*
	M	0.0831	0.0846	−3.1	−454.1	−0.72	0.471	0.89
lnMarket	U	−2.2778	−2.2447	−12.4		−2.88	0.004	0.66*
	M	−2.2780	−2.2776	−0.2	98.6	−0.04	0.969	0.63*
lnGover	U	−2.1419	−2.2239	19.8		4.62	0.000	0.77*
	M	−2.1432	−2.153	2.4	88.1	0.56	0.573	0.88*
Education	U	0.0609	0.0610	−0.2		−0.04	0.967	1.04
	M	0.6039	0.0620	−1.7	−868.2	−0.38	0.707	0.85*
Informatization	U	0.0183	0.0191	−3.4		−0.08	0.421	1.14*
	M	0.0183	0.0189	−2.4	30.3	−0.54	0.590	1.06*
Econmmics	U	0.0448	0.0434	4.2		0.98	0.325	1.06
	M	0.0446	0.0460	−4.2	0.4	−0.95	0.345	0.95

Note：t-values in brackets. *$p<0.10$,**$p<0.05$,***$p<0.01$

表 3　最近邻匹配下平衡性测试结果

Variable	Unmatched Matched	Mean Treated	Control	%bias	%reduct |bias|	t-test t	p>|t|	V(T)/V(C)
Fin	U	0.0817	0.0829	0.6		0.13	0.897	0.80*
	M	0.0831	0.0846	−4.3	−676.2	−1.02	0.310	0.91
lnMarket	U	−2.2778	−2.2447	−12.4		−2.88	0.004	0.66*
	M	−2.2780	−2.2695	−3.2	74.3	−0.74	0.460	0.69*
lnGover	U	−2.1419	−2.2239	19.8		4.62	0.000	0.771*
	M	−2.1432	−2.1442	0.2	98.8	0.06	0.954	0.88*
Education	U	0.0609	0.0602	−0.2		−0.04	0.967	1.04
	M	0.6039	0.6191	−1.5	−721.6	−0.31	0.754	0.80*
Informatization	U	0.0183	0.1907	−3.4		−0.08	0.421	1.14*
	M	0.0183	0.0187	−1.6	53.0	−0.36	0.715	1.09*
Econmmics	U	0.0448	0.4342	4.2		0.98	0.325	1.06
	M	0.0446	0.0458	−3.8	10.8	−0.84	0.401	0.93

Note: t-values in brackets. *p<0.10, **p<0.05, ***p<0.01

表 4　核匹配下平衡性测试结果

Variable	Unmatched Matched	Mean Treated	Control	%bias	%reduct |bias|	t-test t	p>|t|	V(T)/V(C)
Fin	U	0.0817	0.0829	0.6		0.13	0.897	0.80*
	M	0.0831	0.0834	−0.6	−16.2	−0.15	0.897	0.91
lnMarket	U	−2.2778	−2.2447	−12.4		−2.88	0.004	0.66*
	M	−2.278	−2.2721	−2.2	82.0	−0.51	0.609	0.66*
lnGover	U	−2.1419	−2.2239	19.8		4.62	0.000	0.77*
	M	−2.1432	−2.1599	4.0	79.6	0.96	0.337	0.87*
Education	U	0.0609	0.0602	−0.2		−0.04	0.967	1.04
	M	0.0609	0.0616	−1.0	−476.2	−0.23	0.821	0.89
Informatization	U	0.0183	0.1907	−3.4		−0.08	0.421	1.14*
	M	0.0184	0.0188	−1.9	44.0	−0.43	0.664	1.09
Econmmics	U	0.0448	0.4342	4.2		0.98	0.325	1.06
	M	0.0446	0.0448	−0.8	81.5	−0.18	0.859	1.00

Note: t-values in brackets. *p<0.10, **p<0.05, ***p<0.01

附录 3

计算全要素生产率的具体测算原理如下：将长江经济带每个省市作为一个决策单元，构造不同省市投入产出的最佳前沿面，共有 11 个决策单元（DMU），设在 t 时期（$t=1,\cdots,T$），有 K 个（$k=1,\cdots,11$）决策单元，每个决策单元有 3 种投入，记作 $x_i(i=1,2,3)$；r 种非期望产出 Y，记作 $y_r(r=1)$，J 种非期望产出 B，记为 $b=(b_1,b_2)$，则非期望产出、非导向的超效率 EBM 模型的形式如下：

$$\rho^* = \min \frac{\theta - \varepsilon_x \sum_{i=1}^{M} \frac{w_i^- s_i^-}{x_{ik}}}{\varphi + \varepsilon_y \sum_{r=1}^{1} \frac{w_r^+ s_r^+}{y_{rk}} + \varepsilon_b \sum_{p=1}^{2} \frac{w_p^b s_p^{b-}}{b_{pk}}}$$

$$\text{s. t.} \sum_{j=1}^{N} x_{ij}\lambda_j - \theta x_{ik} + S_i^- = 0, i=1,2,3$$

$$\sum_{j=1}^{N} y_{rj}\lambda_j - S_r^+ = \varphi y_{rk}, r=1$$

$$\sum_{j=1}^{N} y_{pj}\lambda_j + S_p^{b-} = \phi b_{pk}, p=1,2$$

$$\lambda_j \geqslant 0, S_i^-, S_r^+, S_p^{b-} \geqslant 0$$

式中，ρ^* 是规模报酬不变情况下的最佳效率，满足 $0 \leqslant \rho^* \leqslant 1$；$\theta$ 是径向部分的规划参数；$\varepsilon_x(0 \leqslant \varepsilon_x \leqslant 1)$ 是关键参数；w_i^- 是各投入指标的权重，其满足 $\sum_{i=1}^{3} W_i^- = 1$；x_{ik} 和 y_{rk} 分别为决策单元 k 的第 i 类投入和第 r 类产出；S_i^- 是各投入指标的松弛变量；ε_y 是关键参数；φ 为产出扩大比；S_r^+ 为 r 类期望产出的松弛变量，S_p^{b-} 为 p 类非期望产出的松弛变量；W_r^+，W_p^b 分别为两者的指标权重；b_{pk} 为决策单元的第 p 类非期望产出；q 为非期望产出的数量；$\lambda_j(0 \leqslant \lambda_j \leqslant 1)$ 是决策单元的线性组合系数。

附录 4　stata 程序

1. 生成对数变量

gen lnQuality＝log(Quality＋1)

gen lnFin＝log(Fin)

gen lnMarket＝log(Market＋1)

gen lnGover＝log(Gover＋1)

```
gen lnEducation＝log(Education)

gen lnInformatization＝log(Informatization)

gen lneconomics＝log(economics)
```

2. 缩尾处理

安装 ssc install winsor2

```
winsor2 Quality Fin Market Gover Education Informatization economics,
replace cuts(1 99)
```

3. 生成交互项

```
gen did＝treat * time
```

4. 三种倾向得分匹配

安装 ssc install psmatch2

♯ 近邻匹配

```
psmatch2treat Fin lnMarket lnGover Education Informatization
economics,outcome(lnQuality) n(1) ate ties logit common quietly
```

♯ 卡尺匹配

```
psmatch2 treat Fin Market Gover Education Informatization economics,
outcome(lnQuality) radius cal(0.01) ate ties logit common quietly
```

♯ 核匹配

```
psmatch2 treat Fin lnMarket lnGover Education Informatization
economics,outcome(lnQuality) kernel ate ties logit common quietly
```

♯ 平衡性检验和共同取值范围

```
pstest Fin lnMarket lnGover Education Informatization economics,
both graph

psgraph
```

♯ 去掉不匹配值

```
gen common＝_support

drop if common＝＝0

drop if _weight＝＝.
```

5. 基准回归

```
xtset city year

xtreg lnQuality did i.year,fe

xtreg lnQuality did Fin lnMarket lnGover Education Informatization
economics i.year,fe
```

6.稳健性检验

(1)平行趋势检验

#生成变量

gen period＝year－2014

gen pre_3＝(period＝＝－3&treat＝＝1)

gen pre_2＝(period＝＝－2&treat＝＝1)

gen pre_1＝(period＝＝－1&treat＝＝1)

gen current＝(period＝＝0&treat＝＝1)

gen post_1＝(period＝＝1&treat＝＝1)

gen post_2＝(period＝＝2&treat＝＝1)

gen post_3＝(period＝＝3&treat＝＝1)

gen post_4＝(period＝＝4&treat＝＝1)

gen post_5＝(period＝＝5&treat＝＝1)

#为变量加标签

label variable pre_2 "2012"

label variable pre_3 "2011"

label variable current "2011"

label variable post_1 "2015"

label variable current "2014"

label variable post_2 "2016"

label variable post_3 "2017"

label variable post_4 "2018"

label variable post_5 "2019"

#回归

xtreg Quality treat time pre_＊ pre_0 post_＊ Fin Market Gover Education Informatization economics i.year,fe r

#画图

ssc install coefplot

estimates store result

coefplot result,keep(pre_＊ pre_0 post_＊) vertical recast(connect) yline (0) xline(3,lp(dash))

(2)安慰剂检验

xtset city year

```
ssc install reghdfe
ssc install ftools
global xlist "Fin lnMarket lnGover Education Informatization economics"
reghdfe lnQuality did $ xlist ,absorb(city year) vce(cluster city)
#安慰剂检验—虚构处理组
mat b＝J(400,1,0)
mat se＝J(400,1,0)
mat p＝J(400,1,0)
#循环 400 次
forvalues i＝1/400{
        use placebo1.dta，clear
        xtset city year
        keep if year＝＝2010
        sample 105，count
        keep city
        save match_city.dta，replace
        merge 1：m city using placebo1.dta
        gen treat1＝(_merge＝＝3)
        gen period1＝(year ＞＝2014)
        gen did1＝treat1 * period1
r       eghdfe lnQuality did1 $ xlist ,absorb(city year) vce(cluster city)
        mat b[`ï,1]＝_b[did1]
        mat se[`ï,1]＝_se[did1]
        mat p[`ï,1]＝2 * ttail(e(df_r)，abs(_b[did1]/_se[did1]))
        }
#矩阵转化为向量
svmat b，names(coef)
svmat se，names(se)
svmat p，names(pvalue
#删除空值并添加标签
drop if pvalue1＝＝.
label var pvalue1
label var coef1
```

```
keep coef1 se1 pvalue1
save 1placebo. dta,replace


use 1placebo. dta,clear
twoway (kdensity coef1) (scatter pvalue1 coef1, msymbol (smcircle_
hollow) mcolor(blue)), ///
    title("Placebo Test") ///
    xlabel(−0.4(0.1)0.4) ylabel(,angle(0)) ///
    xline(−0.171, lwidth(vthin) lp(shortdash)) xtitle("Coefficients") ///
    yline(0.1,lwidth(vthin) lp(dash)) ytitle(p value) ///
    legend(label(1 "kdensity of estimates") label( 2 "p value")) ///
    plotregion(style(none)) ///无边框
    graphregion(color(white)) //白底


twoway (kdensity coef1) (scatter pvalue1 coef1，msymbol (smcircle_
hollow) mcolor(blue)),title("Placebo Test") xlabel(−0.4(0.1) ylabel(,
angle(0)) xline(−0.171, lwidth(vthin) lp(shortdash)) xtitle("Coefficients")
yline(0.1,lwidth(vthin) lp(dash)) ytitle(p value) legend(label(1 "kdensity of
estimates") label( 2 "p value")) plotregion(style(none)) graphregion(color
(white))


twoway (kdensity coef1) (scatter pvalue1 coef1，msymbol (smcircle_
hollow) mcolor(blue)),title("Placebo Test") xlabel(−0.05(0.01)0.05)
ylabel(,angle(0)) xline(0.019, lwidth(vthin) lp(shortdash)) xtitle("
Coefficients") yline(0.1,lwidth(vthin) lp(dash)) ytitle(p value) legend(label
(1 "kdensity of estimates") label( 2 "p value"))
```

（3）替换变量

```
xtset city year
xtreg lnQuality did i. year,fe
xtreg lnGtfp did Fin lnMarket lnGover Education Informatization
economics i. year,fe
```

7. 三重差分检验（以城市群为例）

```
gen did=time * treat
```

```
gen cen＝time * treat * central
gen D＝Delta * did
gen M＝middle * did
gen C＝CC * did
gen cdid1＝central * time
gen cdid2＝central * treat
reg lnQuality M did did1 did2 Fin lnMarket lnGover Education
Informatization economics i. year i. city
reg lnQuality cen did did1 did2 Fin lnMarket lnGover Education
Informatization economics i. year i. city
reg lnQuality D did did1 did2 Fin lnMarket lnGover Education
Informatization economics i. year i. city
```